LA FOTOGRAFÍA EN GRAN CANARIA

1840 - 1940

Producción / Production: Ediciones Remotas
www.edicionesremotas.com

Edición / Edition: Mario Ferrer y Rubén Acosta

Impresión / Printing: Lugami Artes Gráficas

ISBN: 978-84-121853-0-0
Depósito legal: GC 103-2020
Edición: primera, 2020

Foto de portada / Cover Photo:
CARL NORMAN. Detalle de fotografía de la playa y ermita de La Luz. Albúmina. 1893. Las Palmas de Gran Canaria. Archivo de fotografía histórica de Canarias. Cabildo de Gran Canaria. Fedac.

En la edición de este libro se han empleado papeles con certificado FSC, impresión con tintas basadas en aceites vegetales y minerales libres de metales pesados, y encuadernación sin elementos que dificulten el proceso de reciclado.
This book has been printed on FSC certified paper, with vegetable and mineral-based inks, free from heavy metals, and bound with elements that do not impede the recycling process.

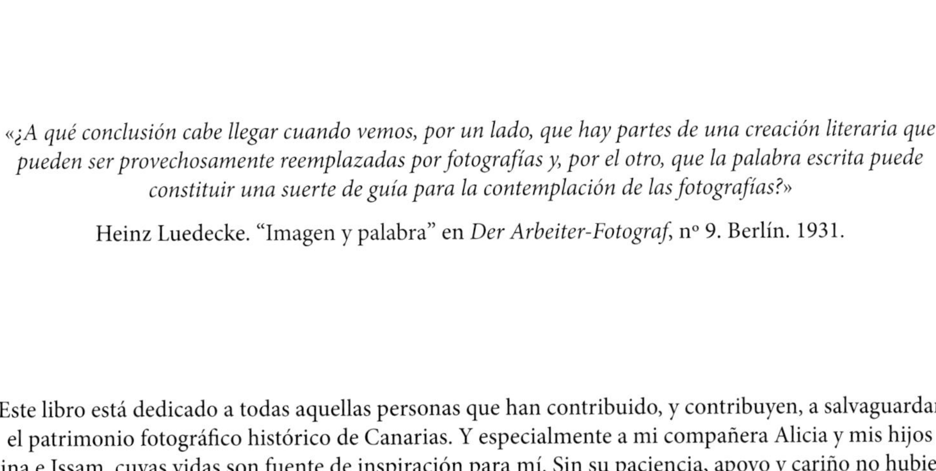

«¿A qué conclusión cabe llegar cuando vemos, por un lado, que hay partes de una creación literaria que pueden ser provechosamente reemplazadas por fotografías y, por el otro, que la palabra escrita puede constituir una suerte de guía para la contemplación de las fotografías?»

Heinz Luedecke. "Imagen y palabra" en *Der Arbeiter-Fotograf*, nº 9. Berlín. 1931.

Este libro está dedicado a todas aquellas personas que han contribuido, y contribuyen, a salvaguardar el patrimonio fotográfico histórico de Canarias. Y especialmente a mi compañera Alicia y mis hijos Irina e Issam, cuyas vidas son fuente de inspiración para mí. Sin su paciencia, apoyo y cariño no hubiese podido escribirlo.

ÍNDICE

PRÓLOGO

La memoria es una visión personal del tiempo histórico. Para la formación de la memoria se necesitan herramientas en forma de recuerdos que pueden ser muy variadas. Como se analiza en este libro, también se utiliza la estructura de la luz para construir mecanismos de memoria. Precisamente, de ese tipo de memoria, la que se logra a través de las sales de plata por su sensibilidad a la luz, es de la que nos habla Gabriel Betancor en esta obra. La historia de esa memoria en Canarias es destacada en el Atlántico y, por supuesto, en la construcción de la propia idea de Canarias, desde casi el mismo momento de la fundación de la fotografía. En esta ocasión, el centro es la isla de Gran Canaria entre 1840 y 1940, aunque los procesos son similares en otros archipiélagos cercanos del mismo océano.

En el libro se trasmite el amor a la fotografía, la admiración por los primeros escritores de la luz, sobre todo de los canarios, pero no se expone ese sentimiento como un aficionado sino como un entendido en la materia, como un historiador con una fuerte formación metodológica y con algo que es incluso más importante y difícil de encontrar en los libros, con pasión. De algo tan material como la química surge algo tan hermoso como la escritura de la luz, la captación del pasado, la formación de las identidades, la aportación humana en definitiva. De la técnica, la humanidad. Por supuesto que su sabiduría como conservador y gestor de patrimonio fotográfico histórico está presente en este título ya que por sus manos han pasado y pasan miles de fotografías que hablan de la construcción de la historia y la identidad atlántica y canaria en particular.

Gabriel Betancor ya no es un desconocido sino que es un referente, una persona que ha dejado huella en el trabajo de historiador y conservador de la fotografía. Alguien que es invitado a diversos foros nacionales e internacionales y que está presente en numerosas citas de libros de historia de la fotografía es una persona con experiencia. Quizás muy a su pesar se está convirtiendo en una figura cultural internacional y en un referente en el archipiélago.

En el libro se exponen un buen número de fotografías del siglo XIX y la primera mitad del siglo XX. Podríamos pensar que son reflejos de una Canarias que ya no existe pero no seríamos veraces. Esa Canarias sigue existiendo no sólo en esas fotos sino sobre todo en nuestra memoria, porque ellas nos trasmitieron la idea del archipiélago que se estaba constituyendo en esos momentos. Frente a los siglos de la palabra, el XIX inaugura el periodo de las imágenes, al menos en la forma de accesibilidad para todo el mundo. Pero no se trata de un fenómeno local. Como indica el autor, «*la fotografía se extendió por el planeta acompañan-*

do a la primera globalización capitalista, siendo utilizada como un arma de la modernidad que enarboló la expansión capitalista europea en la segunda mitad del XIX». En este sentido se propone que, aunque algunas de nuestras recreaciones puedan ser propias, quizás sean más herederas de las visiones externas sobre nosotros que las propias. Como buen historiador, el autor no se ancla en el pasado sino que extrae conclusiones para el presente, polemiza con las visiones de nuestro tiempo y con la utilización de imágenes en nuestra historia en beneficio propio, reproduciendo aquellas que no tienen que ver tanto con nuestra identidad como la que quisieron que tuviésemos desde el exterior. Tampoco, como se admite, es una investigación cerrada sino que abre nuevas vías para futuras investigaciones.

Es un libro que entra por los ojos, con una gran selección de fotografías que no nos dejarán impasibles, con la que recordaremos personajes y espacios olvidados y anhelados. La sorpresa se esconde en esta ocasión detrás de cada página. Muchos protagonistas están representados: los de la burguesía, los campesinos, los urbanos, los ojos de los espías fotográficos, la evolución política, la economía, etc. Sólo queda esperar que el lector deguste esta obra y que la saboree y consulte muchas veces.

Germán Santana Pérez

Dr. en Historia Moderna. Director del Departamento de Ciencias Histórica de la ULPGC.

PÁGINA SIGUIENTE ▸

JORDAO DA LUZ PERESTRELLO. Cuevas del Provecho junto al Castillo de Mata. Albúmina. 1900. Las Palmas de Gran Canaria. Archivo de fotografía histórica de Canarias. Cabildo de Gran Canaria. Fedac.

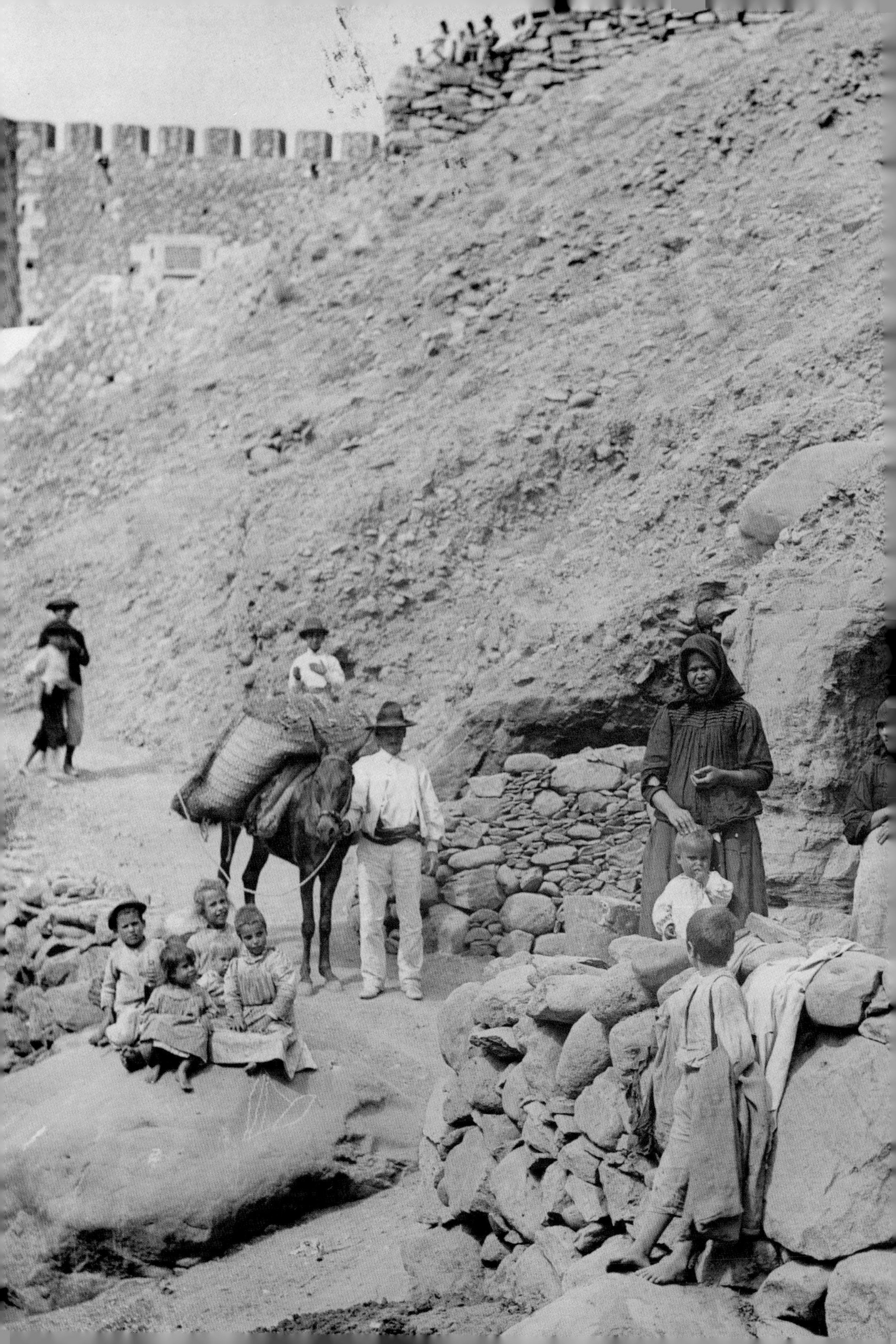

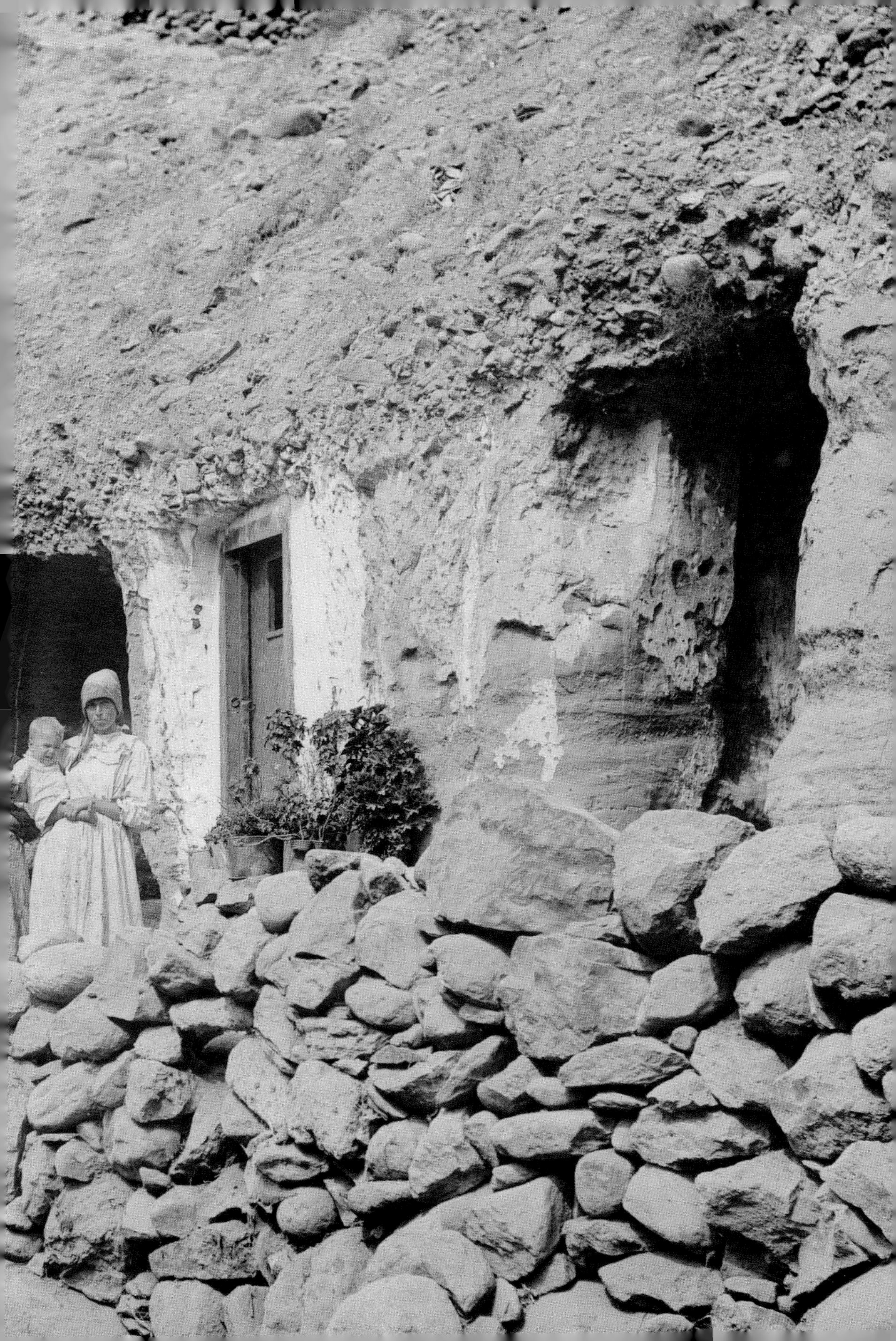

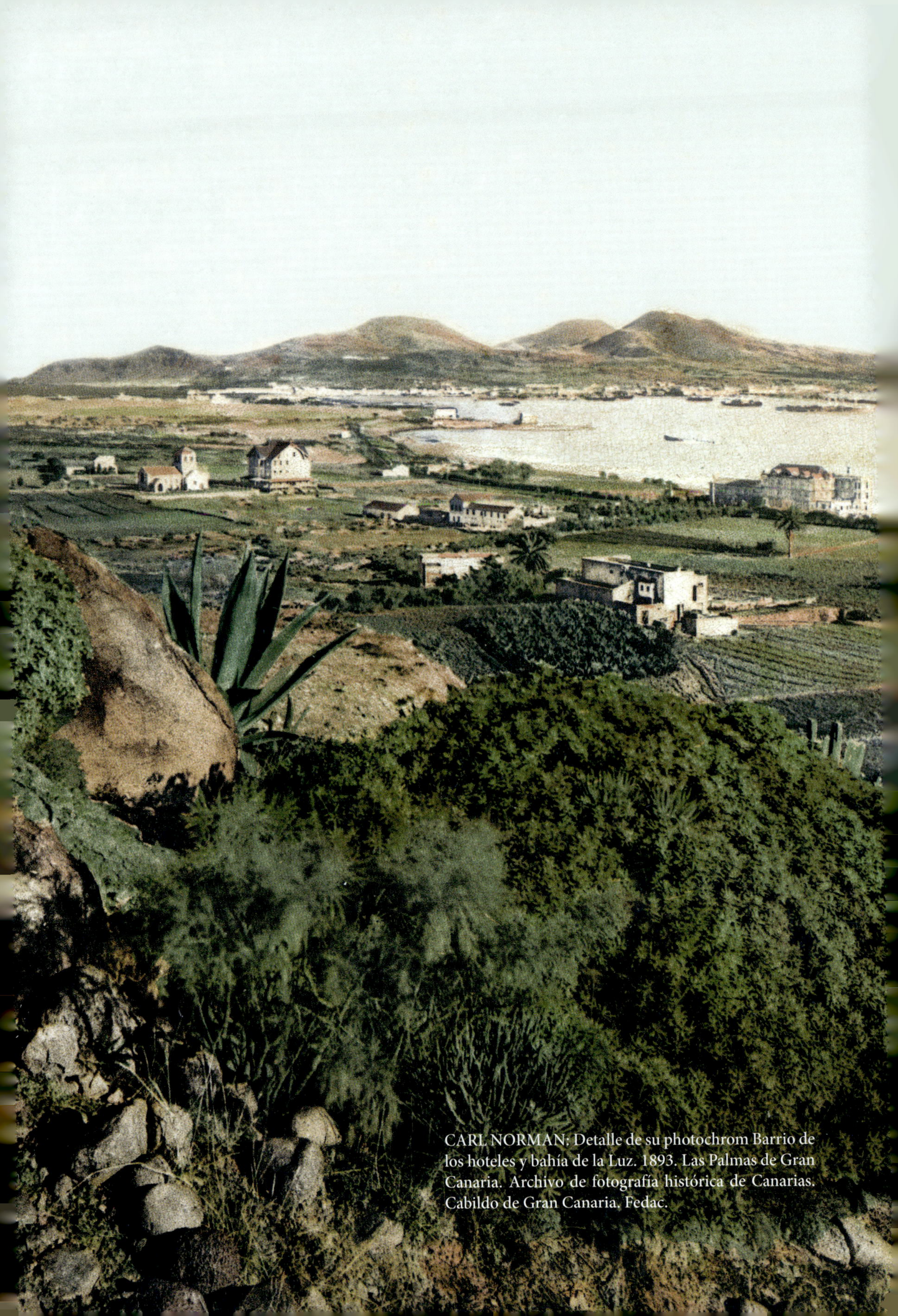

CARL NORMAN: Detalle de su photochrom Barrio de los hoteles y bahía de la Luz. 1893. Las Palmas de Gran Canaria. Archivo de fotografía histórica de Canarias. Cabildo de Gran Canaria. Fedac.

1. MEMORIAS DE LA PLATA

La conservación y transmisión de la memoria de una generación a otra es un signo distintivo de nuestra especie desde los albores de la humanidad. Desde el origen mismo de nuestra especie hemos grabado en materiales diversos, hemos esculpido estatuas, hemos pintado en cuevas… Hace unos 6.000 años aprendimos a escribir con signos en Oriente Medio y hace 180 años aprendimos a escribir con la luz en Europa.

El siglo XIX nos legó un revolucionario sistema de conservación y trasmisión de la cultura humana: la fotografía. Esta nueva técnica de crear documentos con la luz fue presentada en agosto de 1839 en París, a principios de octubre de ese mismo año llegaba el fenómeno fotográfico a las costas canarias camino de América.[1] De ahí la extraordinaria riqueza y variedad del patrimonio fotográfico histórico en este y otros archipiélagos atlánticos: fueron los puntos de apoyo de la fotografía europea en su camino hacia África, América y Asia.

La fotografía escribe con luz gracias a la sensibilidad de las sales de plata que, expuestas a ondas lumínicas, nos devuelven una imagen reflejada de la realidad. Estos documentos escritos con la luz han transformado por completo la percepción que las personas y las sociedades tenemos de nosotros mismos y

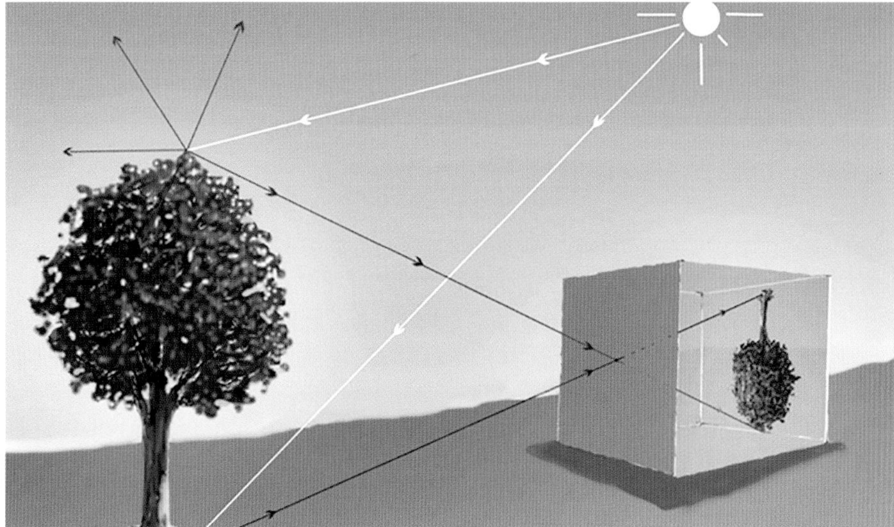

Escribiendo con la luz.

1. TEIXIDOR CADENAS, Carlos (1988): *La fotografía en Canarias y Madeira. La época del daguerrotipo, el colodión y la albúmina*. 1839-1900, Centro de la Cultura Popular Canaria, Tenerife.

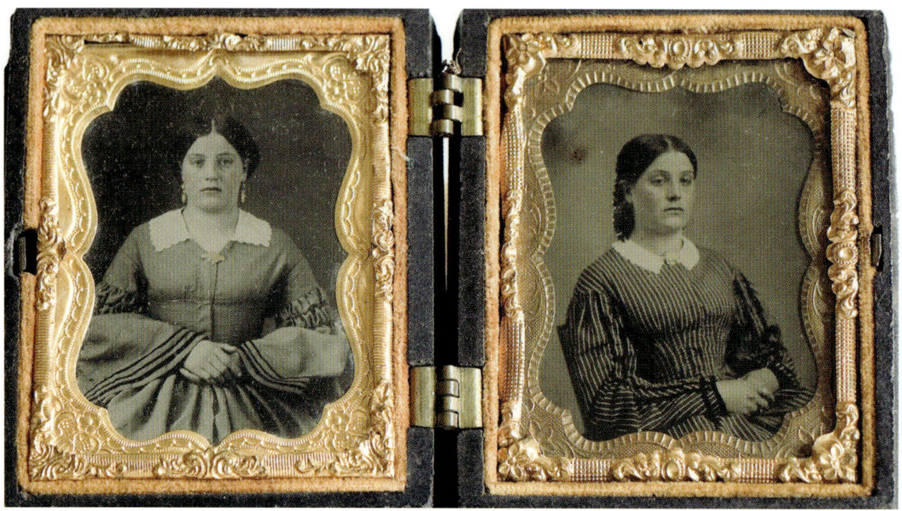

DESCONOCIDO. Retrato sin identificar. Ferrotipo y Ambrotipo, 1855-1860. Gran Canaria Archivo de fotografía histórica de Canarias. Cabildo de Gran Canaria. Fedac.

han contribuido a la construcción de las 'identidades culturales' como vehículos de la cohesión social, con la producción y consumo masivo de trillones de imágenes, desde su presentación en París en agosto 1839, hasta nuestros días.

Sin la fotografía, la imagen en movimiento y los registros sonoros, que pronto la acompañaron no es posible comprender en profundidad el devenir histórico de los siglos XIX y XX, tal y como nos señala Naciones Unidas, a través de la UNESCO, en su informe relativo al patrimonio fotográfico y audiovisual de la humanidad. Entre sus principales líneas de actuación UNESCO señala la necesidad de actuar con premura para conservar este nuevo tipo de documento, debido a su naturaleza frágil y al riesgo que para la Humanidad representa la pérdida de su patrimonio fotográfico y audiovisual.[2]

El acto de fotografiar se configura como un conjunto de procedimientos y procesos químicos y fotoquímicos que conducen a la obtención de las imágenes; es posible identificar cada uno de dichos pasos que determinan la estructura y los materiales empleados en la obtención de cada toma, considerada individualmente. En los inicios, todo el proceso era realizado por el fotógrafo, que en su casa o en su estudio se valía de materiales como el cobre, el papel, el vidrio, sales de plata, mercurio…, y poco más para obtener las imágenes fotográficas.

De forma general podemos considerar el período inicial, el que se sucedió entre 1839 y 1855, como el de los positivos directos de cámara: daguerrotipos, ambrotipos y ferrotipos, llamados así en función del soporte que mostrase la imagen (chapa de plata, vidrio o metal). Fue la infancia de la fotografía.[3]

2. EDMONSON, Ray (2004): *Filosofía y principios de los archivos audiovisuales*, Unesco, París.

3. FUENTES DE CÍA, Ángel y ROBLEDANO ARILLO, Jesús (1999): "La identificación y conservación de los materiales fotográficos", en *Manual de documentación fotográfica*, Editorial Síntesis, Madrid.

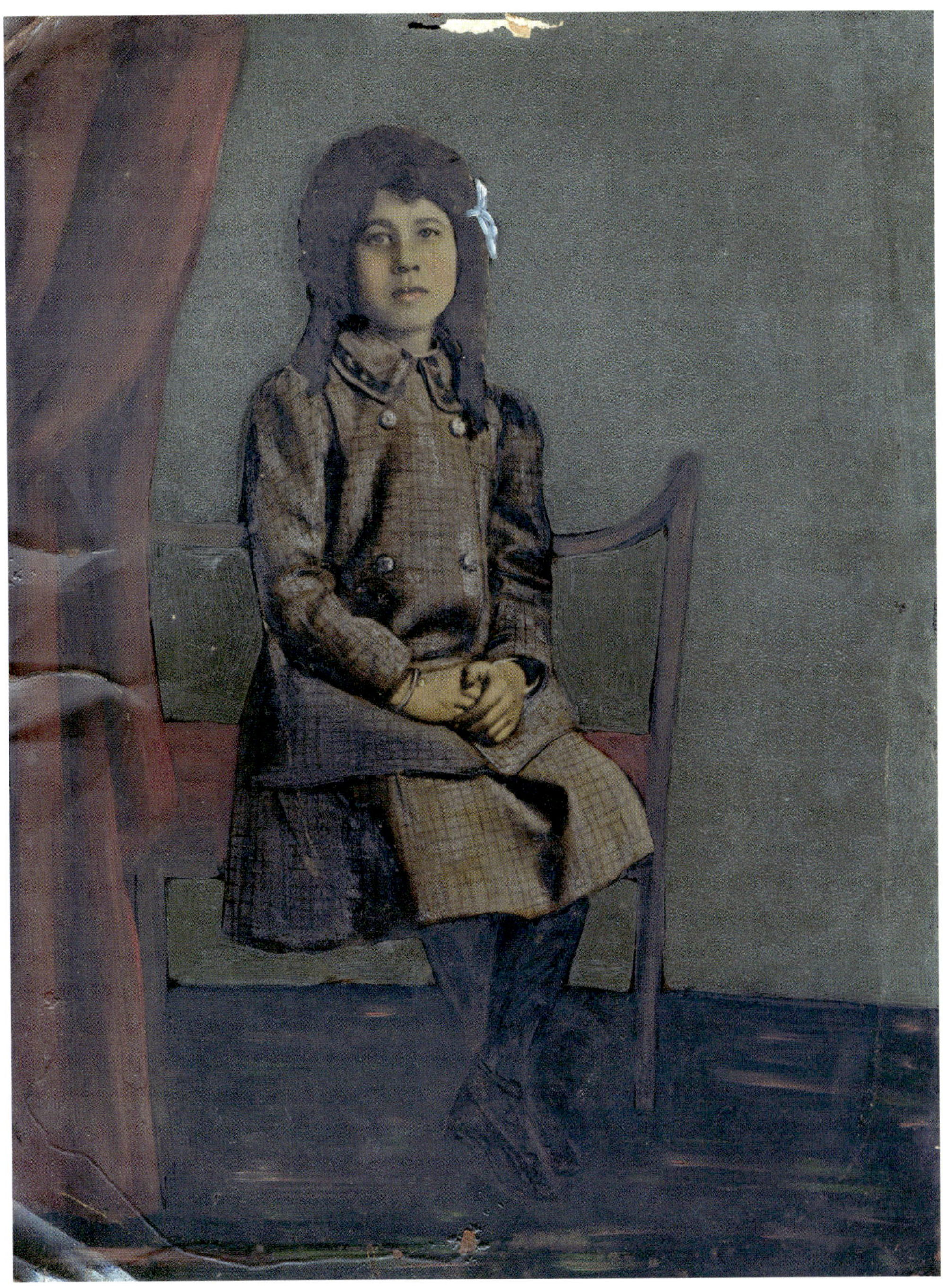

ÁNGEL VIDAL BONILLA. Retrato sin identificar. Ferrotipo. 1870-1875. Gran Canaria. Archivo de fotografía histórica de Canarias. Cabildo de Gran Canaria. Fedac.

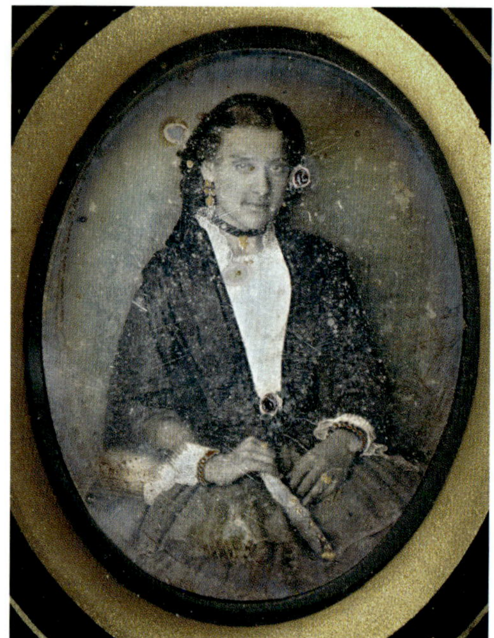
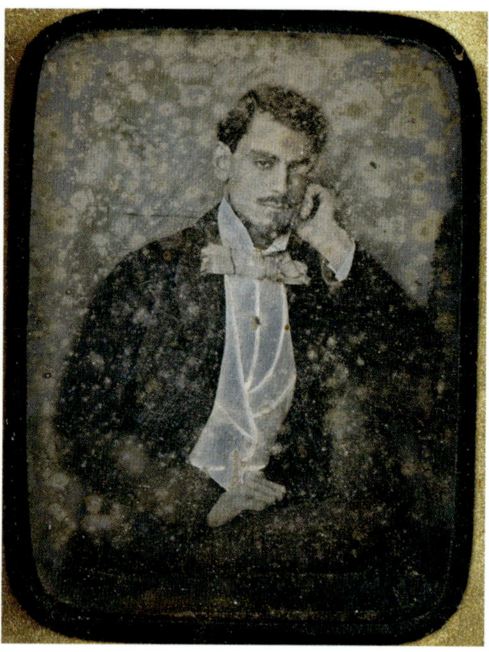

DESCONOCIDO. A la izquierda, retrato de Eulogia García. A la derecha, retrato de Isidro Ojeda. Daguerrotipo, 1855-1860. Gran Canaria. Archivo de fotografía histórica de Canarias. Cabildo de Gran Canaria. Fedac.

Posteriormente vino la etapa de los negativos al colodión húmedo y seco sobre vidrio y las copias a la albúmina, de 1855 a 1900. Los siguientes períodos fueron el de los negativos en gelatina sobre vidrio y de copias por ennegrecimiento directo en papel de fabricación industrial entre 1880 y 1910; y el de los negativos sobre nitrocelulosa y otras variantes de plástico y de las copias de revelado químico en papeles a la gelatina, entre 1910 y 1970, lo que popularmente conocemos como la fotografía en blanco y negro 'de toda la vida'. Y finalmente, la fotografía a color cromógeno desde 1970, así como la fotografía digital que desde 1981 ha ido desplazando a la fotografía químico-analógica.

La fotografía se extendió por el planeta acompañando a la primera globalización capitalista, y fue utilizada como un arma de la modernidad que enarboló la colonización europea en la segunda mitad del XIX. Como un elemento más de esa expansión, la fotografía se convirtió en una herramienta de los occidentales para aprehender las nuevas realidades geográficas, económicas y socioculturales que se estaban desarrollando en las sociedades coloniales que se abrían en canal a la inversión de capitales europeos. Contribuyó de ese modo a consolidar la concepción eurocentrista de la pretendida superioridad de las metrópolis frente al conjunto de pueblos de América, África y Asia, exóticos ante la mirada de los europeos y supuestamente atrasados respecto de la modernidad capitalista.

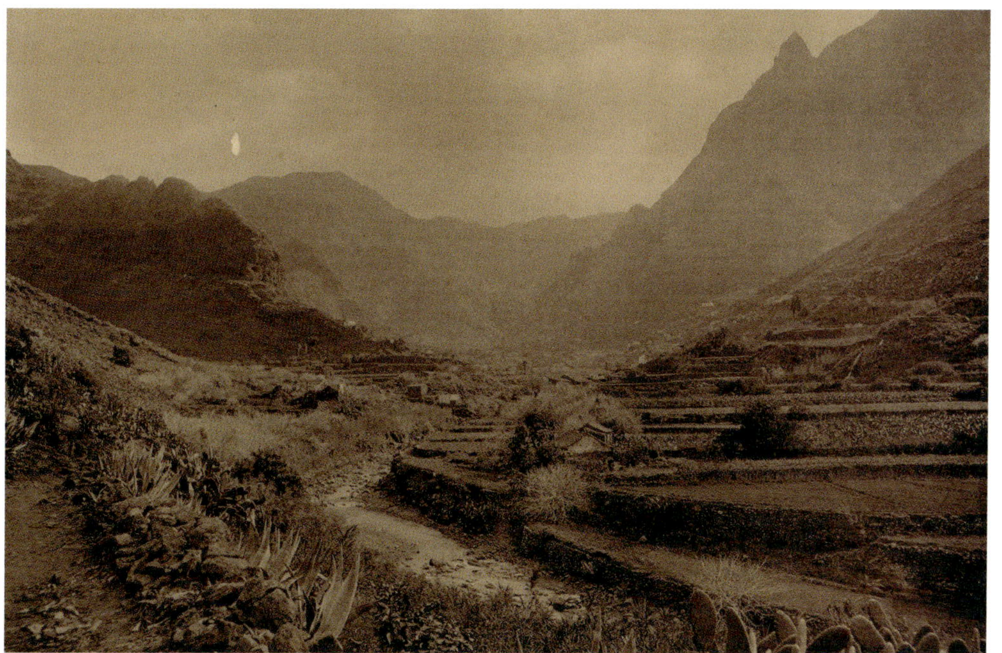

CARL NORMAN. Valle de Agaete, 1893. Albúmina. Archivo de fotografía histórica de Canarias. Cabildo de Gran Canaria. Fedac.

Fotógrafos europeos como Carl Norman, Charles Nanson, Medrington, Witcomb, Herrmann, Maisch, Relvas, Passaporte, etc. fueron algunos de los principales productores de esa iconografía y tradición europea sobre las islas del Atlántico.

Las sociedades coloniales de los diversos archipiélagos macaronésicos tomaron, así mismo, la fotografía como elemento productor de identidades y tradiciones insulares que vertebraron y cohesionaron socialmente el mestizaje de sus poblaciones. Fotógrafos insulares como Ojeda, Brito, Machado, Perestrello, Baena, Ponce, Alonso, etc. fueron algunos de los artífices de dicha producción iconográfica, que, al tiempo que presentaba todo tipo de avances en las sociedades insulares, se acomodaba a la visión europea sobre los archipiélagos atlánticos.

Así, fotógrafos europeos (portugueses, españoles, ingleses, noruegos, alemanes, etc.) y canarios, azorianos, madeirenses y caboverdianos fueron los artífices de la producción de la iconografía identitaria de estos archipiélagos. Una iconografía que, a la vez que apuntalaba gráficamente la 'identidad y tradición insular', servía en el pasado de reclamo para las inversiones europeas en el contexto de la primera gran globalización capitalista y continúa sirviendo hoy en día de recurso publicitario para atraer a los millones de turistas que nos visitan, a la par que banderín de enganche para cohesionar a la población bajo la dirección de las clases dominantes locales en torno a 'lo nuestro'.

A este respecto conviene comprender que las 'tradiciones' no son principalmente un conjunto de prácticas culturales que se 'descubren' escudriñando en el legado documental del pasado; al contrario, 'las tradiciones' son un conjunto de prácticas culturales que se construyen e inventan, generación tras generación, a través de una compleja dialéctica de intereses sociales contradictorios entre sí. Siendo por tanto una construcción ideológico cultural de las sociedades son susceptibles de análisis histórico y social para comprender mejor la propia naturaleza de las sociedades que las han creado. Las diversas 'tradiciones insulares atlánticas' son producto de una variante insular y exótico tropical de la 'tradición africana' que inventaron los europeos a lo largo de la segunda mitad del siglo XIX.[4]

A las costas de Gran Canaria el fenómeno fotográfico arribó en los primeros años de la década de 1840 y desde ese entonces la política, la economía, la sociedad y la cultura de la isla se han conservado en estas memorias de la plata.

Este trabajo no pretende obviamente 'cerrar' el tema, si acaso solo sugerir posibles nuevas vías de investigación social e histórica sobre los últimos 180 años de Gran Canaria y de la fotografía insular, siguiendo, para ello, las propuestas metodológicas de investigación y gestión del patrimonio fotográfico y audiovisual realizadas por el Laboratorio Audiovisual de Investigación Social del Instituto Mora de México, tomando, por tanto, a la propia fotografía como fuente principal del análisis[5] y poniendo en práctica diversas consideraciones epistemológicas y metodológicas, relativas a la relación entre memoria e historia para pensar históricamente en el s. XXI.[6]

En cualquier caso, les invitamos a realizar un recorrido por la imagen que ha presentado Gran Canaria entre 1840 y 1940. Las estampas que van a ver han sido seleccionadas de entre más de 50.000 fotografías de Gran Canaria de dicho periodo, examinadas de los fondos del Archivo de fotografía histórica de Canarias del Cabildo de Gran Canaria, Fedac, de la Fototeca del Archivo del Museo Canario, Archivo Municipal del Ayuntamiento de Arucas, Archivo del Centro de Documentación de la Memoria Histórica, del Archivo de la Casa Miller y la colección personal de Juan Medina Sanabria.

4. HOBSBAWN, Eric J. y RANGER, Terence (eds.), 1983: *La invención de la tradición*, Crítica, Barcelona.

5. ROCA, Lourdes, GREEN, Andrew y MORALES LEAL, Felipe (2014): *Tejedores de imágenes: propuestas metodológicas de investigación y gestión del patrimonio fotográfico y audiovisual, Laboratorio Audiovisual de Investigación Social*. Instituto Mora, México.

6. IZQUIERDO MARTÍN, Jesús (2008): "La memoria del historiador y los olvidos de la historia", en SÁNCHEZ LEÓN, Pablo e IZQUIERDO MARTÍN, Jesús: *El fin de los historiadores. Pensar históricamente en el siglo XXI*, Ed. S XXI. Madrid.

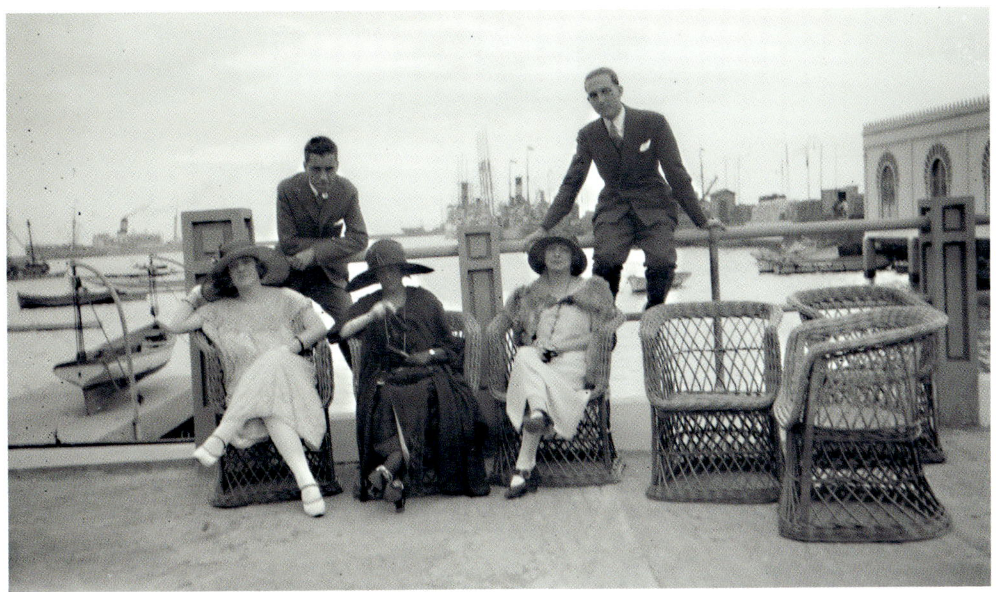

BERNARDO DE LA TORRE MILLARES. Retrato de Josefina de la Torre Millares y amigos en la terraza del Real Club Náutico de Gran Canaria. Gelatina Bromuro, *ca.* 1925. Las Palmas de Gran Canaria. Archivo de fotografía histórica de Canarias. Cabildo de Gran Canaria. Fedac.

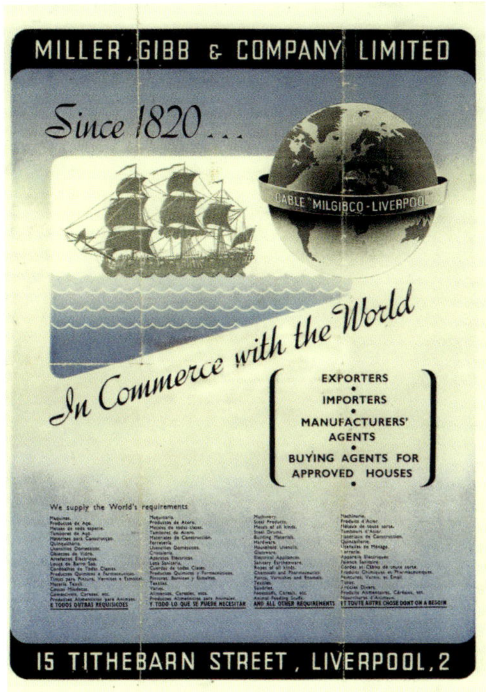

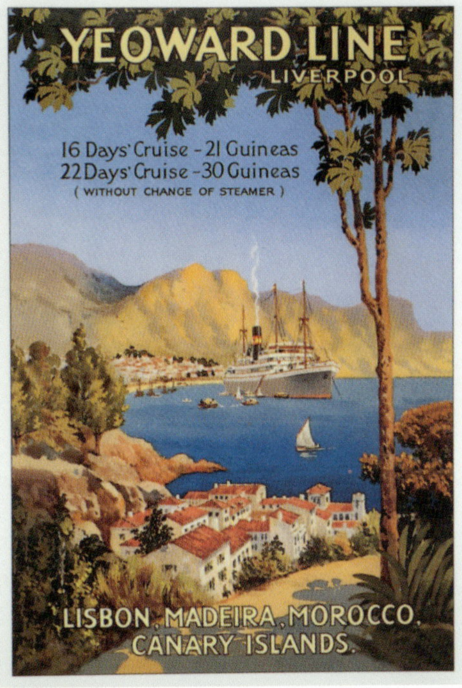

DESCONOCIDO. Carteles publicitarios de la Miller y la Yeoward Line. Imagen fotomecánica. *ca.* 1890.

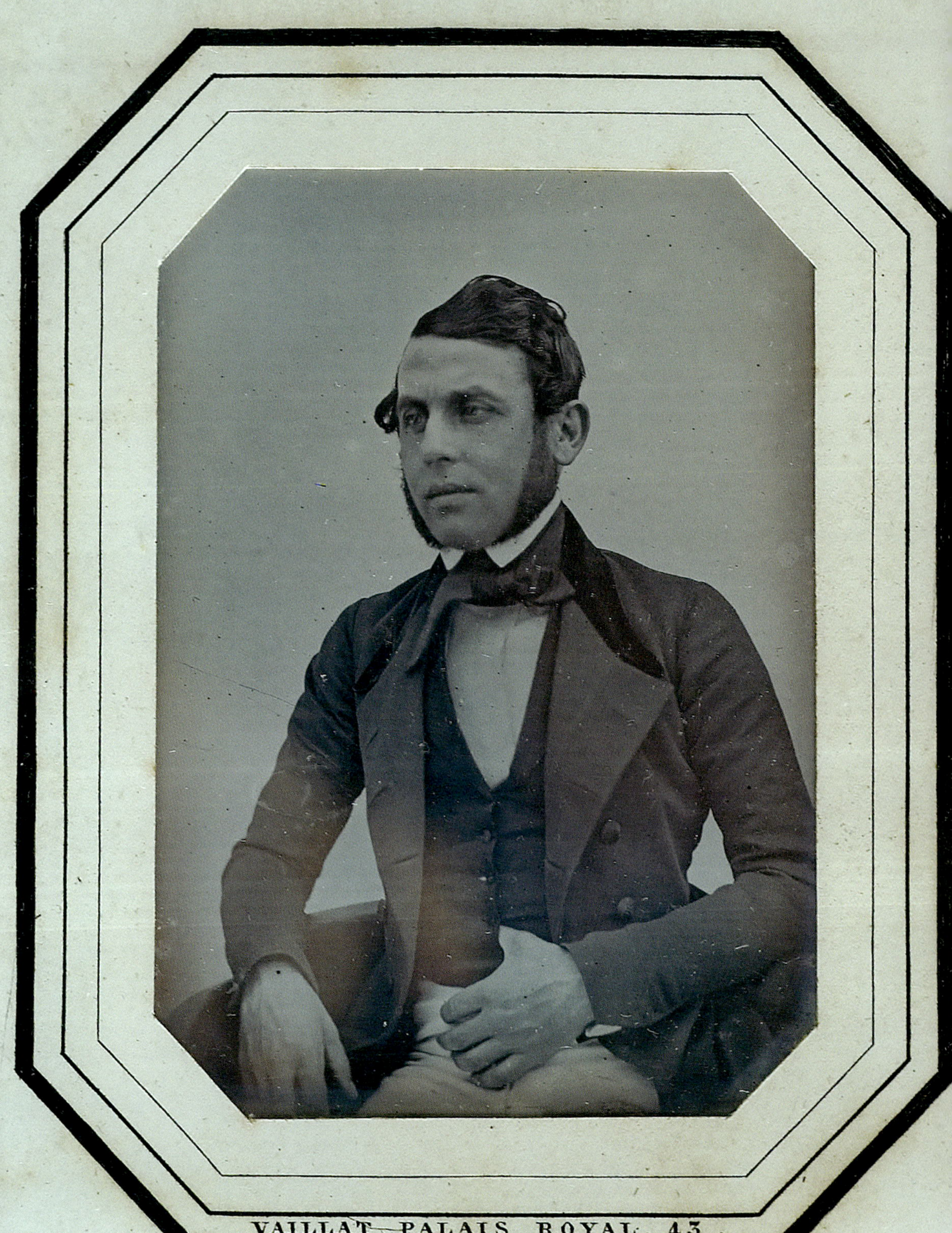

VAILLAT. Retrato de James Wood. París, 1847. Daguerrotipo. Archivo de fotografía histórica de Canarias. Cabildo de Gran Canaria. Fedac.

2. LA FOTOGRAFÍA EN LOS TIEMPOS DEL CÓLERA

Las primeras técnicas de obtención de imágenes fotográficas fueron los positivos directos de cámara, así llamados porque la imagen final es la que se obtenía en la cámara. Se trataba de objetos únicos, que no eran reproducibles, y habitualmente la imagen era protegida en los llamados paquetes daguerrianos.

Como decíamos en el capítulo anterior, el fenómeno fotográfico llegó a Gran Canaria en la primera mitad de la década de 1840, aunque sólo será hacia finales de la década cuando podremos vincular dicho fenómeno con fotógrafos canarios, grancanarios, en este caso. Y llegó con los retratos de miembros de la aristocracia insular, vinculada a comerciantes, cosecheros y/o a los aparatos de dominación del Estado colonial (políticos, militares y culturales).

Ese fue el caso, por ejemplo, del factor comercial británico James Wood, vecino de Triana que se estableció en la isla poco antes de la mitad del siglo y que, en sus viajes de negocios a las metrópolis europeas, no dudó en obtener un retrato suyo al daguerrotipo en el famoso estudio fotográfico de Vaillat en el Palais Royal, 43 de París. Aunque no fue el único caso, pues tenemos conocimiento de la existencia de diversos retratos al daguerrotipo de esta élite isleña, que aún no han sido hecho públicos.

Penurias, pobrezas y hambrunas caracterizaron la vida de la mayor parte de los grancanarios que vivieron en la década de 1840. A las hambrunas de 1843 y 1847 se unió la de 1851 de la mano de la epidemia de cólera morbo, que desde el 4 de junio mató a cerca de 6.000 de sus habitantes. El 24 de mayo de ese año fallecía en el barrio capitalino de San José la joven lavandera María de la Luz Guzmán. Tres días después moría, con los mismos síntomas, su compañera de trabajo. Y es que a mediados de mes habían sido contratadas para el lavado de las ropas, colchones y mantas de un buque recién llegado a Gran Canaria desde La Habana. En ese barco llegó también el cólera a la isla. El 5 de junio la Junta local de Sanidad de Las Palmas de Gran Canaria decretó oficialmente la epidemia de cólera. Entre esa fecha y el 18 de septiembre, cuando se produjo el último caso de cólera, falleció casi el 10% de la población insular. Los datos demográficos disponibles nos muestran la dimensión de la crisis. De los cerca de 80.000 habitantes de la isla en 1842 pasaremos a los 68.000 en 1857, cuando todavía no se había remontado la crisis demográfica. En tanto que su capital pasó de unos 17.000 vecinos a unos 14.000 en idéntico periodo, agrupados en media docena de barrios alrededor de Vegueta y Triana,

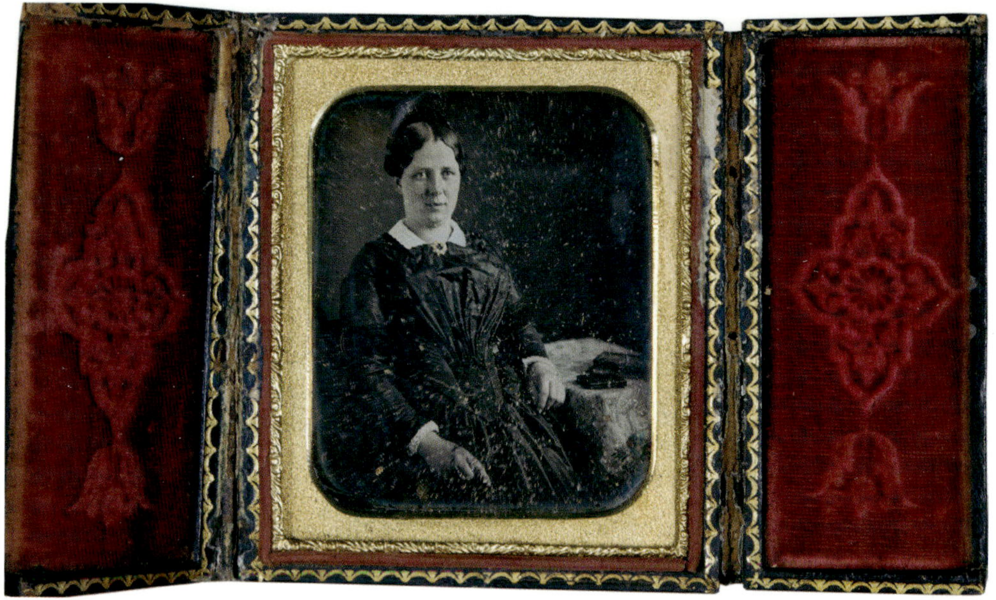

LUIS INGLOTT. Brígida Afonso y Afonso. Daguerrotipo. Las Palmas de Gran Canaria. 1848. Archivo de fotografía histórica de Canarias. Cabildo de Gran Canaria. Fedac.

principalmente los Riscos de San José, San Juan, San Francisco, San Nicolás y San Antonio.[7]

La ciudad de Las Palmas de Gran Canaria fue escenario de diversas revueltas y motines contra el alza de los precios de los alimentos básicos (papas, millo, cebada y trigo) en 1843, 1847 y, sobre todo, en la revuelta contra la exportación de papas de julio y agosto de 1851, cuando la isla se encontraba inmersa en lo peor de la epidemia del cólera. El 21 de julio y el 2 de agosto de ese año estallaron las protestas contra la exportación de papas a América por el incremento de precios que ello causaba en el mercado local. Centenares de vecinos se alzaron en un motín popular contra el Ayuntamiento capitalino que, en su sesión plenaria extraordinaria del 14 de mayo, había aprobado dicha exportación, con el concurso de la Real Sociedad Económica del País y de las 'fuerzas vivas' de la sociedad. A dicho pleno municipal asistió, en representación de la Junta de Comercio, un tal Luis Inglott.[8]

7. DORESTE ROMERO, Juan E. (1851): Memorias del cólera, Impresor Mariano Collina. Archivo del Museo Canario. DIAZ MORA, Gabriel (1998): "El cólera en Canarias, 1851, su tratamiento en la prensa", en *Revista Latina de comunicación social*, Universidad de La Laguna, Tenerife. Memoria Digital de Canarias. Universidad de Las Palmas de Gran Canaria. https://bit.ly/3cAKeGt. Consulta de 16 de enero de 2020. ISTAC. Gobierno de Canarias: Disponible en https://bit.ly/2TwcUZF. Consulta de 9 de febrero de 2020.

8. MILLARES CANTERO, Agustín (2004): "Luchas por las papas y el pan. Los disturbios populares de Las Palmas en 1851 y 1856" en *Anuario de Estudios Atlánticos*, nº 50, Cabildo de Gran Canaria, Las Palmas de Gran Canaria. MILLARES CANTERO, Agustín (2008): *Motines insulares*, Ed. Idea, Las Palmas de Gran Canaria.

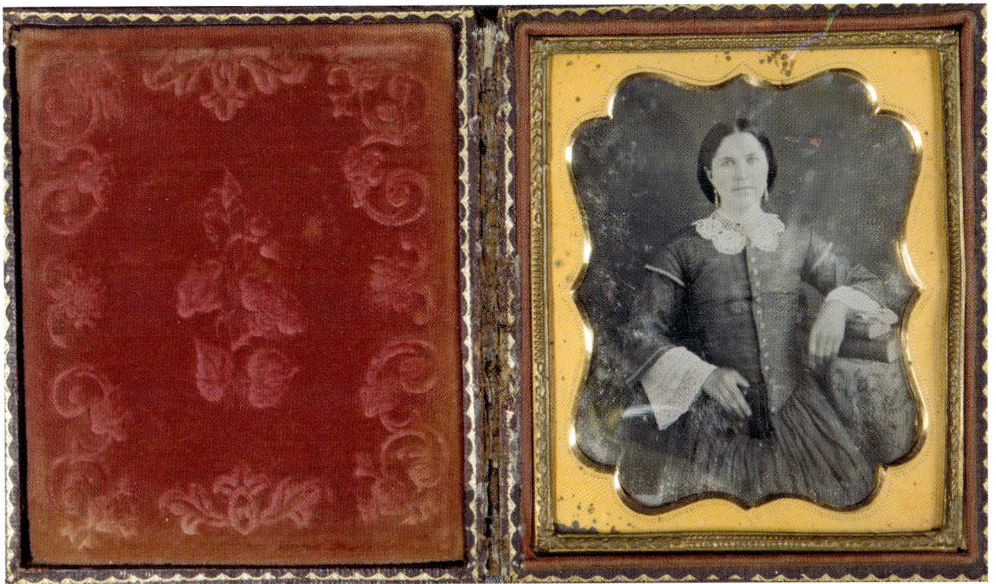

LUIS INGLOTT. Constanza Alvarado y Rodríguez. Daguerrotipo. Las Palmas de Gran Canaria, 1848. Archivo de fotografía histórica de Canarias. Cabildo de Gran Canaria. Fedac.

Ese fue el contexto social en que la fotografía llegó a la isla. Para hacernos una idea más precisa bastará recordar que por la realización de una fotografía al daguerrotipo, en función de su tamaño y los materiales empleados, se llegó a pedir hasta 1.000 reales de vellón, mientras una fanega canaria de papas (unos 70 kilos) se podía comprar en Las Palmas de Gran Canaria, a decir de los cosecheros exportadores, a 20 reales de vellón, siendo los precios medios de la cebada, el centeno, el trigo y los garbanzos alrededor de los 24, 34, 47 y 70 reales de vellón.[9]

A pesar de todo, el fenómeno fotográfico se fue abriendo paso en la isla y en la primera Exposición de Artes e Industria de Gran Canaria, organizada por el Gabinete Literario en 1848, los jóvenes Diego Pérez y Luis Inglott presentaron siete daguerrotipos hechos por ellos mismos.[10]

Y es que el joven Inglott (29 años), al que dos años después encontramos sentado en el salón plenario del Ayuntamiento de Las Palmas de Gran Canaria en representación de la Junta de Comercio, y su compañero Diego Pérez fueron los primeros fotógrafos canarios de los que, por ahora, tenemos constancia documental.

Estos jóvenes comerciantes de Las Palmas de Gran Canaria tomaron varios daguerrotipos a diversos miembros de familias acaudaladas de Santa Brígida el 3 de marzo de 1848.

9. MILLARES CANTERO, Agustín: *Opus cit.*
10. TEIXIDOR CADENAS, Carlos: *Opus cit.*

Luis Inglott era descendiente de los comerciantes anglo-malteses que se establecieron en Gran Canaria en los inicios del s. XIX. Su abuelo, Cayetano Inglott, nacido en Malta, se casó en Las Palmas de Gran Canaria con Micaela Durán y Martín Saavedra de cuyo emparejamiento nació Cayetano Inglott Durán, quien fue alcalde de Las Palmas de Gran Canaria entre 1835 y 1837. Casado ya con la británica María Sofía Allen Ware, en 1820 nació su hijo Luis Inglott. Andando el tiempo, este Inglott tendría una vida social muy activa, siendo representante de Junta de Comercio, como ya hemos visto, y socio Fundador del Gabinete Literario de Las Palmas de Gran Canaria. En el otoño de 1880 lo encontramos regentando su local comercial capitalino de la calle Malteses hasta su muerte en 1885.[11]

La actividad fotográfica de Luis Inglott parece haber sido circunstancial, más como aficionado que como profesional, pues no se conoce más producción fotográfica de su autoría, ni llegó a abrir establecimiento fotográfico. En cambio sí son conocidas sus actividades comerciales desde su local de la calle Malteses, donde, entre otras mercancías modernas llegadas de Europa, vendía cámaras fotográficas, productos fotoquímicos, así como enseñaba a utilizarlos.

El desarrollo de las técnicas fotográficas, buscando abaratar los costes de producción, puesto que los positivos directos de cámara no se podían reproducir para amortizar la inversión, introdujo el uso del ambrotipo en la década de 1850. Este sistema de obtención de imágenes mediante positivo directo de cámara fue desarrollado en la década de 1850 y estuvo en uso hasta 1865, cuando entró en declive. Aunque el ambrotipo reproduce las medidas de protección del 'paquete daguerriano', su soporte era cristal y la imagen se formaba sobre una emulsión de colodión húmedo (solución de algodón y ácido nítrico y sulfúrico disueltos en éter) sensibilizada con plata.

Las fotografías al ambrotipo tomadas en Gran Canaria probablemente lo fueron por fotógrafos itinerantes españoles y de otras nacionalidades europeas que se anunciaron en la prensa local como de «*de camino hacia América*», o por otros como Manuel Sapera, quien en 1857 estableció temporalmente su estudio fotográfico en La Laguna, aunque también realizó trabajos en Gran Canaria.[12]

El ferrotipo fue el siguiente soporte fotográfico que acompañó al daguerrotipo y al ambrotipo. Este sistema de positivo directo de cámara fue desarrollado en Francia en 1856 y estuvo comercialmente en uso hasta 1920, aunque desde 1915 entró en declive. Era una variante del proceso de colodión húmedo, pero, en este caso, su soporte era placa de hojalata lacada en negro por ambas caras. Las imágenes obtenidas eran bastante planas, predominando los tonos grisáceos y

11. BRITO GONZÁLEZ, Alexis (2010): "La inmigración europea bajo examen: un siglo de matriculaciones en la ciudad de Las Palmas, 1765- 1854" en *XIX Coloquio de Historia Canario Americana*, Cabildo de Gran Canaria, Las Palmas de Gran Canaria. Genealogías canarias: Disponible en https://bit.ly/2TNG6u3. Consulta de 25 de septiembre de 2019. "*Tarde de sangre y corcheas*" en *La Provincia* 14.02.2010. Disponible en https://bit.ly/38tG2F6. Consulta de 25 de septiembre de 2019.
12. TEIXIDOR CADENAS, Carlos: *Opus cit.*

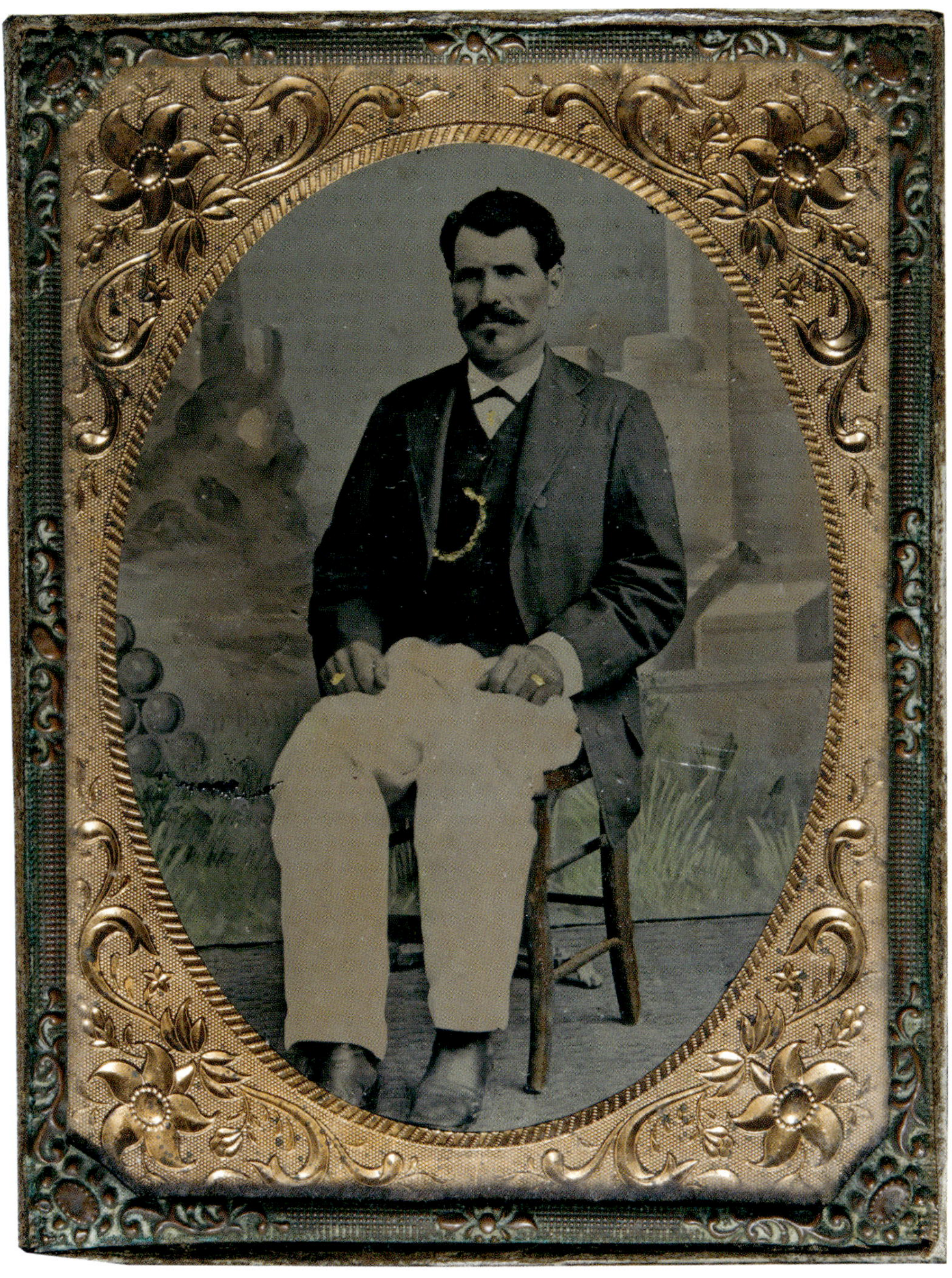

DESCONOCIDO. José Melián del Castillo. Ambrotipo. *ca.* 1858-1860. Archivo de fotografía histórica de Canarias. Cabildo de Gran Canaria. Fedac.

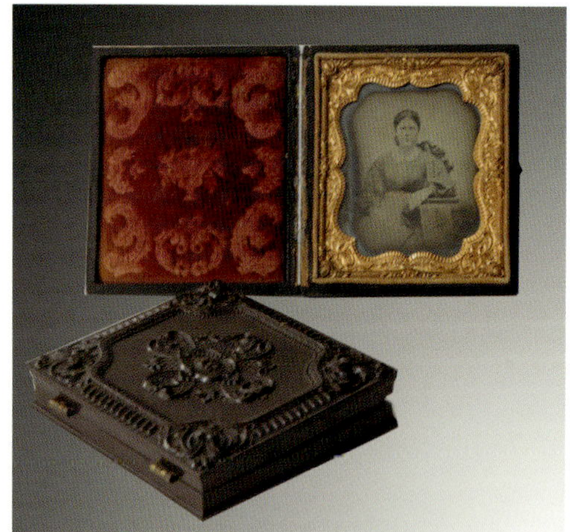

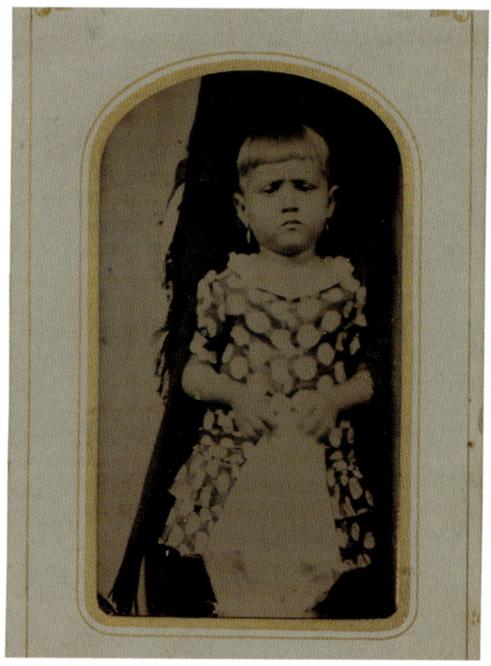

A la izquierda, estuche con ambrotipo. 1855-1860. A la derecha, ferrotipo con imagen de una niña en formato tarjeta de visita de ÁNGEL VIDAL BONILLA. 1874-1876. Gran Canaria. Archivo de fotografía histórica de Canarias. Cabildo de Gran Canaria. Fedac.

poco contrastados que, en ocasiones, eran barnizadas para aumentar no sólo el grado de protección, sino para darle cierto brillo.

Con frecuencia reproducían el sistema de protección 'daguerriano', llegando a confundirse con los ambrotipos, aunque era habitual su presentación en *passe-par-tout* de papel con formato tarjeta de visita, a veces insertos en álbumes de estilo modernista. Los 'paquetes daguerrianos' podían portar imágenes obtenidas por diversos procedimientos -ambrotipos y ferrotipos- que compartían estuche.

La consistencia del metal que soporta la imagen, así como su precio asequible le dieron popularidad a este proceso fotográfico e hicieron posible que, a diferencia de otros positivos directos de cámara —caso de daguerrotipos y ambrotipos— su uso comercial se prolongase hasta las primeras décadas del s. XX.

Los ferrotipos representaron el final de los positivos directo de cámara, que desde mediada la década de 1850, fueron desplazados por los procesos de negativos en placa de cristal y copias a la albúmina sobre papel.

El único ferrotipista canario que conocemos fue Ángel Vidal Bonilla, un joven lanzaroteño que en los primeros años de la década de 1870 se instaló en Gran Canaria como fotógrafo, realizando retratos al ferrotipo, principalmente en formato de tarjeta de visita. Su carrera fotográfica fue corta, pues en 1876

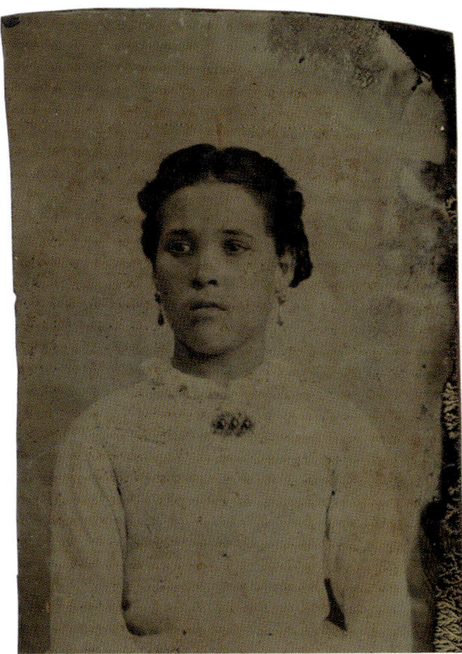
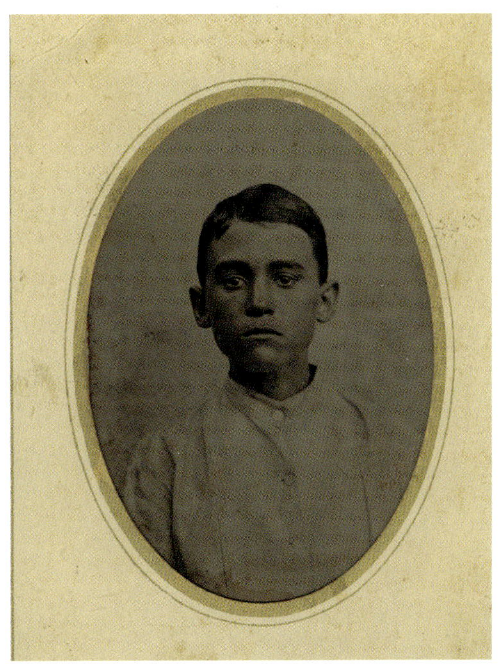

ÁNGEL VIDAL BONILLA. Retratos de jóvenes al ferrotipo. ca. 1870. Gran Canaria. Archivo de fotografía histórica de Canarias. Cabildo de Gran Canaria. Fedac.

fue acusado de asesinar a tres personas, entre las cuales se hallaba su mujer, y sentenciado a 40 años de cárcel.

En resumidas cuentas, la fotografía llegó a Gran Canaria prácticamente al mismo tiempo que el cólera, a una isla devastada tanto desde el punto de vista demográfico, como social y económico. En la infancia de la fotografía insular el consumo fotográfico sólo estaba al alcance de la aristocracia local, que fue quien únicamente se podía permitir obtener retratos al daguerrotipo, ambrotipo y/o ferrotipo. Casi no cabe hablar de estudios fotográficos propiamente dichos en la isla durante este período, ya que los establecimientos fotográficos no acababan de consolidarse. Tampoco parece que se hubiesen obtenido vistas paisajísticas de la isla y de haberse producido no se han conservado.

Pero todo estaba a punto de cambiar, de hecho cuando Ángel Vidal Bonilla realizaba, sobre 1870, los últimos ferrotipos que se hicieron en la isla el cambio ya había comenzado.

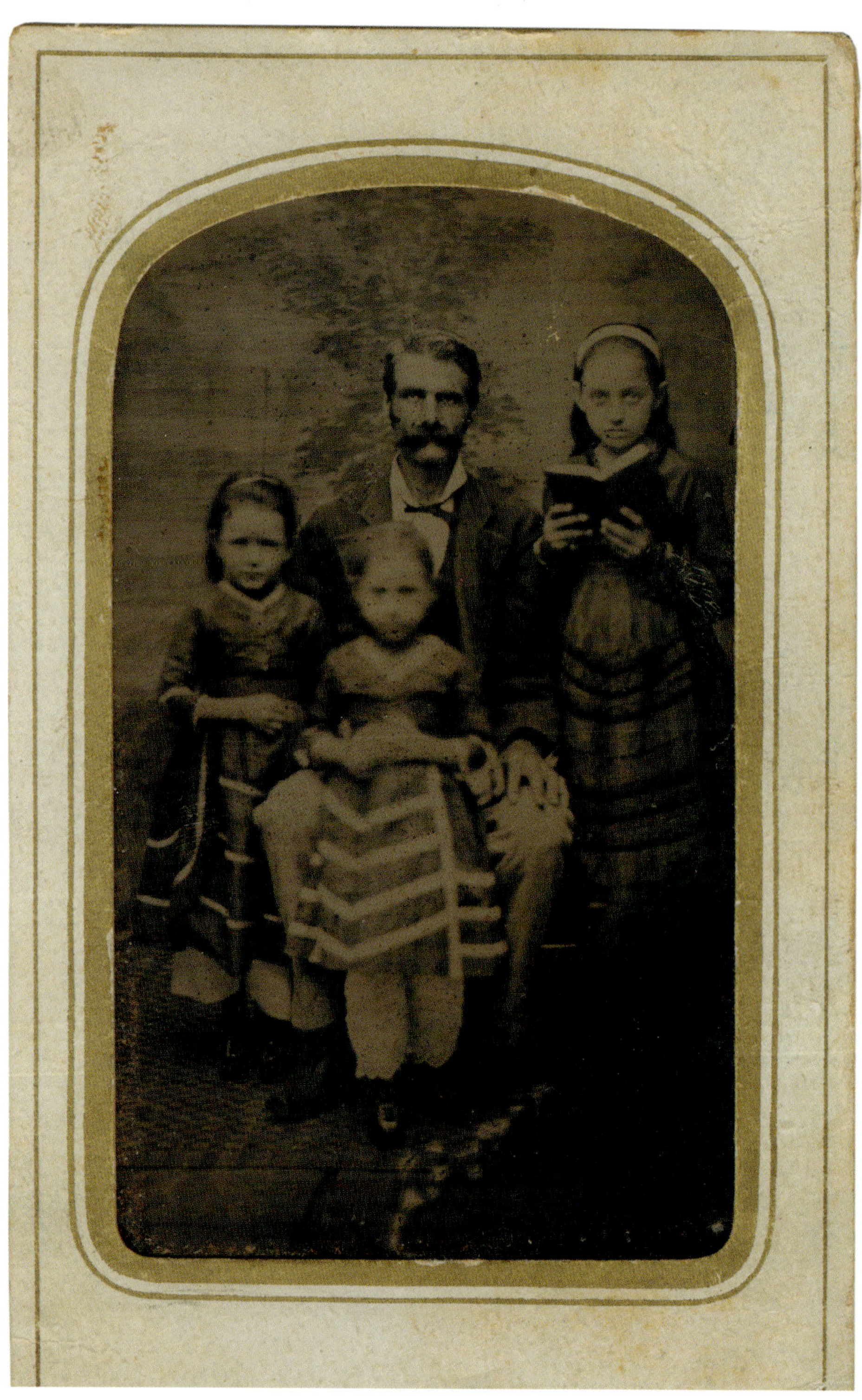

ÁNGEL VIDAL BONILLA. Retrato familiar al ferrotipo. *ca.* 1870. Gran Canaria. Archivo de fotografía histórica de Canarias. Cabildo de Gran Canaria. Fedac.

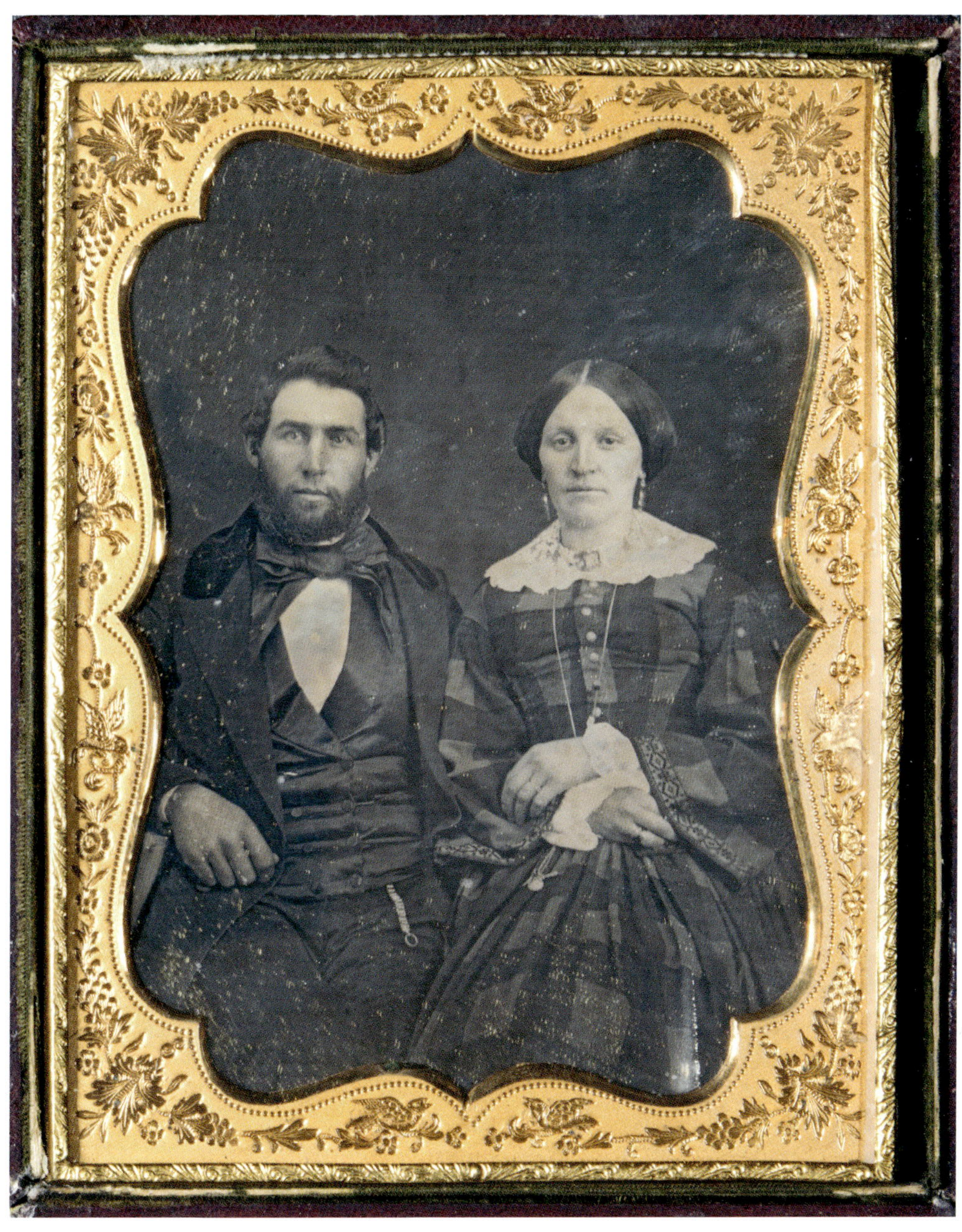

LUIS INGLOTT. Juan Cárdenes Ortega y María Alvarado Rodríguez. Daguerrotipo. Las Palmas de Gran Canaria. 1848. Archivo de fotografía histórica de Canarias. Cabildo de Gran Canaria. Fedac.

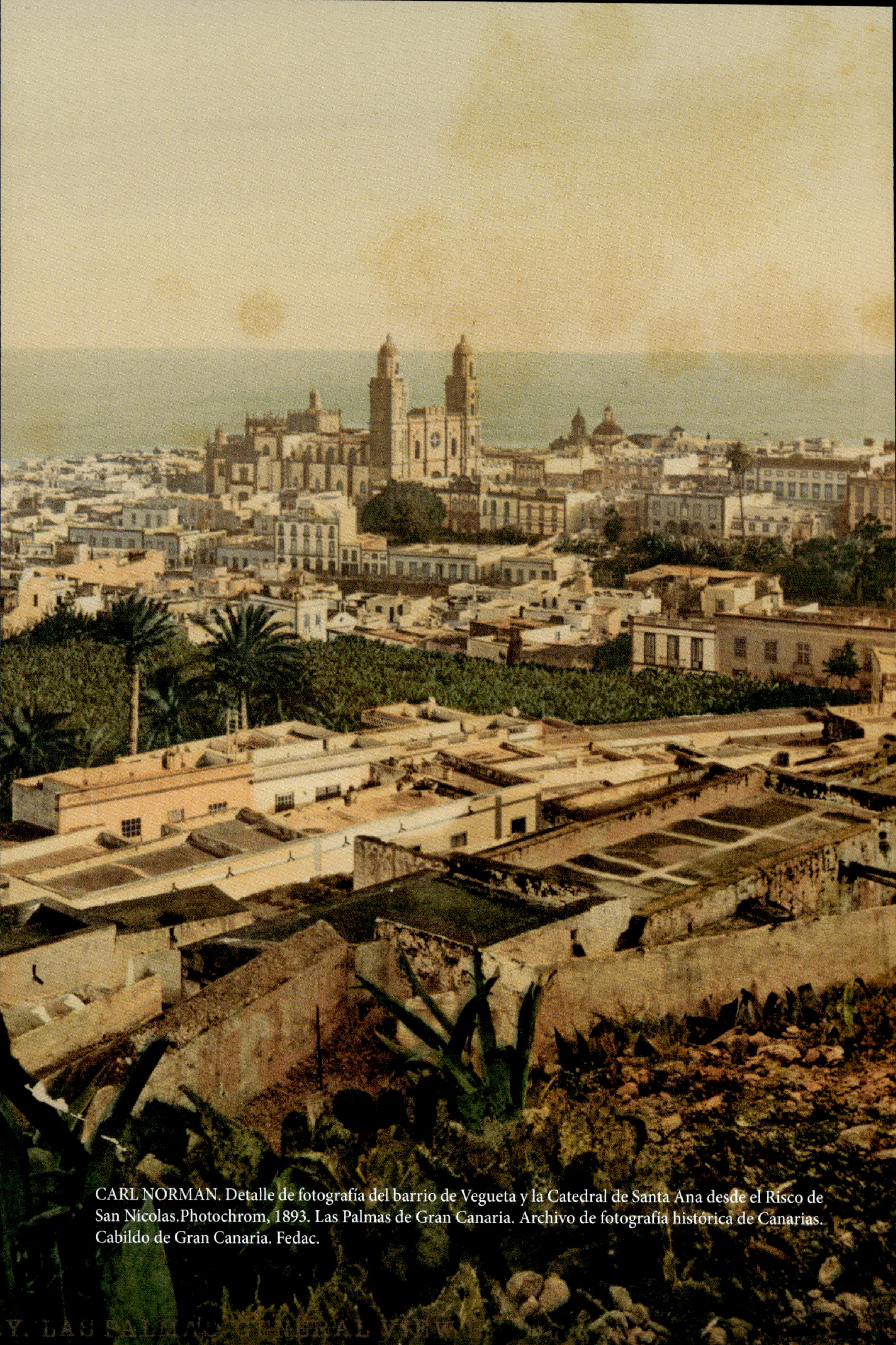

CARL NORMAN. Detalle de fotografía del barrio de Vegueta y la Catedral de Santa Ana desde el Risco de San Nicolas.Photochrom, 1893. Las Palmas de Gran Canaria. Archivo de fotografía histórica de Canarias. Cabildo de Gran Canaria. Fedac.

3. GRAN CANARIA A LA ALBÚMINA

En 1849 el impresor fotográfico francés Louis Désiré Blanquard propuso un nuevo sistema de impresión de copias fotográficas para dejar atrás los positivos directos de cámara y superar las limitaciones inherentes de las copias en papeles a la sal. En este último proceso, las imágenes se formaban por contacto directo desde el negativo al papel, con lo que presentaban una definición limitada debido a la fibra de la pasta papelera.

La propuesta de Blanquard consistió en cubrir las hojas de papel con clara de huevo salado y batido a punto de nieve, de este modo, la superficie del papel aparecía brillante. Esta capa era sensibilizada con una solución de nitrato de plata, pero las sales de plata no llegaban a impregnar las fibras del papel, con lo cual, la imagen ganaba una gran definición respecto de la que ofrecían las copias en papeles a la sal. Nacían así las copias en papel a la albúmina, que fueron rápidamente aceptadas en los ámbitos fotográficos y, desde 1855, fue el sistema más utilizado para imprimir copias en papel desde los negativos de colodión. La albúmina predominó durante más de 30 años en los procesos fotográficos y aunque su uso decayó progresivamente desde 1895, el papel albuminado continuó fabricándose hasta el primer tercio del siglo XX.

Pronto llegaría a Gran Canaria el procedimiento de estas copias positivas a la albúmina, de manera que en los inicios de la década de 1860 empezamos a encontrar retratos obtenidos con esta técnica.

Inicialmente, el fotógrafo preparaba el papel a la albúmina antes de realizar las fotografías y, para ello, rompía los huevos, batía las claras a punto de nieve, las salaba, las dejaba fermentar, hacía flotar el papel sobre el fermento y lo sensibilizaba con nitrato de plata. Lo complicado y penoso de estas tareas, así como el rápido aumento de la demanda de papel albuminado, condicionaron que desde 1854 saliese al mercado papel a la albúmina de producción industrial. La producción fabril de papel albuminado se concentró en Dresden, Alemania, y alcanzó proporciones gigantescas; baste considerar, a modo de ejemplo, que en 1888 una sola fábrica rompió más de 6 millones de huevos para la preparación de papel albuminado con sus claras; a saber cuántos queques[13] se podrían haber hecho con las yemas. Las copias fotográficas en papel a la albúmina se obtenían

13. Queque es una palabra del léxico canario incorporada desde la palabra inglesa Cake (pastel). En el español continental europeo se puede traducir por pastel y/o bizcocho. El queque se prepara con una masa compuesta de la flor de la harina, huevo, mantequilla y azúcar, con pasas y almendras, que se hace de diferentes formas y tamaños y se cuece al horno. Academia Canaria de la Lengua. Diccionario canario. Disponible en https://bit.ly/2vzdBrT. Consulta de 20 de febrero de 2020.

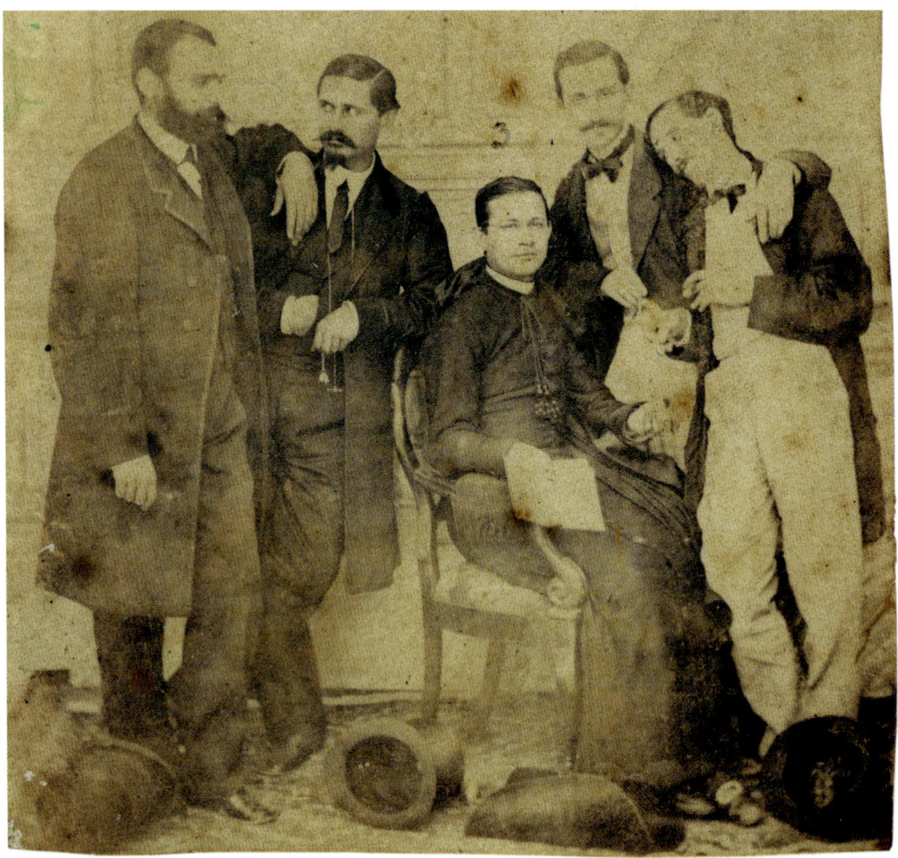

SANTOS MARÍA PEGO. El cura Teófilo Martínez de Escobar con su hermano Amaranto y los amigos Severino Lorenzo Bethencourt (primero a la izquierda), Diego Mesa de León (cuarto desde la izquierda) y Nicolás Navarro (primero de la derecha). Albúmina, 1864. Archivo de fotografía histórica de Canarias. Cabildo de Gran Canaria. Fedac.

por contacto directo entre el papel albuminado y el negativo. La impresión era realizada directamente por la exposición al sol, mientras negativo y papel se hallaban en contacto, dicha exposición podía prolongarse incluso más de una hora y el fotógrafo podía controlar, llevando la prensa de contacto al cuarto oscuro, la evolución de la impresión sin separar el negativo del papel albuminado.

Este procedimiento abarató extraordinariamente los costes de la producción, que además se amortizaban con facilidad al poder realizarse tantas copias como se desease de una sola toma. Este hecho propició el auge del negocio fotográfico, con el establecimiento de una docena de estudios que desde la década de 1860 fueron extendiéndose por la ciudad de Las Palmas de Gran Canaria, primero en Triana y luego en el Puerto. Alberto Boissier y Romero, Luis González del Mármol en sociedad con Santos María Pego, Luis Ojeda Pérez y José Alonso son algunos de los que regentaron estos primeros estudios, junto a fotógrafos

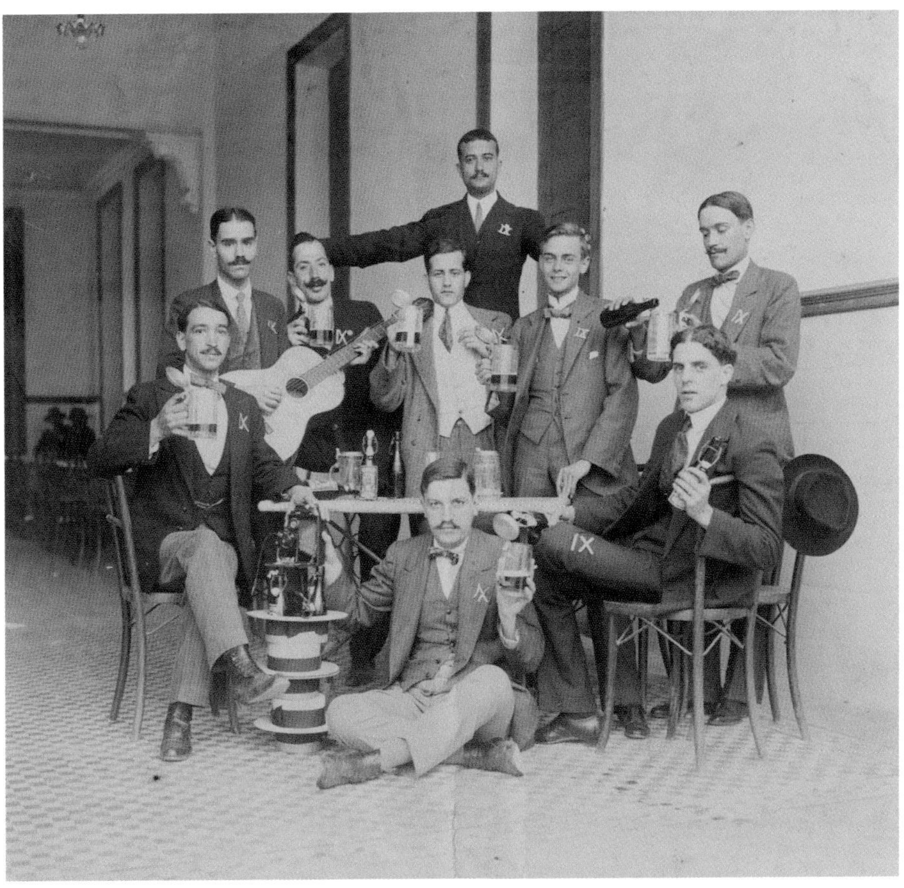

CHARLES NANSON. Charles Medrington y amigos celebrando el cambio de siglo en el Sta. Catalina Baazar. 1900. Albúmina. Las Palmas de Gran Canaria. Archivo de fotografía histórica de Canarias. Cabildo de Gran Canaria. Fedac.

extranjeros como el madeiriense Jordao Da Luz Perestrello, con su estudio en el Hotel Rayo del Parque de Santa Catalina, o los británicos Charles Nanson, Ensell, y Charles E. Medrington, quienes instalaron sus estudios en las recepciones de los hoteles Metropol y Santa Catalina. Hay que contar también con fotógrafos itinerantes que recalaban en la isla para aclimatarse camino de América —como por ejemplo Alejandro Witcomb— o que fueron contratados por compañías británicas para realizar reportajes fotográficos en los archipiélagos atlánticos, para mostrar en Londres las potencialidades de estos territorios de cara a la inversión del capital británico, como fue el caso de Carl Norman.

¿Pero qué había pasado para que en la pequeña ciudad que era Las Palmas de Gran Canaria hacia 1850, con sus apenas 15.000 habitantes confinados por las antiguas murallas defensivas, comenzasen a establecerse estos estudios fotográficos?

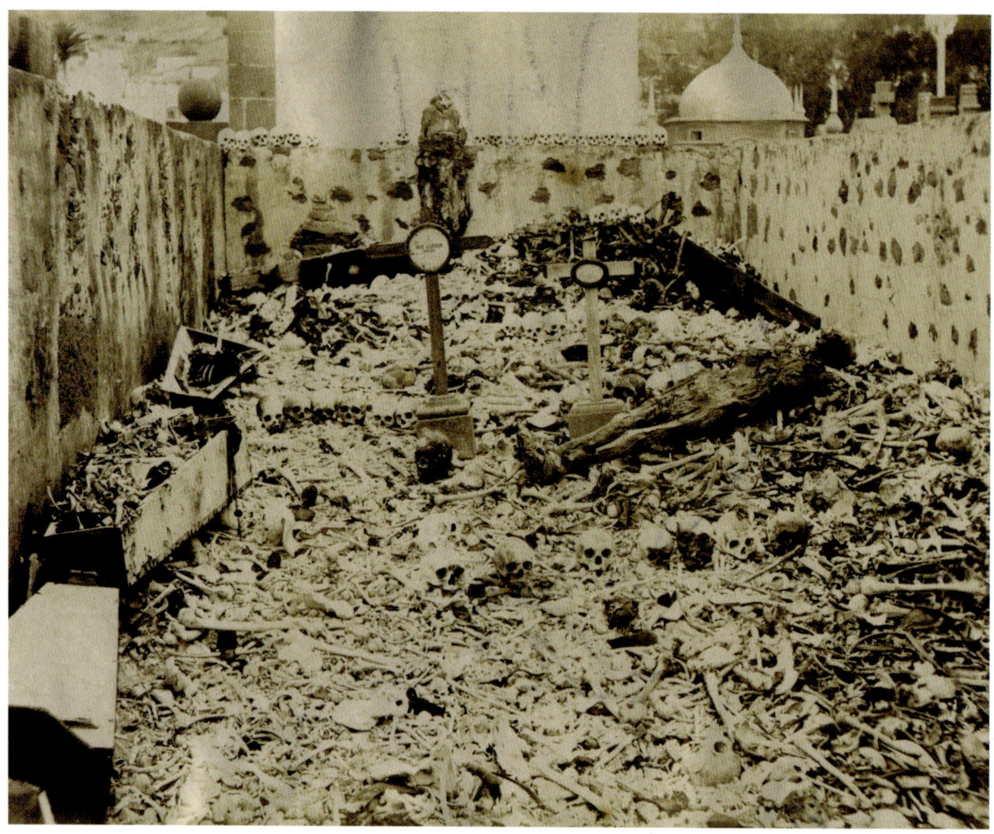

LUIS OJEDA PÉREZ. Osario del cementerio de Vegueta. Albúmina, *ca.* 1880. Las Palmas de Gran Canaria. Archivo de fotografía histórica de Canarias. Cabildo de Gran Canaria. Fedac

El decreto de Puertos Francos de 1852 liberalizó el comercio entre el Archipiélago y los principales puertos de Europa (fundamentalmente el Reino Unido), América, África y Asia, justo en el momento en que la primera globalización del capitalismo se extendía por las aguas del Atlántico. Gran Canaria y, en particular Las Palmas de Gran Canaria, se convirtieron en plataforma de las rutas comerciales que unían al Reino Unido con sus territorios e intereses coloniales en Asia, África y América.

Diversas empresas británicas establecieron sus negocios en la isla en negocios vinculados al Puerto (carboneo, consignatarias,...) y a la exportación de papas, plátanos y tomates. Estas inversiones de capital británico propiciaron el desarrollo del capitalismo colonial en Canarias, en alianza con la aristocracia insular, lo que hizo despegar a la economía isleña, contribuyendo al crecimiento demográfico de Gran Canaria y en particular de su capital.

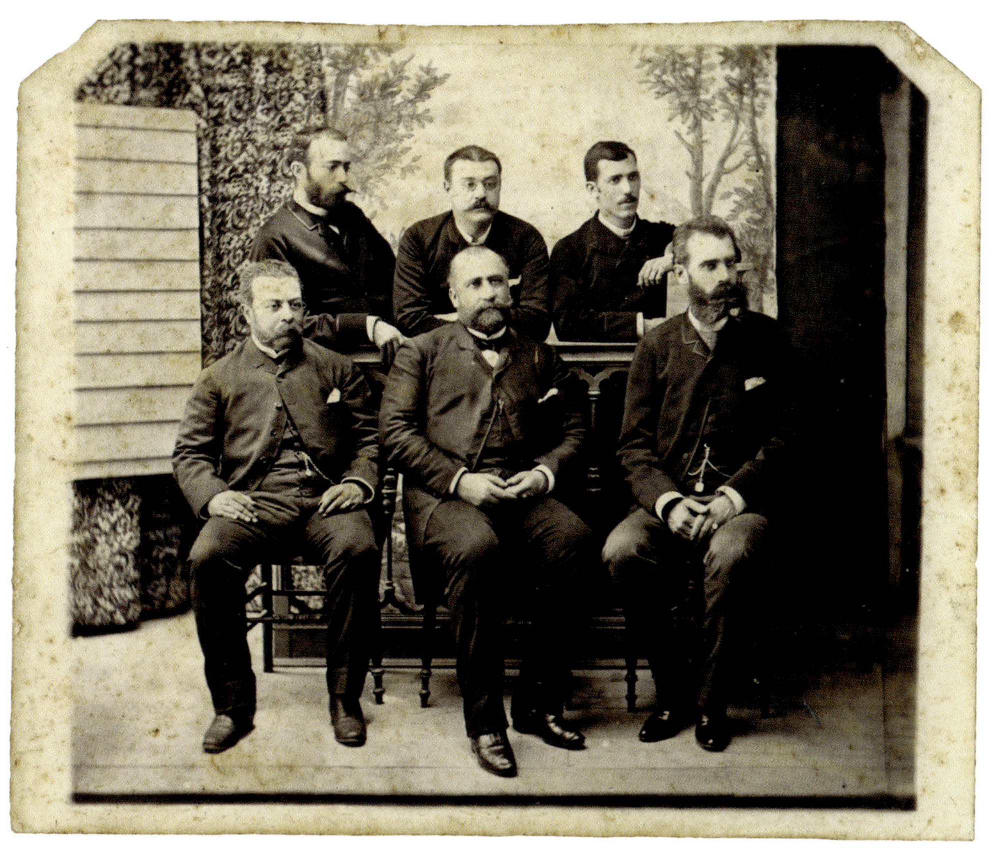

LUIS OJEDA PÉREZ. Gobierno de Gran Canaria. Albúmina. 1891. Las Palmas de Gran Canaria. Archivo de fotografía histórica de Canarias. Cabildo de Gran Canaria. Fedac.

El Atlántico fue el camino que tomó Europa para entrar en contacto con otros pueblos del mundo desde el s. XVI, y durante el s. XIX marcó el rumbo de la expansión capitalista e imperialista europea hacia América, África y Asia. Las islas del Atlántico han sido fundamentales para la comunicación entre los pueblos y sociedades que habitan sus costas continentales puesto que se han constituido en el punto de apoyo y encuentro para el intercambio de gran diversidad de productos, mercancías, inventos e ideas. Plataformas oceánicas para el tránsito de personas y el cruce de sus culturas, en un proceso de siglos que ha condicionado también el profundo mestizaje de las sociedades que hoy vivimos en estas islas y archipiélagos. Y Las Palmas de Gran Canaria fue en el siglo XIX el epicentro de dicho proceso de transformación y mestizaje.

La pequeña ciudad de Las Palmas de Gran Canaria comenzó a crecer 'fuera de la portada', es decir, más allá de las viejas murallas defensivas, en un proceso

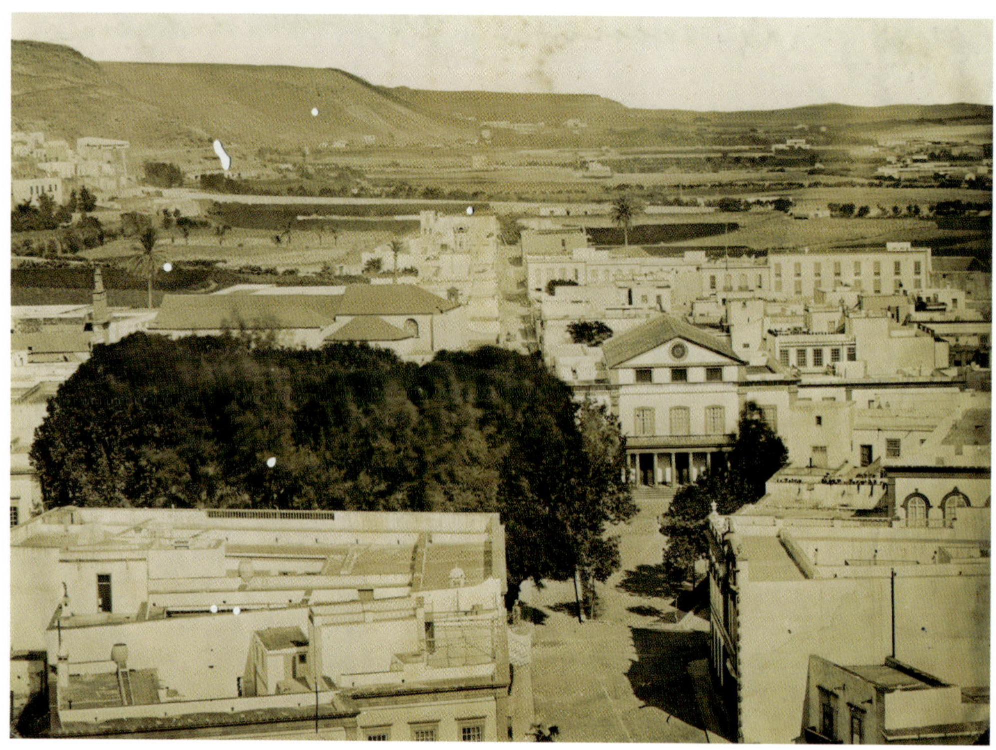

LUIS OJEDA PÉREZ. Barrio de Triana visto desde el campanario de la Catedral de Santa Ana. Albúmina, *ca.* 1875. Las Palmas de Gran Canaria. Archivo de fotografía histórica de Canarias. Cabildo de Gran Canaria. Fedac

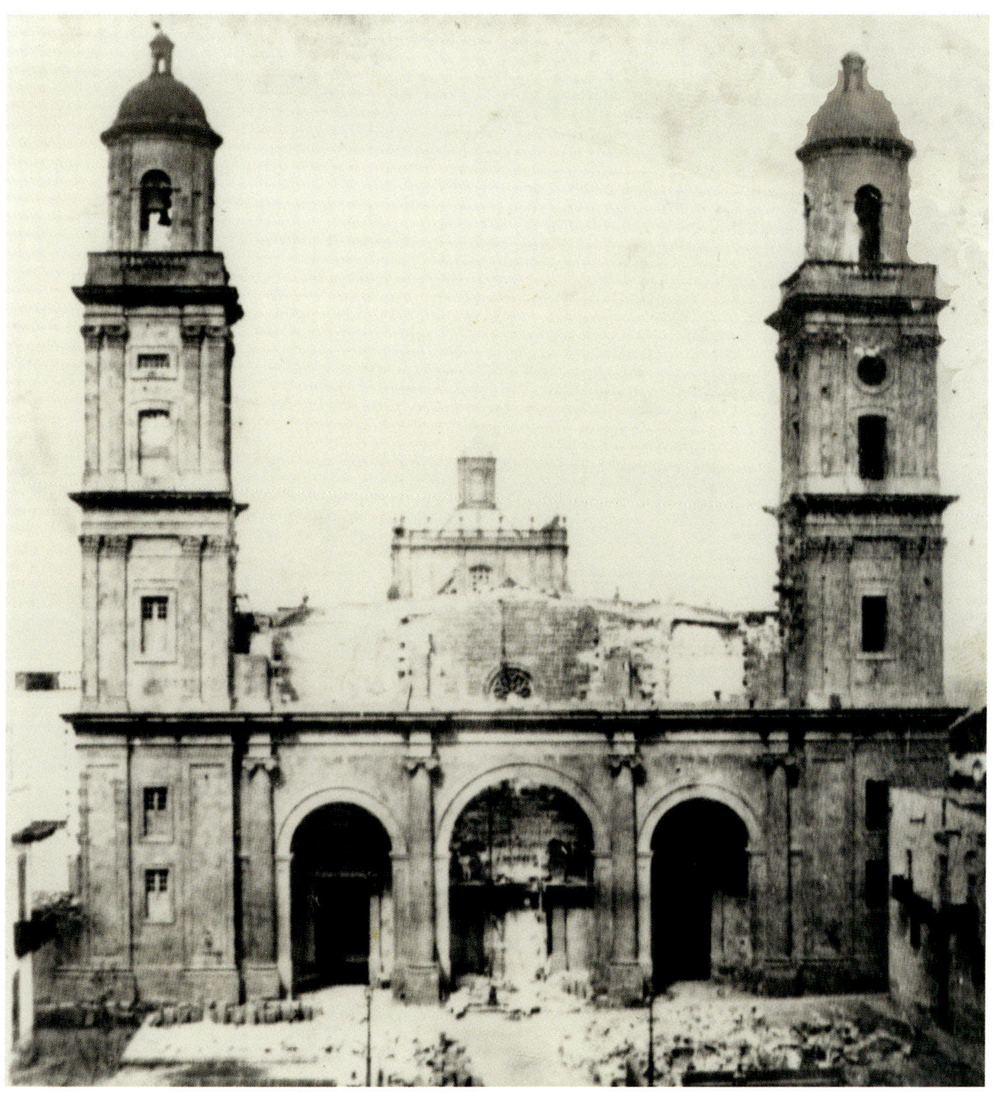

DESCONOCIDO. Catedral de Santa Ana, sin fachada. Albúmina. *ca.* 1868. Las Palmas de Gran Canaria. Archivo de fotografía histórica de Canarias. Cabildo de Gran Canaria. Fedac.

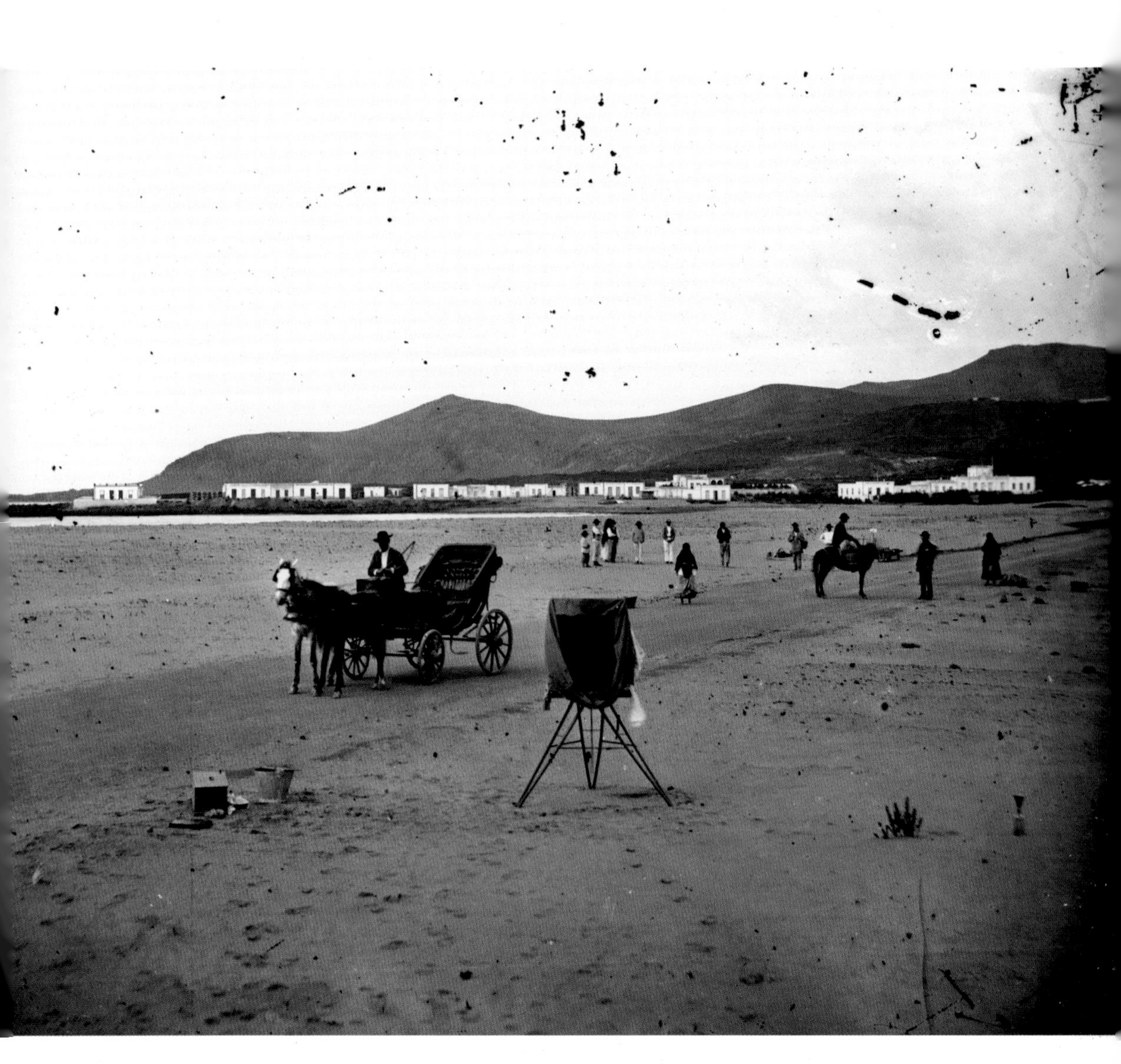

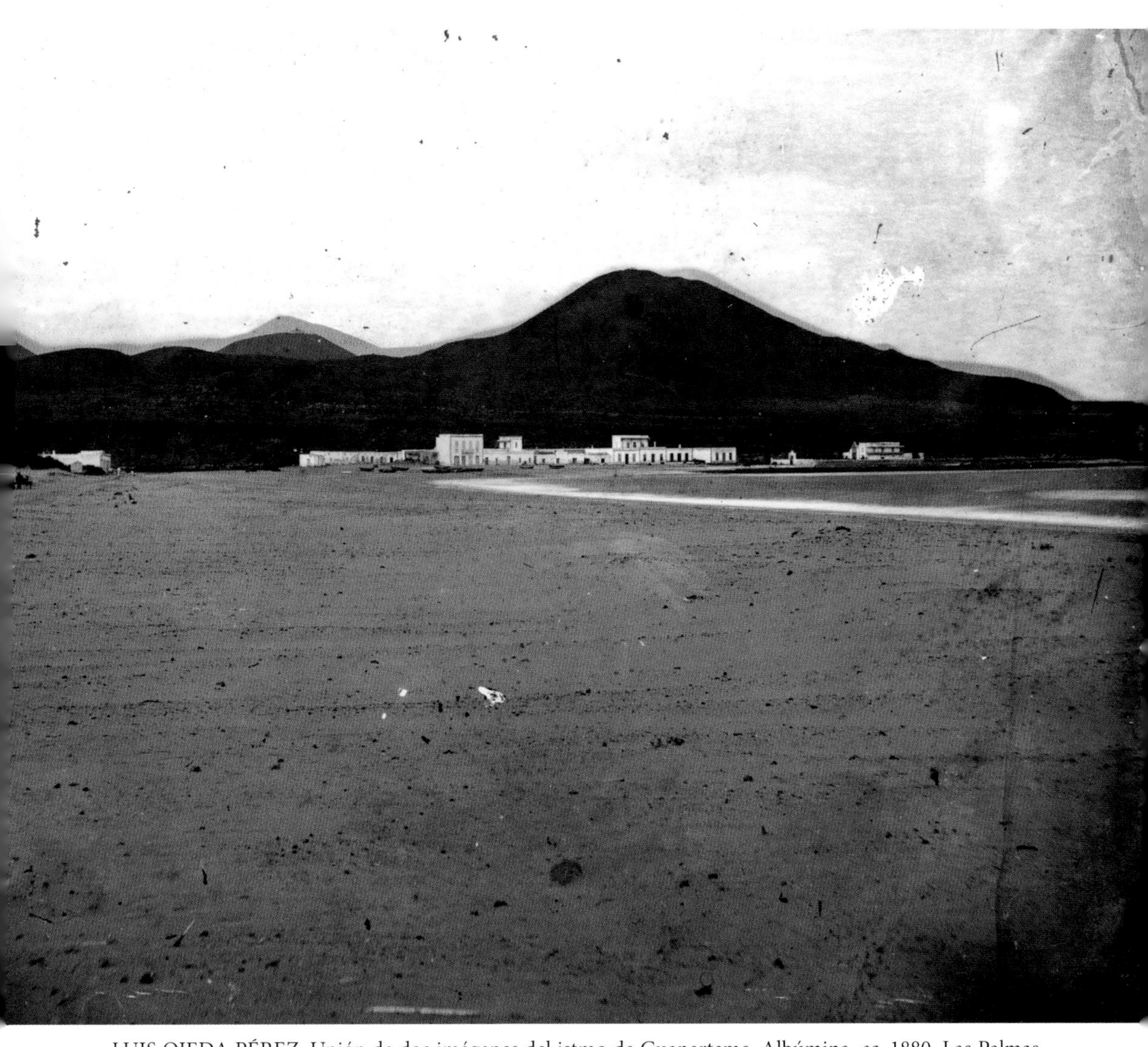

LUIS OJEDA PÉREZ. Unión de dos imágenes del istmo de Guanarteme. Albúmina. *ca.* 1880. Las Palmas de Gran Canaria. Fototeca del Archivo del Museo Canario.

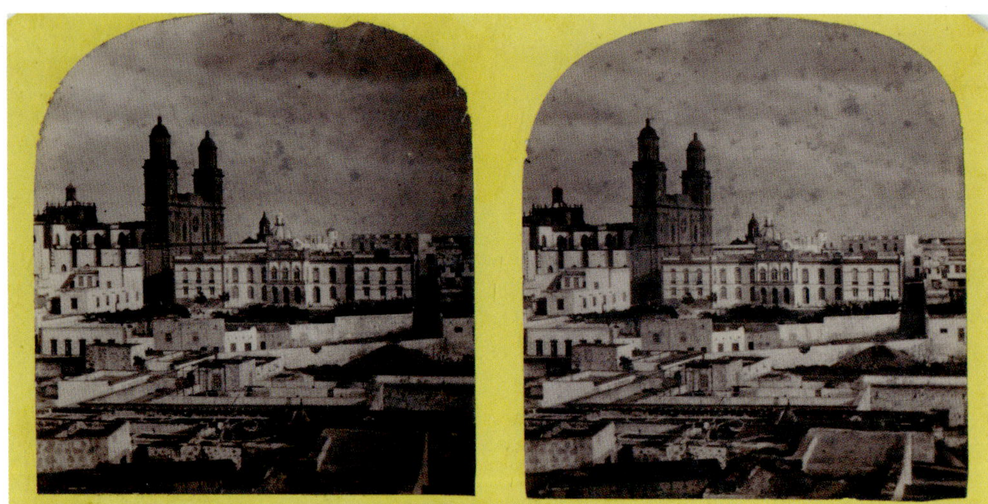

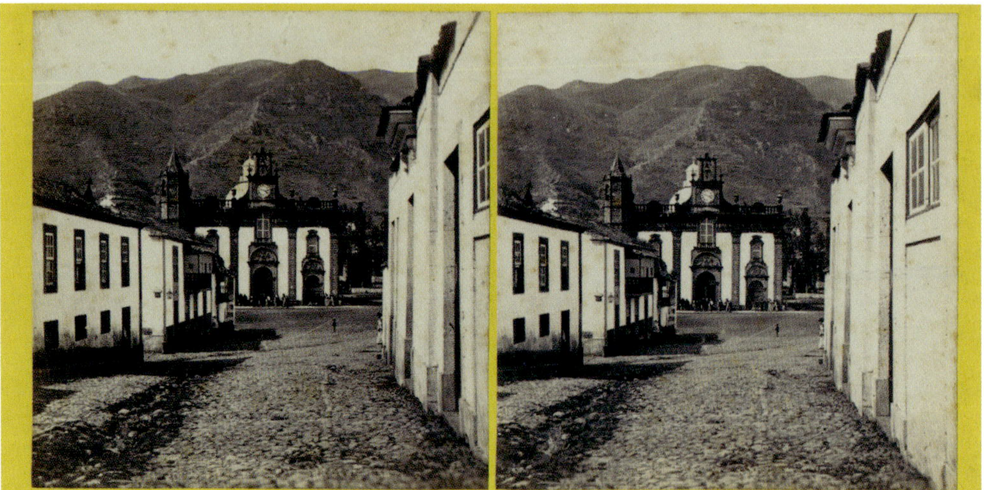

Imagen superior de ALBERTO BOISSIER Y ROMERO. Palacio episcopal y Catedral sin templete. Estereoscopía a la albúmina. 1864. Imagen inferior de fotógrafo DESCONOCIDO. Basílica del Pino y calle Real de Teror. Estereoscopía a la albúmina. 1864. Teror. Archivo de fotografía histórica de Canarias. Cabildo de Gran Canaria. Fedac.

de urbanización que llevaría hacia finales del siglo a unir Triana con el Puerto de la Luz. En el curso de cincuenta años la población capitalina se multiplicó por tres y el total de la población grancanaria casi se duplicó. La isla y su capital habían cambiado y ya no eran las mismas, y de la vieja ciudad (su gobierno, sus calles, su gente...) apenas empezaban a quedar recuerdos.

La fotografía documentó los trepidantes cambios que se estaban produciendo en la economía, la política, la cultura, los paisajes y el paisanaje de Gran Canaria en la segunda mitad del siglo XIX, y lo hizo a través de distintas técnicas y procedimientos.

El formato 'tarjeta de visita' fue el más popular entre la aristocracia insular en las décadas entre 1860 y 1870. Se trata de retratos a la albúmina, de 6x9 centímetros, adheridos a una tarjeta de cartón para darles consistencia. Pronto se puso de moda entre los miembros de dicha oligarquía, quienes se intercambiaban estos retratos entre familiares, amistades y conocidos, a modo de tarjeta de visita.

En ocasiones, estas tarjetas de visita de la aristocracia insular fueron tomadas en las metrópolis europeas, aprovechando los frecuentes viajes que sus miembros realizaban para atender sus negocios y trabajos. Como la del Conde de la Vega Grande, probablemente tomada en 1862 en la Gran Exposición de Londres, a donde acudió L. Pierson, que era el fotógrafo oficial de SAR el Emperador Napoleón III, en compañía del fotógrafo Mayer.[14]

Además de las tomadas en estudios internacionales, otras mucha tarjetas de visita fueron obtenidas en los incipientes estudios fotográficos isleños de Luis Ojeda Pérez, Alberto Boissier y Romero, José Gutiérrez y Santos María Pego y su socio en Gran Canaria, Luis Gonzaga del Mármol.

Santos María Pego (El Ferrol, 1832) fue un funcionario español destinado a Canarias que había estudiado ingeniería industrial y que desde muy joven ingresó como técnico en el Ministerio de Obras Públicas. Llegó a Canarias como guarda del depósito de efectos de faros, puesto que anteriormente había ocupado en Cádiz. Fue discípulo del fotógrafo Ken, de París. En 1862 ya tenía un estudio fotográfico en Cádiz asociado con Simón Corrales y una sucursal con José Nal.

En 1863 llegó a Tenerife con su mujer y sus dos hijos y fue el introductor en las islas de las tarjetas de visita. Tuvo un estudio en Santa Cruz de Tenerife con Manuel García Rodríguez; un segundo, que abrió en 1864, en Las Palmas de Gran Canaria con Luis Gonzaga del Mármol; y un tercero, en Santa Cruz de La Palma, con Aurelio Carmona López, abierto en 1865. Ese mismo año obtuvo el título de fotógrafo de la Real Casa. Comercializó fotografías de los 'tipos del país' y hombres célebres. A partir de 1866 volvió a la península, abandonó la fotografía y se estableció en Córdoba, donde trabajó en diferentes proyectos de minería y obras públicas.[15]

14. National Portrait Gallery. Disponible en https://bit.ly/2PWowD6. Consulta de 23 de enero de 2020

15. Real Sociedad Económica de amigos del País de Tenerife. Disponible en http://memorias.rseapt.es/. Consulta de 23 de enero de 2020

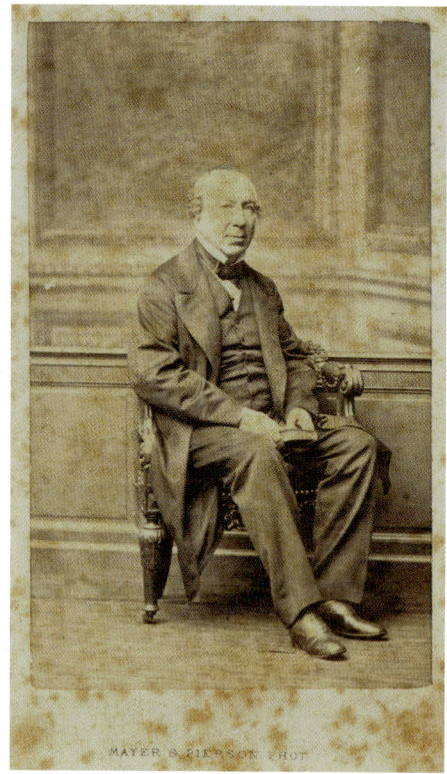

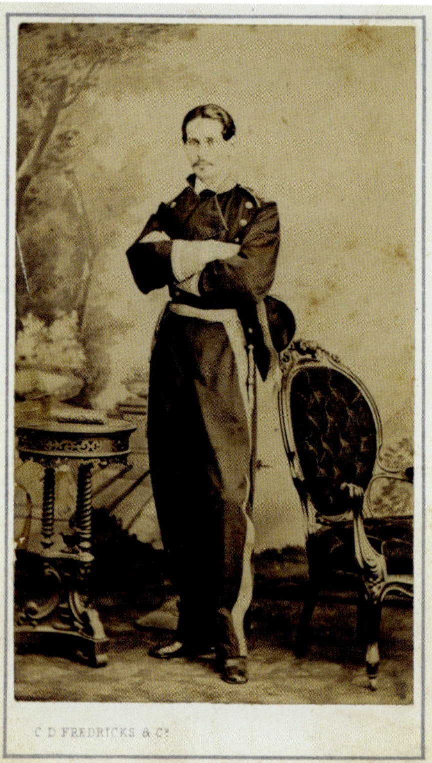

A la izquierda, fotografía de MAYER AND PIERSON. Retrato del Conde de la Vega Grande. Tarjeta de visita. 1862. Londres. A la derecha, imagen de CHARLES DEFOREST FREDRICKS. Retrato de Ignacio Pérez Galdós. Tarjeta de visita. *ca.* 1865. La Habana. Archivo de fotografía histórica de Canarias. Cabildo de Gran Canaria. Fedac.

Otros fotógrafos, como Alberto Boissier y Romero, comenzaron un poco más tarde en esta actividad, pero tanto para Boissier como para otros autores de este período, la fotografía era una labor complementaria, paralela a otras profesiones. Las imágenes de Alberto Boissier y Romero se editaron en Las Palmas de Gran Canaria en forma de tarjeta de visita a partir de 1870, durante un periodo estimado de seis años. Entre los años 1861 y 1880, aproximadamente, el procedimiento fotográfico más usado fue el colodión húmedo, cuyas placas negativas de vidrio eran positivadas posteriormente en copias sobre papel. Los retratos de Boissier y Romero, obviamente, seguían siendo de personalidades de la aristocracia insular, único sector social capaz de poder consumir los productos fotográficos.

El retratista José Gutiérrez estableció su estudio en la Plaza de San Bernardo de Las Palmas de Gran Canaria desde finales del siglo XIX y durante

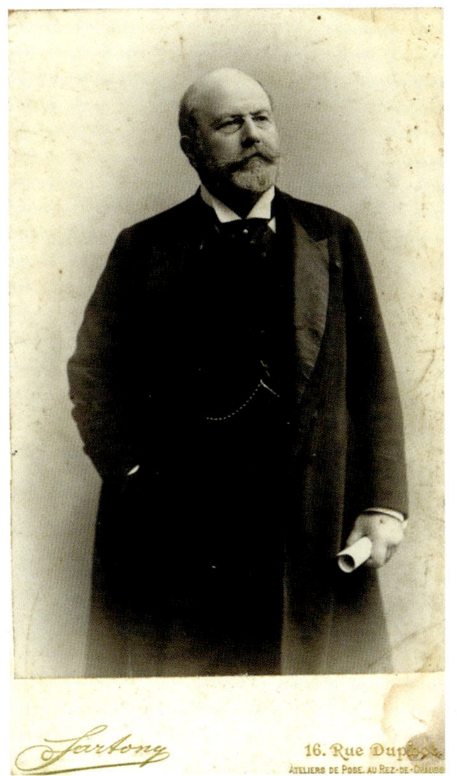

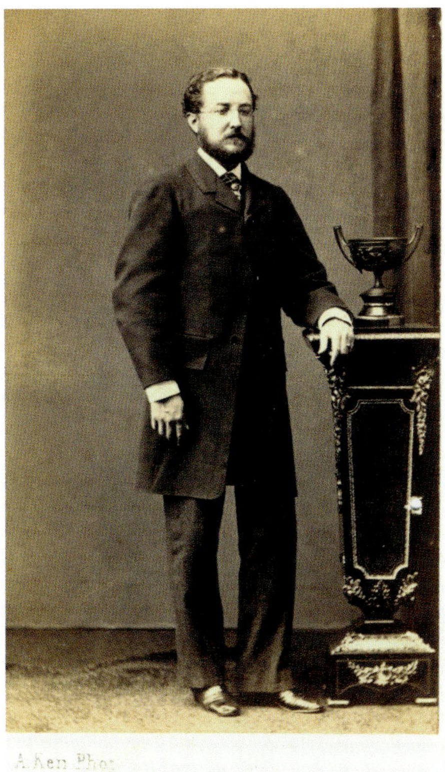

A la izquierda, fotografía de SARTONY. Retrato de Fernando León y Castillo. Tarjeta de visita a la albúmina. *ca.* 1898. París. A la derecha, imagen tomada por A. KENT. Retrato de Juan León y Castillo. Tarjeta de visita a la albúmina. *ca.* 1860. París. Archivo de fotografía histórica de Canarias. Cabildo de Gran Canaria. Fedac.

los primeros años del siglo siguiente. Paradójicamente coincidió con un J. Gutiérrez, retratista, establecido en Madrid en esas fechas. Y en las mismas fechas hay un José Gutiérrez en Santa Cruz de Tenerife, que participó en exposiciones y apareció citado en la prensa local del momento. José Gutiérrez tuvo también su estudio en S. C. de Tenerife, en la Plaza de la Constitución y fueron frecuentes sus cartulinas de Tenerife con la dirección de Gran Canaria superpuesta.

Sin embargo, el más importante fotógrafo grancanario en la realización de tarjetas de visita, e incluso se podría decir en la fotografía a la albúmina, fue el aruquense Luis Ojeda Pérez. En su estudio de la calle San Francisco en Triana se ganó la vida como fotógrafo, obteniendo una ingente cantidad de retratos a en formato carta de vista de miembros de la oligarquía insular desde la década de 1870. Desde su estudio emprendió multitud de reportaje fotográficos

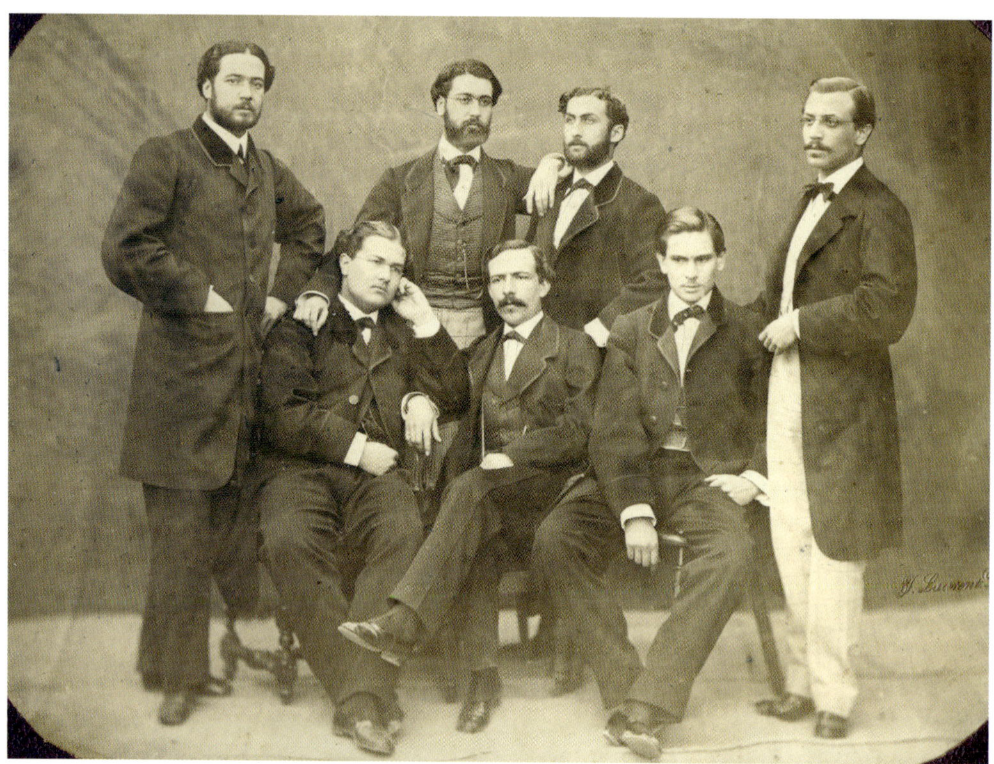

JEAN LAURENT. Los jóvenes Benito Pérez Galdós y Fernando León y Castillo junto a otras personalidades canarias. Albúmina. 1856. Madrid. Archivo de fotografía histórica de Canarias. Cabildo de Gran Canaria. Fedac.

paisajísticos por la isla, como tendremos oportunidad de comprobar más adelante. Andando el tiempo obtendría el título de fotógrafo de la Casa Real española. A partir de 1911, cuando la técnica fotográfica de copias positivas al gelatina bromuro, por contacto directo y/o por revelado químico arrinconaba comercialmente a las copias a la albúmina, su ayudante Eleuterio López tomó el relevo. Tras la muerte de Ojeda, y ante el control ejercido por Eleuterio, las hijas de Ojeda se amularon[16], y decidieron instalar un estudio en la calle Triana con el título 'Hijas de Ojeda'.

Bueno, después de este atracón de retratos aristocráticos del s. XIX conviene salir a la calle y ventilarse un poco con la imagen que nos legó la Gran Canaria de las décadas sesenta y setenta del XIX. Porque la albúmina no sólo permitió realizar múltiples copias de los retratos que se tomaban en los estudios, también sacó las cámaras fotográficas a la calle.

16. Amularse en una palabra del léxico canario que puede traducirse en el español continental europeo como enfadarse obstinadamente. Academia Canaria de la Lengua. Disponible en https://bit.ly/3baGMkd. Consulta de 20 de enero de 2020.

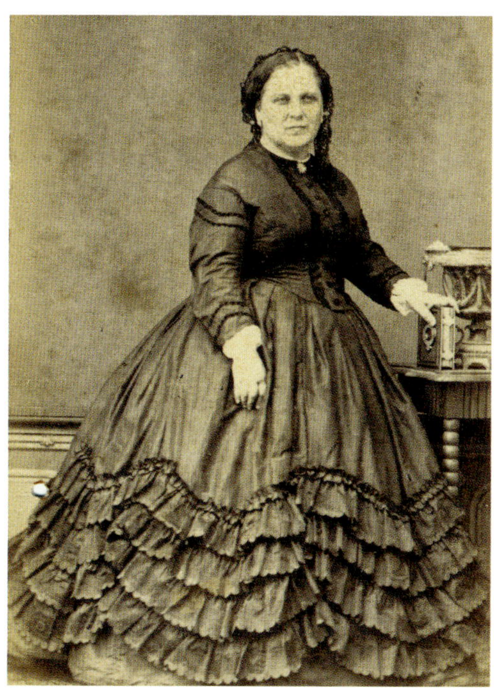

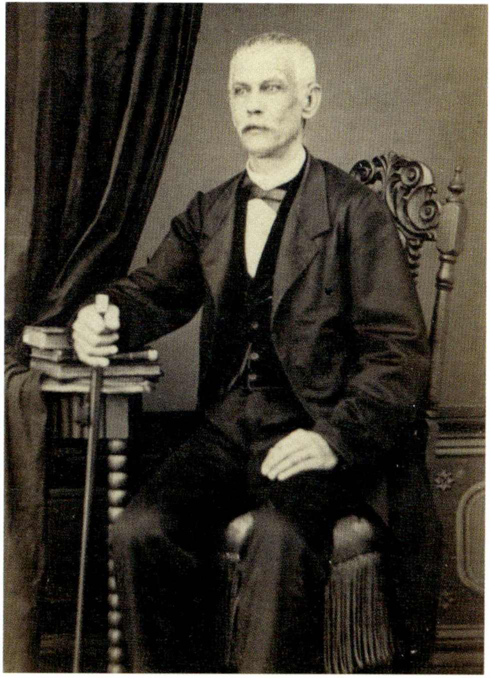

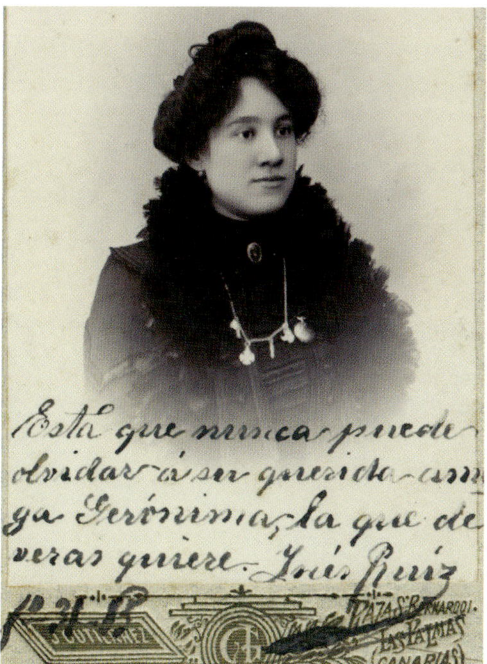

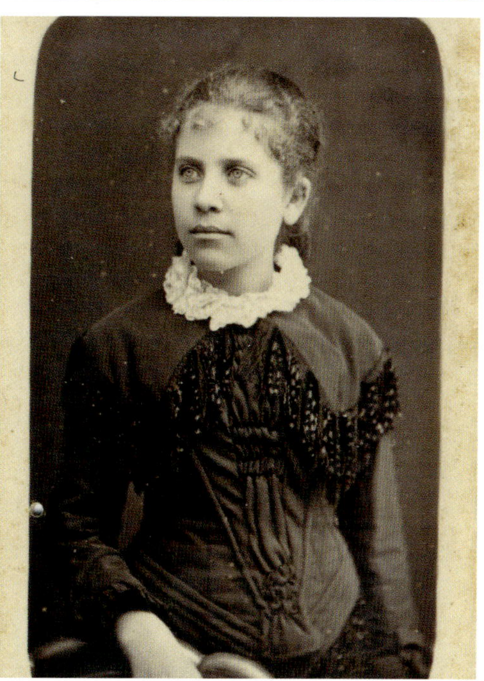

En la parte superior, imágenes de SANTOS MARÍA PEGO Y/O LUIS GONZAGA DEL MÁRMOL. A la izquierda, retrato de Pino Falcón Quintana de Massieu. A la derecha, retrato del médico Domingo J. Navarro. *ca.* 1865. En la parte inferior a la izquierda, fotografía de JOSÉ GUTIÉRREZ. Retrato de Inés Ruiz. *ca.* 1900. A la derecha, fotografía de ALBERTO BOISSIER Y ROMERO de Carmen Matos Massieu. *ca.* 1870. Tarjetas de visita. Las Palmas de G.C. Archivo de fotografía histórica de Canarias. Cabildo de Gran Canaria. Fedac.

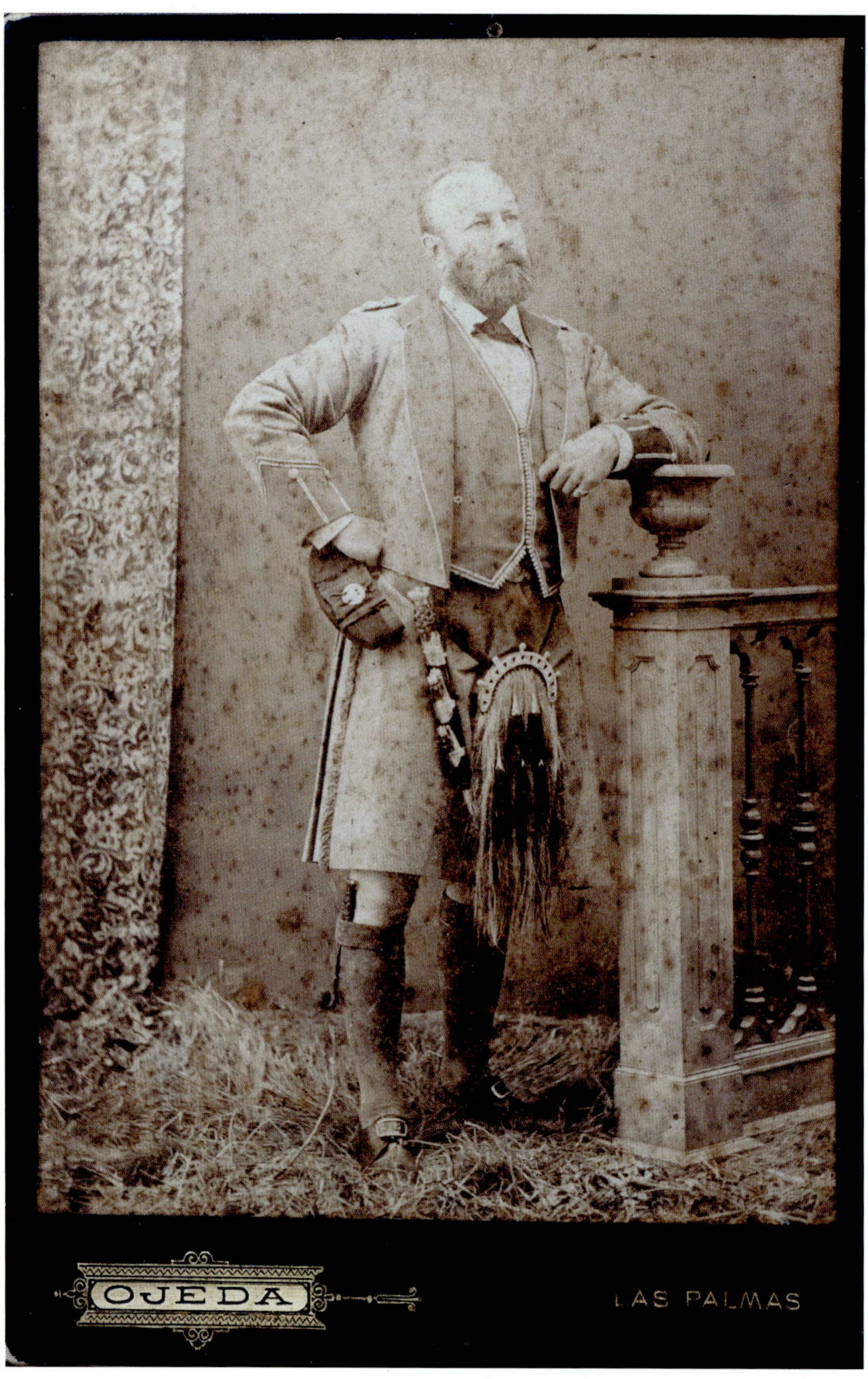

LUIS OJEDA PÉREZ. Arthur Doorly. Tarjeta de visita, *ca.* 1880. Las Palmas de Gran Canaria. Archivo de fotografía histórica de Canarias. Cabildo de Gran Canaria. Fedac.

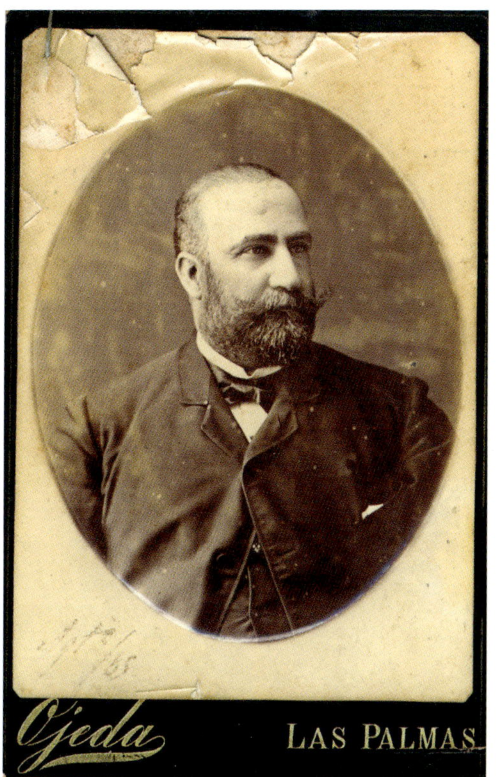

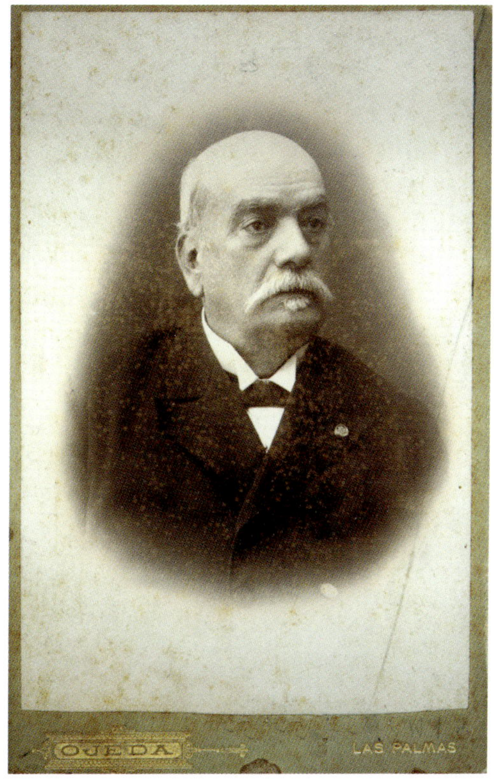

LUIS OJEDA PÉREZ. A la derecha, retrato del Dr. Gregorio Chil y Naranjo, cofundador del Museo Canario. Tarjeta de visita, *ca.* 1880. A la izquierda, Agustín Bravo de Laguna. Tarjeta de visita, *ca.* 1885. Las Palmas de Gran Canaria. Archivo de fotografía histórica de Canarias. Cabildo de Gran Canaria. Fedac.

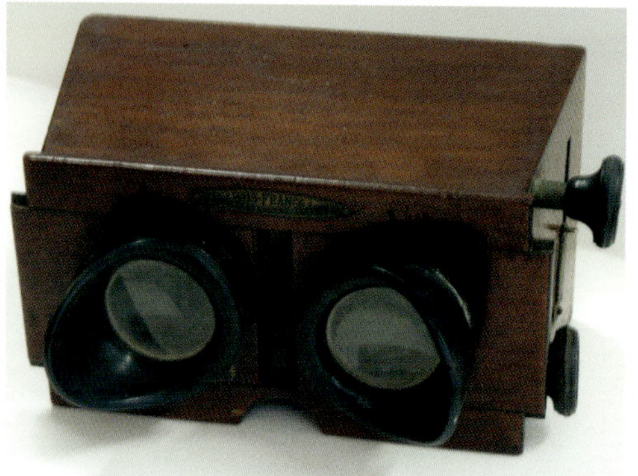
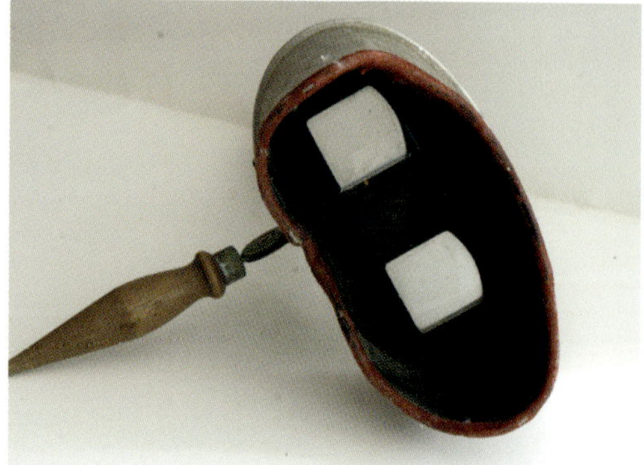

Imágenes de visores para tarjetas estereoscópicas, a la izquierda para placas sobre vidrio y la derecha para fotografías sobre papel y cartón. Fines del siglo XIX. Archivo de fotografía histórica de Canarias. Cabildo de Gran Canaria. Fedac.

El primer formato en popularizarse entre la oligarquía para visualizar la fotografía paisajística fue la estereoscopía, una técnica capaz de recoger información visual tridimensional y/o crear la ilusión de profundidad mediante una imagen estereográfica. La ilusión de la profundidad en una fotografía, película, u otra imagen bidimensional se crea presentando una imagen ligeramente diferente para cada ojo, como ocurre en nuestra forma habitual de ver. Fue inventado por Sir Charles Wheatstone en 1840.

La explicación biológica de esta ilusión óptica es que «*los dos ojos, al estar situados en posiciones diferentes, recogen cada uno en sus retinas una imagen ligeramente distinta de la realidad que tienen delante. Esas pequeñas diferencias se procesan en el cerebro para calcular la distancia a la que se encuentran los objetos mediante la técnica del paralaje. El cálculo de las distancias sitúa los objetos que estamos viendo en el espacio tridimensional, obteniendo una sensación de profundidad o volumen. Por lo que si tomamos o creamos dos imágenes con un ángulo ligeramente distinto y se las mostramos a cada ojo por separado, el cerebro podrá reconstruir la distancia y por lo tanto la sensación de tridimensionalidad*».[17]

Las estereoscopías a la albúmina, adheridas sobre una tarjeta de cartón de unos 9x17 cm. para conferirles estabilidad, llegaron a Gran Canaria en la década de 1860, de la mano de fotógrafos como Alberto Boissier y Romero y otros itinerantes a los que, de momento, no hemos logrado identificar. Nos muestran paisajes urbanos de los alrededores de Vegueta y Los Riscos de Las Palmas de Gran Canaria, fincas y casonas de la aristocracia insular en Santa Brígida y Telde e imágenes de lugares icónicos de la isla como la Basílica del Pino de Teror que ya vimos en la introducción de este apartado; además de fotografías de campos de cochinilla (cultivo de exportación de la época).

---

17. Wikipedia. Disponible en https://bit.ly/2vOuwa6. Consulta de 23 de enero de 2020.

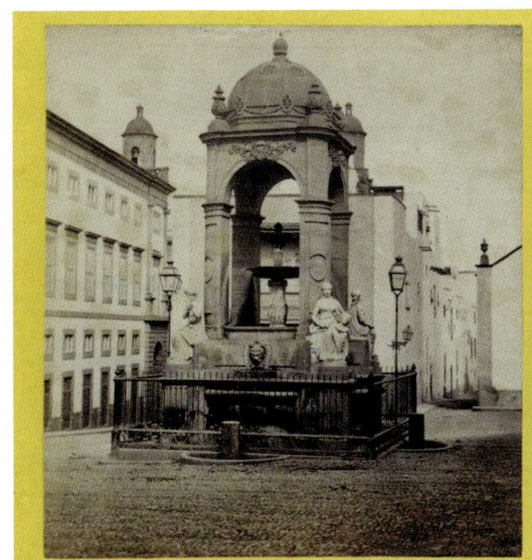
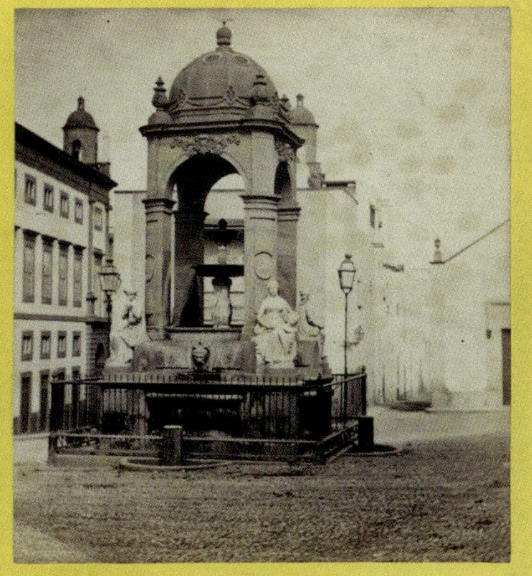
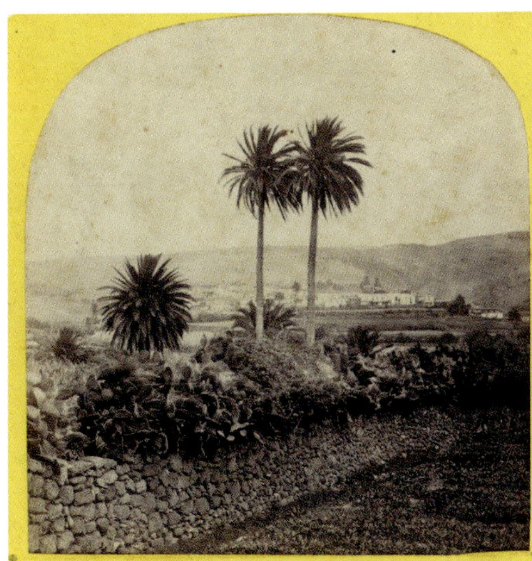
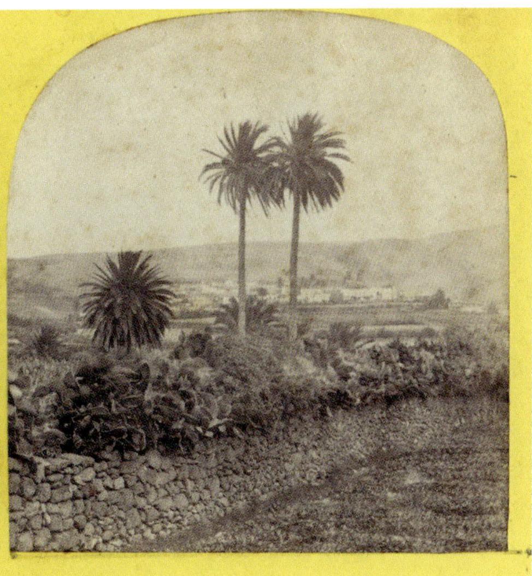

ALBERTO BOISSIER Y ROMERO. Imagen superior, fuente del Espíritu Santo. Estereoscopía. *ca.* 1866. Las Palmas de Gran Canaria. Imagen inferior, panorámica de Guía. Estereoscopía. *ca.* 1866. Guía de Gran Canaria. Archivo de fotografía histórica. Cabildo de Gran Canaria. Fedac.

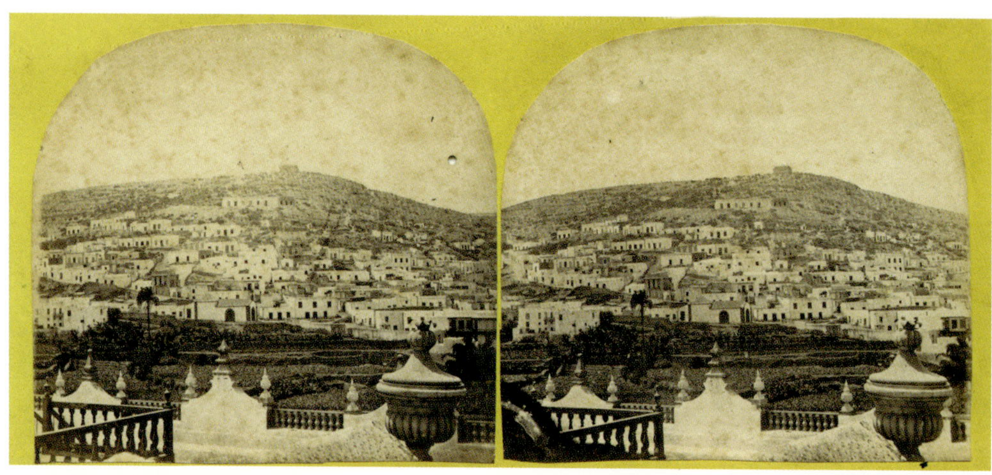

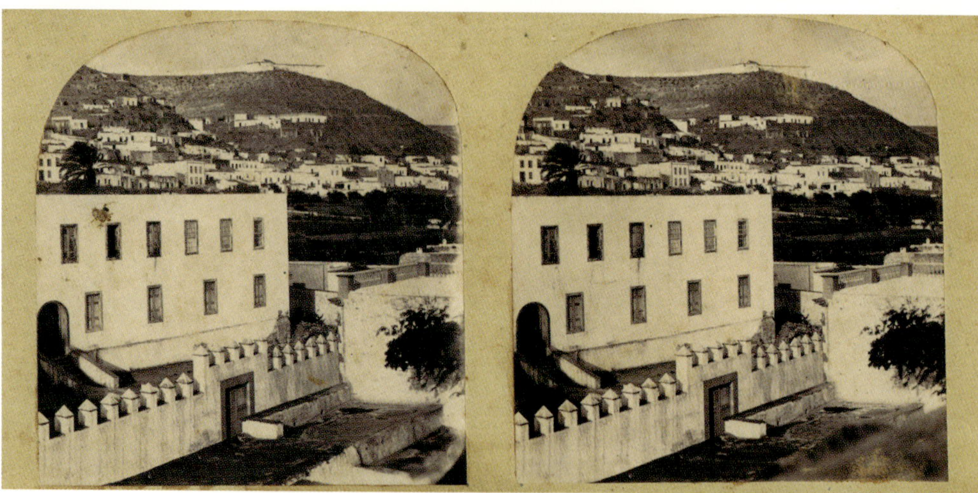

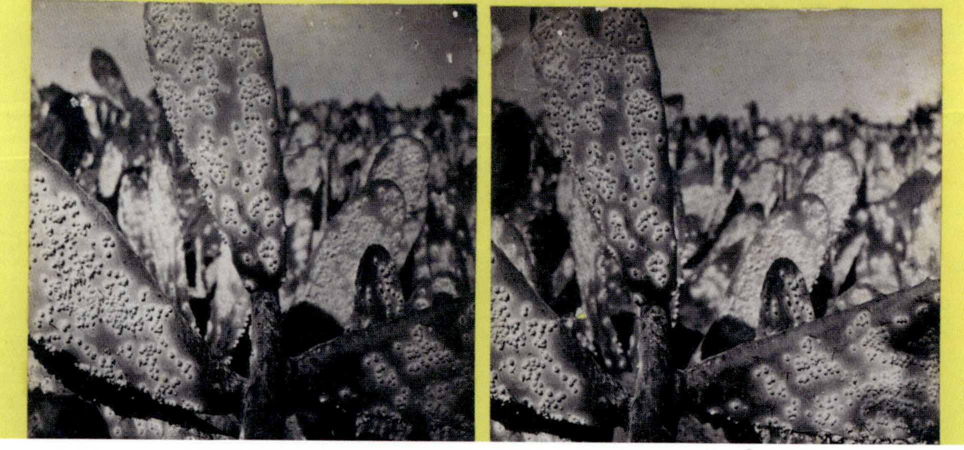

DESCONOCIDO. Imagen superior, Risco de San Nicolás. *ca.* 1870, Las Palmas de Gran Canaria. Fotografía central, Convento de San Francisco y Risco de San Nicolás. *ca.* 1865. Las Palmas de Gran Canaria. Fotografia inferior, cultivo de cochinilla. *ca.* 1864. Gran Canaria. Estereoscopías. Archivo de fotografía histórica de Canarias, Cabildo de Gran Canaria. Fedac.

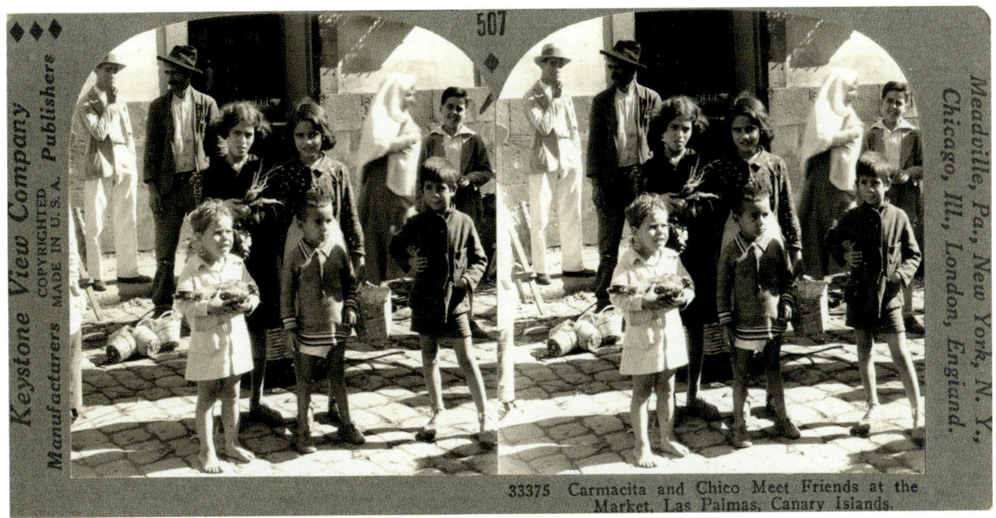

KEYSTONE VIEW COMPANY. Escena infantil en el Mercado de Vegueta. Estereoscopía. *ca.* 1900. Las Palmas de Gran Canaria. Archivo de fotografía histórica de Canarias. Cabildo de Gran Canaria. Fedac. En la trasera de esta imagen esteroscópica se encontraba impreso el siguiente texto originalmente en inglés:

«CARMENCITA Y CHICO HACEN AMIGOS EN EL MERCADO, LAS PALMAS, CANARIAS

Si piensas que las Islas Canarias son un pequeño archipiélago, compara su superficie con la de los hawaianos. Las Canarias son casi la mitad de grandes y tienen casi el doble de habitantes. Fue la antigua Roma quien las denominó como "Islas Afortunadas". Los niños que crecen bajo su brillante sol y clima templado son felices y despreocupados, como parecen indicar estas sonrisas.

Tuvimos la suerte de conocer en el mercado a Carmencita, sonriente, morena y de ojos oscuros, quien se ofreció a ejercer como guía, nuestra cicerone. Ella nos informará sobre los muchos lugares que queremos visitar y nos dirá los nombres a los árboles y las hermosas flores que abundan en su tierra y que desconocemos.

Chico se decepcionaría si no compramos su gallina, ha prometido que si la vende comprará helado para todos. ¿Parece extraño, entonces, que Pancho y Guillermo también recen esperanzados de que la venta se lleve a cabo?

La educación ha progresado rápidamente en las Islas Canarias y las buenas escuelas son numerosas. Los guanches, los habitantes originales que ocupaban Canarias antes de la invasión española, no existen como raza. Aquellos que no fueron exterminados, se casaron con los conquistadores, por lo que los habitantes actuales apenas pueden distinguirse del resto de España. Son un poco más morenos. La población del asentamiento europeo más antiguo de América proviene, no de España, sino de las Islas Canarias. De estas islas partieron un grupo de setenta familias que fundaron la ciudad de St. Augustine en Florida.»

Estas primeras fotografías paisajísticas de Gran Canaria no solo amenizaban las veladas de la oligarquía insular, que las consumía ávidamente con los modernos visores estereoscópicos recién traídos a la isla por los comerciantes de la calle Triana, sino que pronto también comenzarían a circular internacionalmente en series de vistas de diversas ciudades del mundo, empezando a actuar como reclamo turístico que animase a visitar Gran Canaria. Algo que podemos comprobar en la imagen superior, obtenida cerca del cambio de siglo y editada por la Keystone View Company, que tenía su sede central en Meadville, Pennsylvania, y delegaciones en New York, Chicago y Londres.

La eclosión de las copias a la albúmina en Canarias vino a coincidir con un período de desarrollo del capitalismo de la mano de las inversiones británicas, la exportación frutera, el crecimiento urbano de la ciudad de Las Palmas de Gran Canaria, el auge de su negocio portuario, la construcción de diversos hoteles…

Por una parte, los establecimientos fotográficos se consolidaron con esta técnica en diversas islas del archipiélago: La Palma, Tenerife y Gran Canaria. En esta última isla hay que destacar a Luis Gonzaga del Mármol, Santos María Pego, Alberto Boissier y Romero o Luis Ojeda Pérez. A la vez que se producía esta consolidación de estudios isleños, el desarrollo de Gran Canaria atrajo la atención de distintos fotógrafos europeos hacia finales del siglo XIX, siendo de destacar Carl Norman, Charles Nanson, Ensell, Charles Medrington, Jordao Da Luz Perestrello...

Consolidación de los estudios fotográficos, llegada de fotógrafos europeos al calor de las inversiones de capital extranjero en Canarias o desarrollo de la fotografía paisajística y del reportaje político-social son algunas de las características generales de este período.

Con este conjunto de circunstancias, la fotografía se extendió geográficamente más allá de la capital. Primero a zonas cercanas, como Santa Brígida, donde residían sectores acomodados de la sociedad. Y además era centro de residencia vacacional para los primeros turistas que nos visitaron. De esa manera, La Atalaya capturó la mirada foránea que buscaba lo 'exótico' que no encontraba en Europa.

Luego pasó a aquellas zonas donde la agricultura de exportación platanera empujaba el desarrollo del capitalismo, el cual, a su vez, atraía la atención del objetivo fotográfico; las vegas de Telde, Gáldar y Arucas se convirtieron entonces en iconos. Entre finales del s. XIX e inicios del XX, así como por otros lugares destacados de la isla como Teror y su Basílica del Pino. Entre finales del s. XIX e inicios del XX, Abelardo Auyanet abrió su estudio fotográfico en Arucas.

El incremento del comercio entre el Reino Unido y Canarias puso en evidencia la insuficiencia de los puertos canarios para satisfacer las necesidades de la expansión británica por el Atlántico. Paradójicamente, mientras uno de los principales muelles de Londres era el *Canary Wharf*, en el archipiélago no había ningún puerto que diera la talla.

En Gran Canaria, el viejo muelle de San Telmo era incapaz de dar el servicio necesario y el 26 de febrero de 1883 se inició la construcción del Puerto de La Luz a cargo de la *Grand Canary Engineering Co.*, una filial de la británica *Grand Canary Coaling Co.*

La construcción del Puerto de la Luz marcó un punto de inflexión en el desarrollo de Gran Canaria y en particular del municipio capitalino. Crecimiento demográfico, auge del comercio y la exportación agraria, asentamiento de consignatarias inglesas o alemanas… Ya nada sería igual, la isla y Las Palmas de Gran Canaria aceleraron su cambio económico, político, social, cultural y paisajístico en las dos últimas décadas del s. XIX.

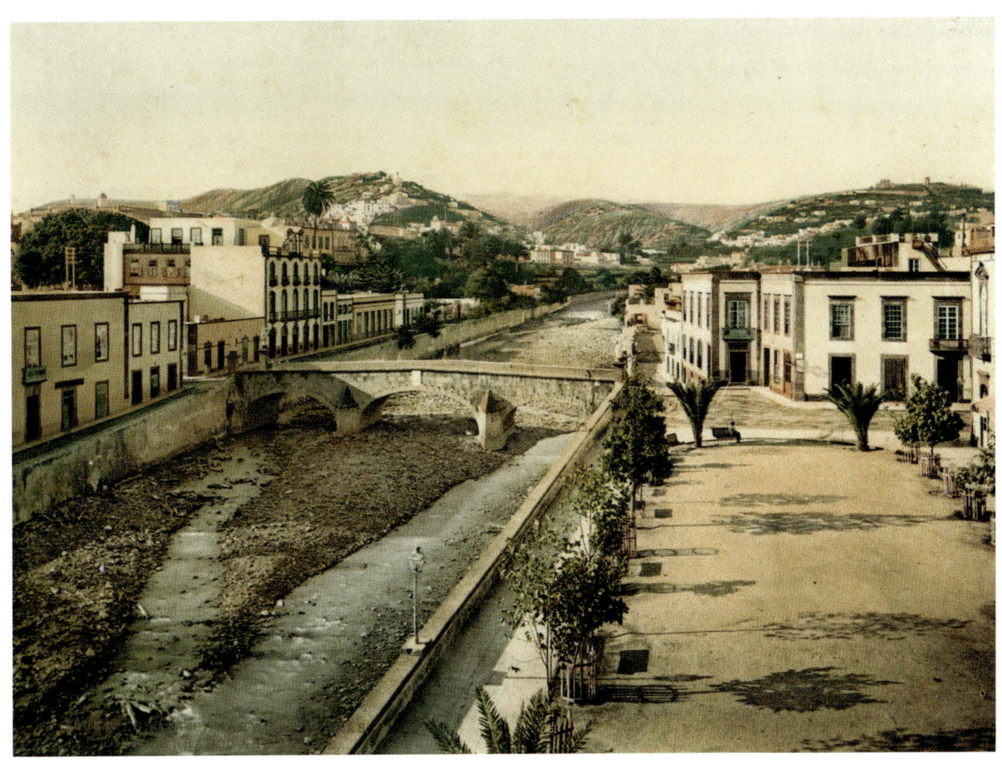

CARL NORMAN. Puente de piedra y barranco de Guiniguada. Photochrom, 1893. Las Palmas de Gran Canaria. Archivo de fotografía histórica de Canarias. Cabildo de Gran Canaria. Fedac.

PÁGINA SIGUIENTE ▸

CARL NORMAN. Triana, Vegueta y los Riscos desde el muelle de San Telmo. Photochrom, 1893. Gran Canaria. Archivo de fotografía histórica de Canarias. Cabildo de Gran Canaria. Fedac.

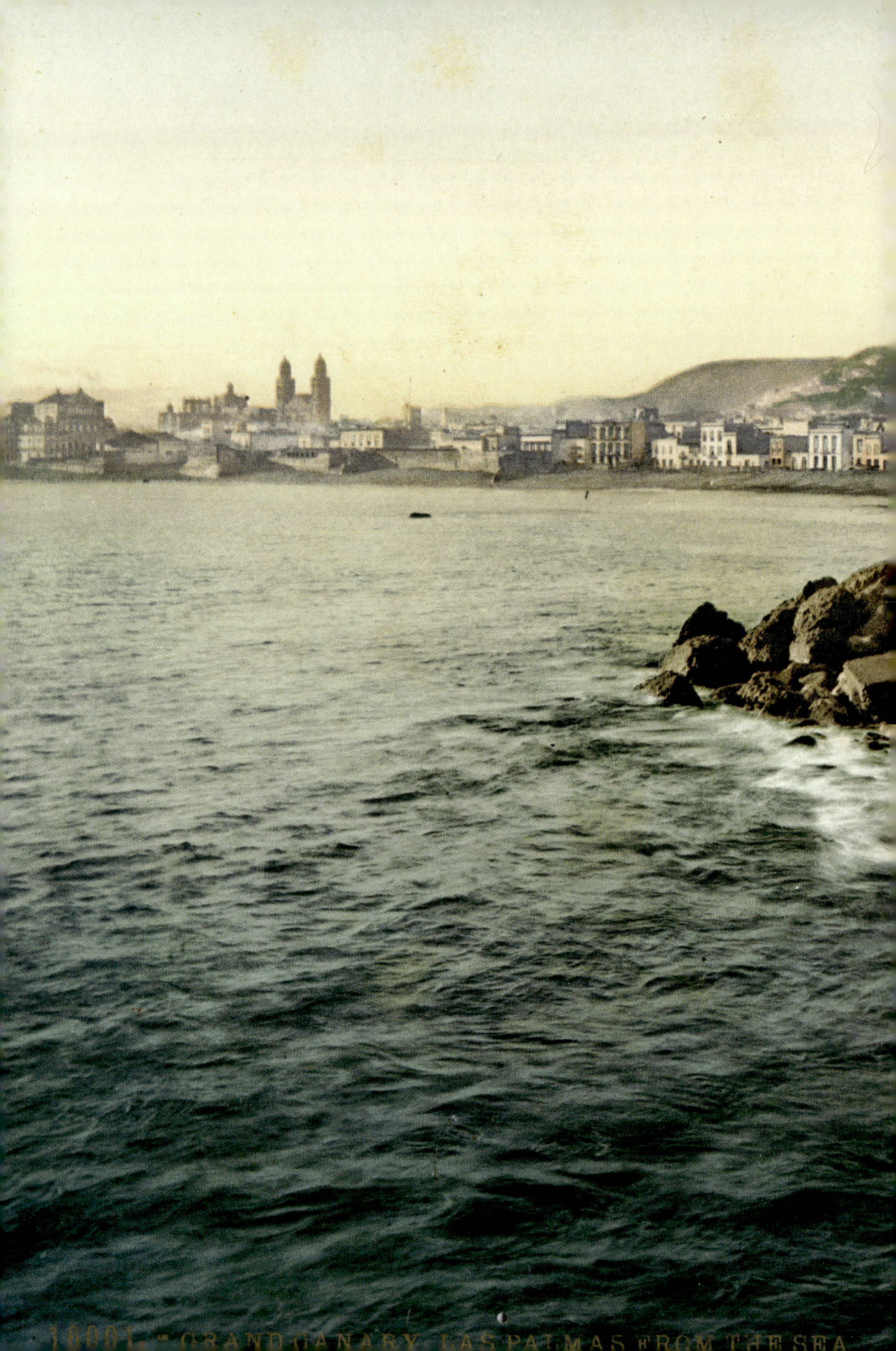
16001. - GRAND CANARY. LAS PALMAS FROM THE SEA

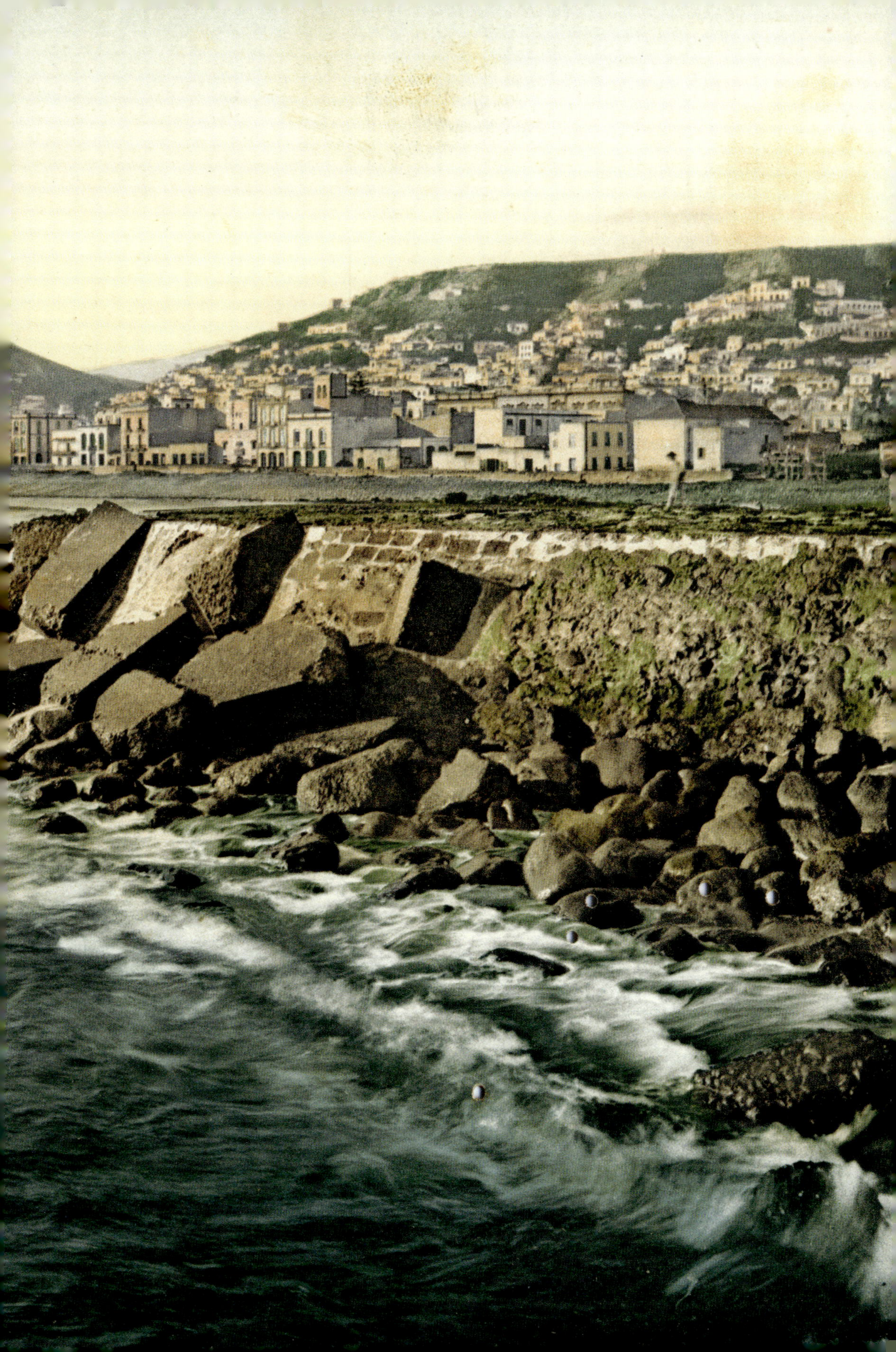

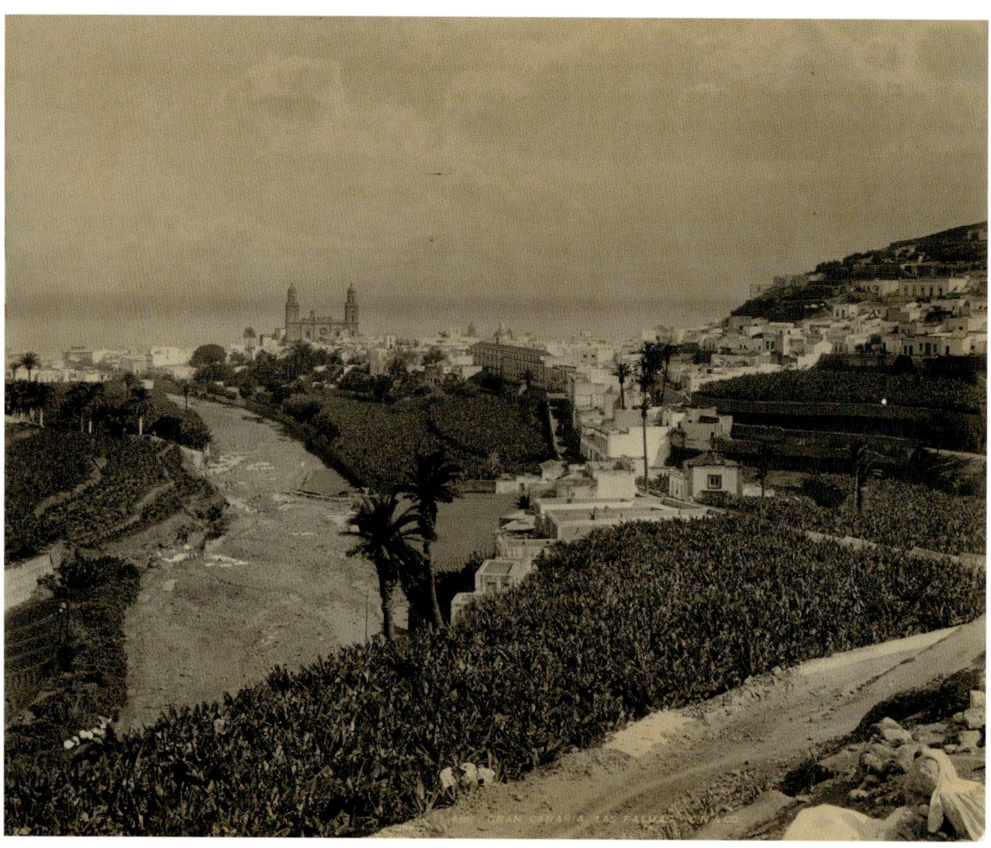

CARL NORMAN. Risco de San Juan y plataneras del Guiniguada. Albúmina. 1893. Las Palmas de Gran Canaria. Archivo de fotografía histórica de Canarias. Cabildo de Gran Canaria. Fedac.

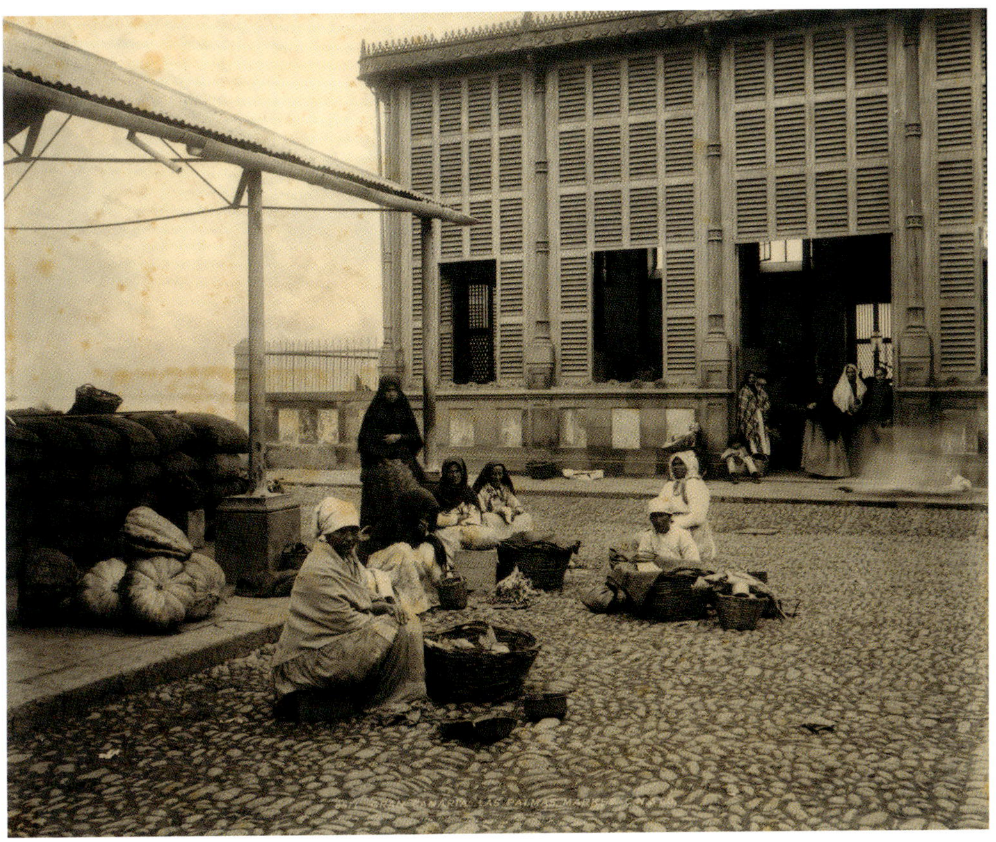

CARL NORMAN. Vendedoras ambulantes del mercado de Vegueta. Albúmina, 1893. Las Palmas de Gran Canaria. Archivo de fotografía histórica de Canarias. Cabildo de Gran Canaria. Fedac.

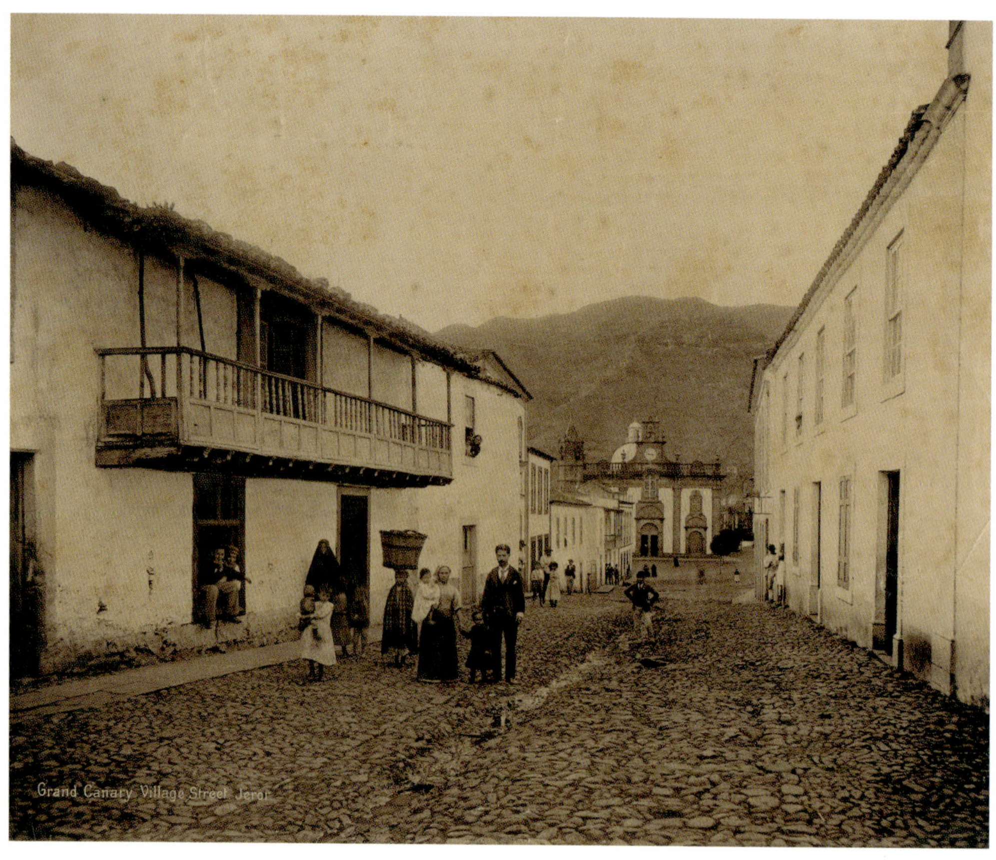

CARL NORMAN. Familia en la calle Real de Teror. Albúmina, 1893. Archivo de fotografía histórica de Canarias. Cabildo de Gran Canaria. Fedac.

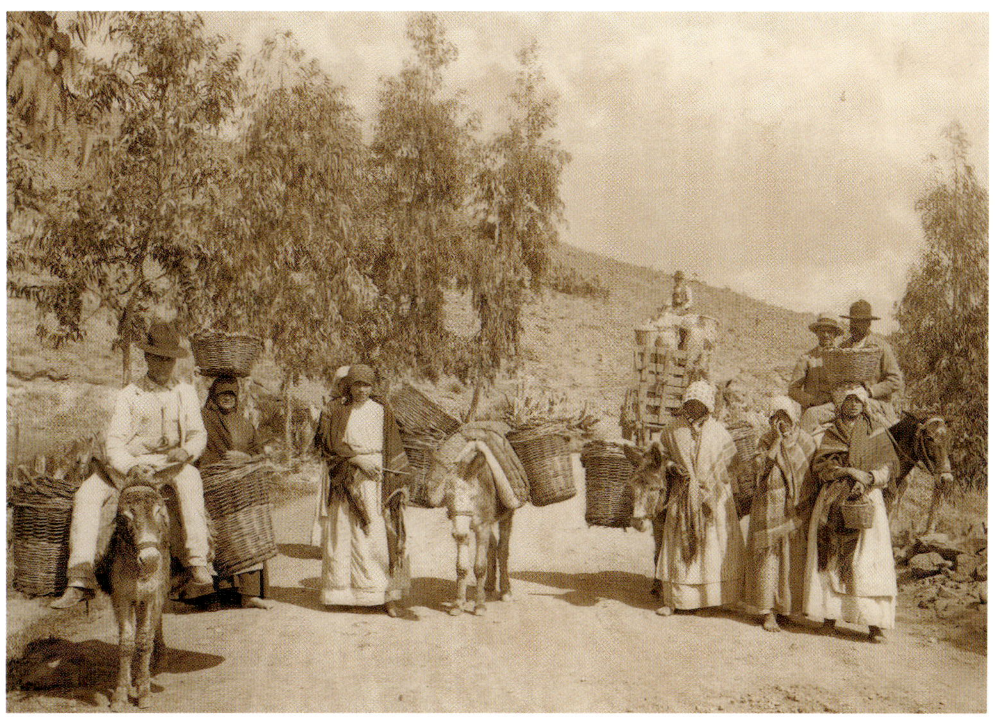

CARL NORMAN. Cesteras van al mercado de Vegueta por Barranco Seco. Albúmina, 1893. Las Palmas de Gran Canaria. Archivo de fotografía histórica de Canarias. Cabildo de Gran Canaria. Fedac.

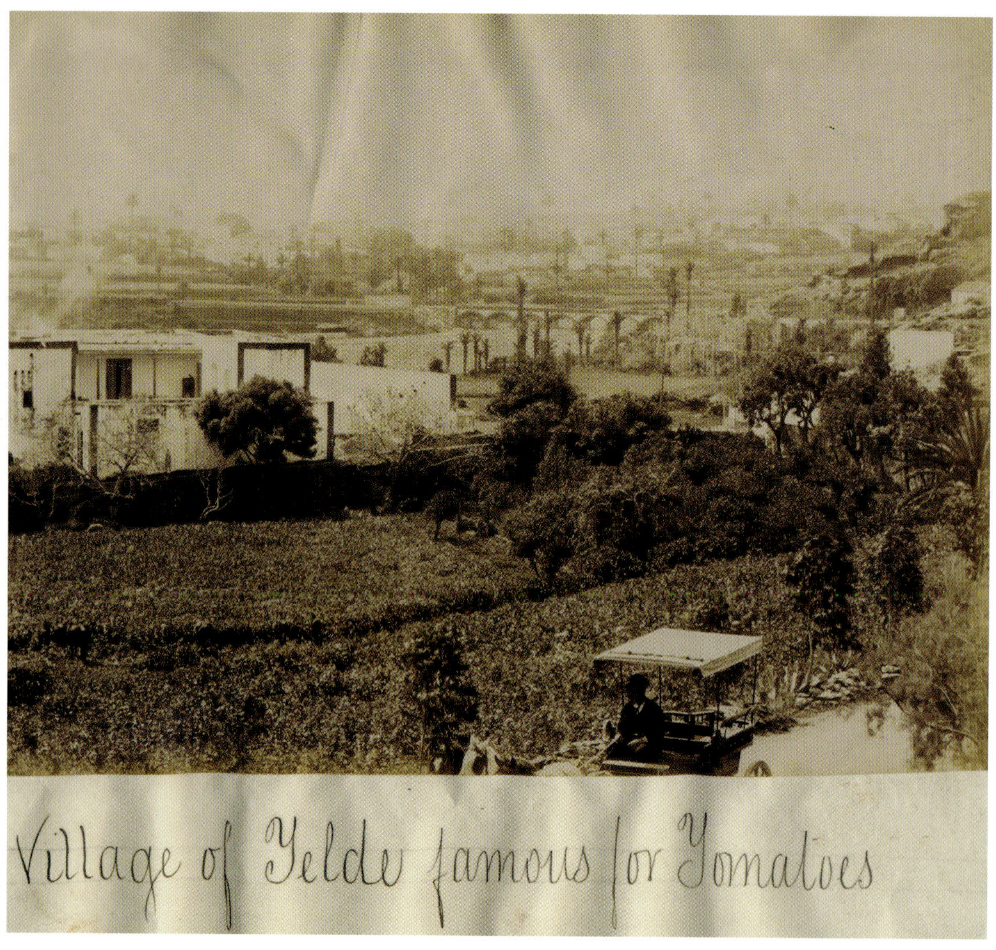

LUIS OJEDA PÉREZ. *Villa de Telde. Famosa por sus tomates. ca.* 1885. Telde. Archivo de fotografía histórica de Canarias. Cabildo de Gran Canaria. Fedac.

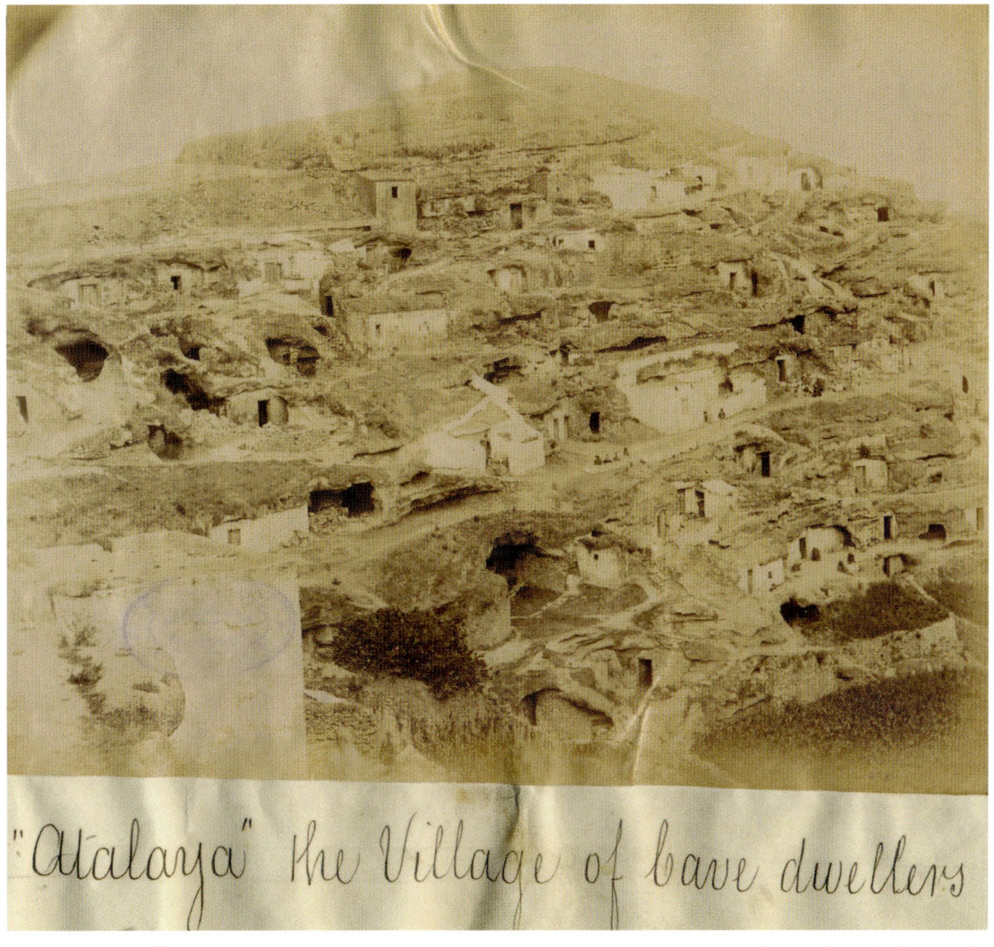

LUIS OJEDA PÉREZ. *Atalaya, la aldea de los cavernícolas. ca.* 1885. Santa Brígida. Archivo de fotografía histórica de Canarias. Cabildo de Gran Canaria. Fedac.

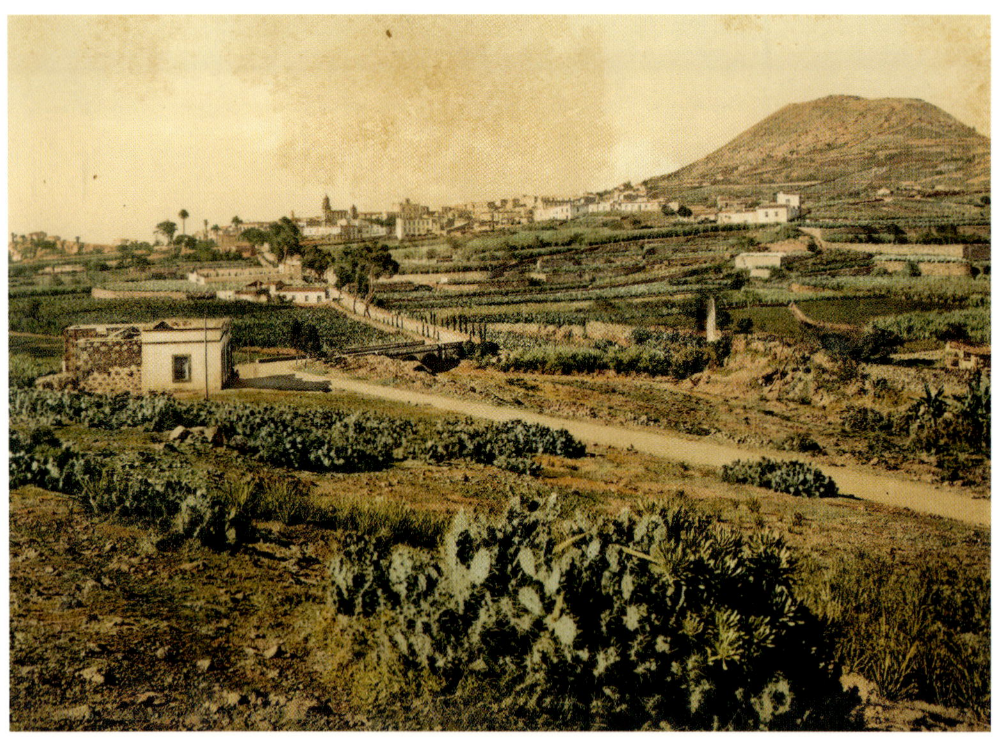

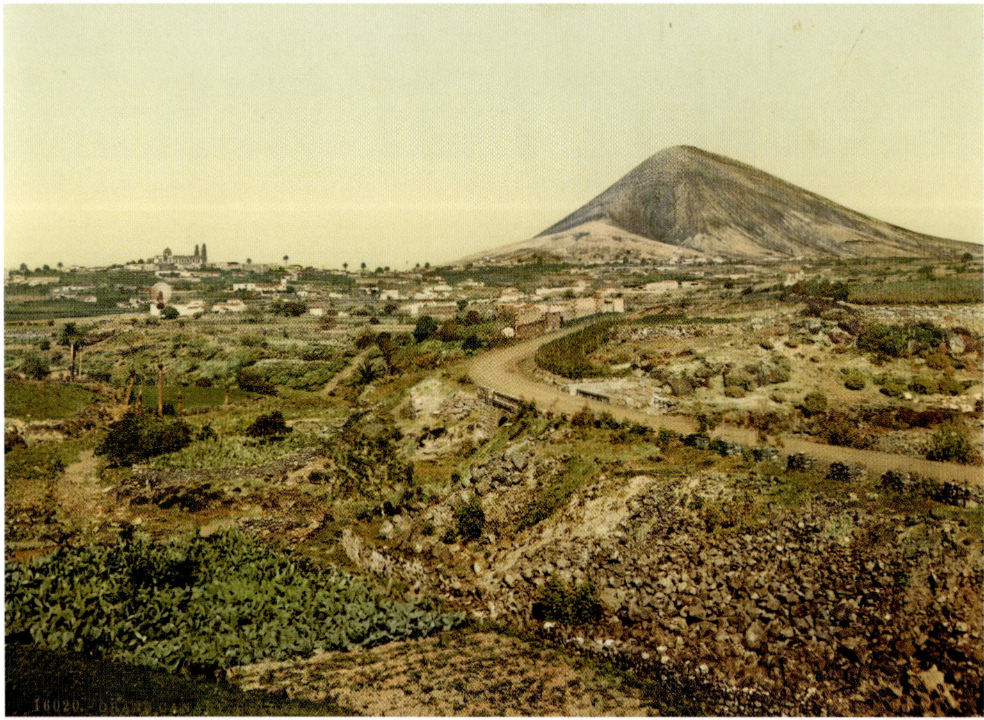

CARL NORMAN. Fotografía superior, vista de Arucas. Imagen inferior, vista de Gáldar. Photochrom, 1893. Archivo de fotografía histórica de Canarias. Cabildo de Gran Canaria. Fedac.

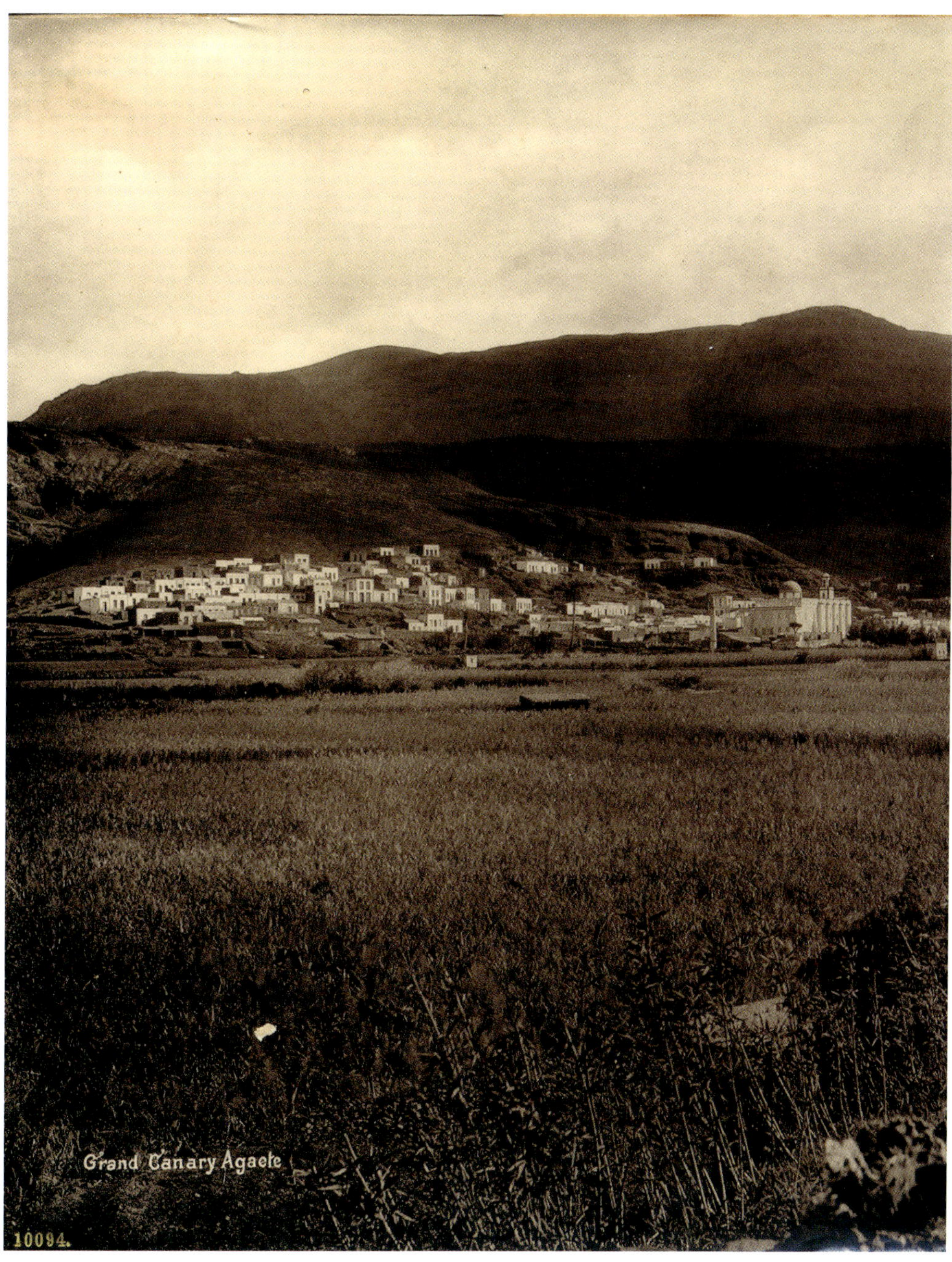

CARL NORMAN. Agaete. Albúmina. 1893. Archivo de fotografía histórica de Canarias. Cabildo de Gran Canaria. Fedac.

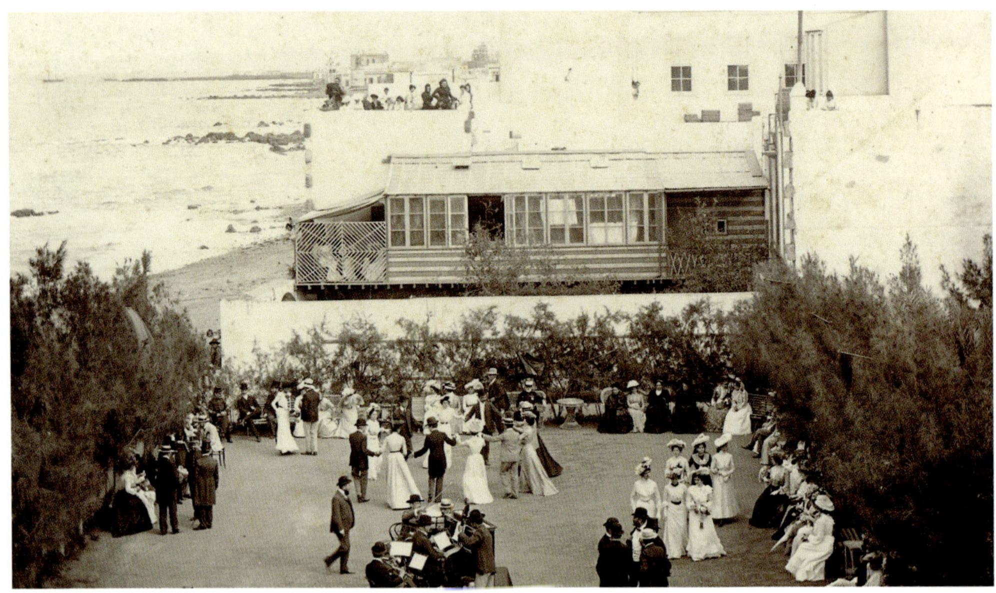

CHARLES NANSON. Garden Party en el British Club. Albúmina. ca. 1896. Las Palmas de Gran Canaria. Archivo de fotografía histórica de Canarias. Cabildo de Gran Canaria. Fedac.

Todo cambió muy rápido: economía, transporte, urbanización, paisaje, cultura, modas… Pero la fotografía no sólo documentaba los avatares de los negocios de la aristocracia insular y sus cambios de costumbres, mimetizándose con los hábitos de la colonia británica establecida en Gran Canaria. Los nuevos cronistas gráficos habían salido definitivamente a la calle y por las esquinas del objetivo otra Gran Canaria se asomaba, tal y como parecen asomarse a la fiesta los dos chiquillos que, alongándose[18] desde la marea, miran al patio del British Club en una imagen de 1896. Y tal como mostró Carl Norman, en su reportaje fotográfico de 1893 para los consignatarios y las empresas británicas, al retratar a una familia de jornaleros pobres de Hoya de Pineda, que bien podía ilustrar la facilidad para encontrar mano de obra barata en esa parte de Gran Canaria, a la que empresarios como Mr. Leacock valoraban trasladarse desde Madeira a finales del s. XIX.[19]

La isla de Gran Canaria, y en especial Las Palmas de Gran Canaria, se habían transformado por completo en las dos últimas décadas del s. XIX. La capital había rebasado sus murallas y 'fuera la portada' se extendió por los arenales y el barrio de los hoteles –Ciudad Jardín– para darse la mano con el Puerto de la Luz en los alrededores del Parque de Santa Catalina.

18. Alongarse es un canarismo que viene a significar echar el tronco y la cabeza hacia delante para ver algo. Academia Canaria de la Lengua. Diccionario canario de la Lengua. Disponible en https://bit.ly/3aDPuqQ. Consulta de 25 de enero de 2020.

19. GONZÁLEZ SOSA, Pedro (2017): "Cuándo y por qué llegó Mister Leacock a Guía de Gran Canaria", en *La Provincia* de 15.11.2017. Disponible en https://bit.ly/2U1eIJl. Consulta de 22 de septiembre de 2019.

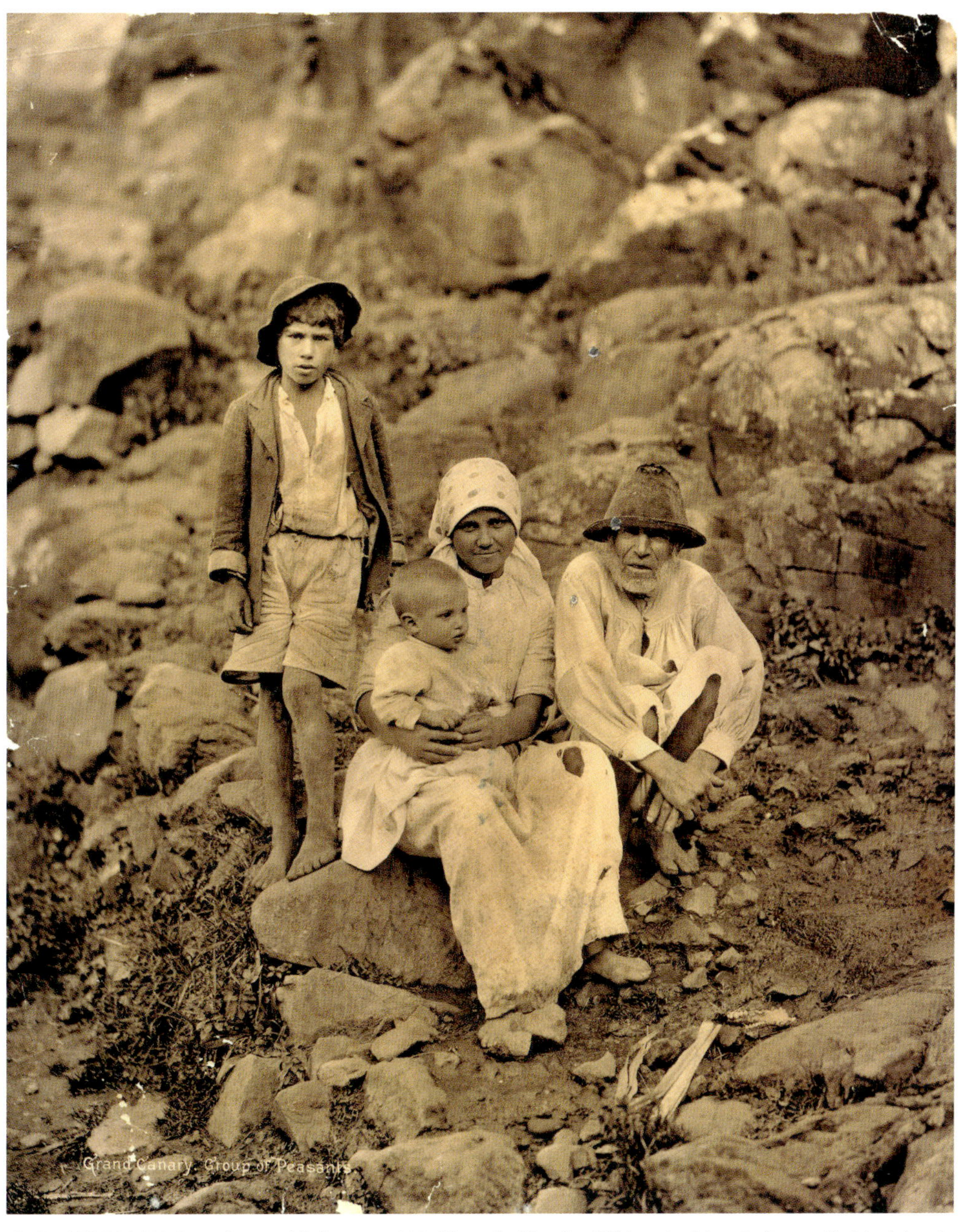

CARL NORMAN. Los isleños. Albúmina. 1893. Hoya de Pineda. Gáldar. Archivo de fotografía histórica de Canarias. Cabildo de Gran Canaria. Fedac.

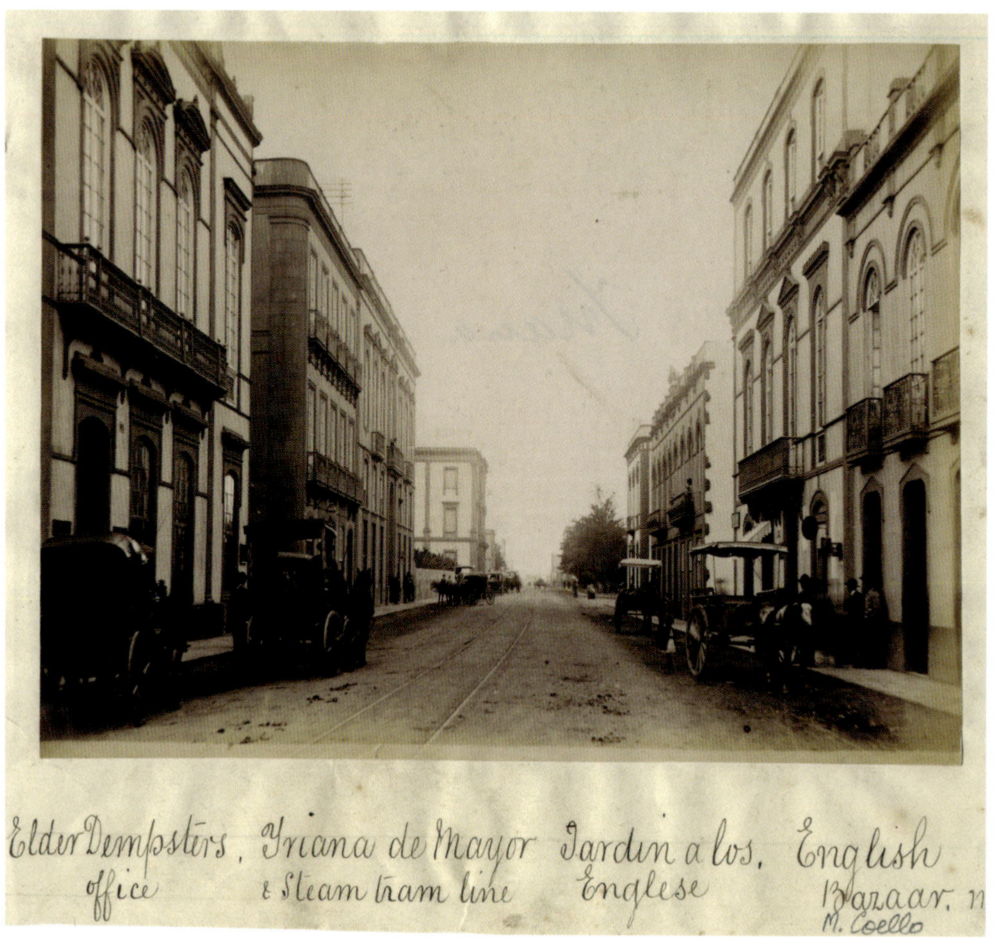

LUIS OJEDA PÉREZ. Elder Dempster's office en Triana, junto al Jardín de los ingleses (Parque de San Telmo) y el English Bazaar. Albúmina. ca. 1890. Las Palmas de Gran Canaria. Archivo de fotografía histórica de Canarias. Cabildo de Gran Canaria. Fedac.

El impacto y profundidad de esta transformación lo sintetizó poéticamente en 1919 Tomás Morales en sus *Rosas de Hércules*, en particular en sus versos a «*La Ciudad Comercial, la Calle Triana*», dedicados a su amigo Domingo Doreste.[20]

«La calle de Triana en la copiosa
visión de su esplendor continental:
ancha, moderna, rica y laboriosa,
arteria aorta de la capital...

La calle del comercio, donde ofrece
el cálculo sus glorias oportunas,
donde el azar del agio se ennoblece
y se hacen y deshacen las fortunas.

Donde el urbano estrépito domina
y se traduce en industrioso ardor,
donde corre sin tasa la esterlina
y es el english spoken de rigor.

El sol del archipiélago dorando
los rótulos en lenguas extranjeras,
y los toldos de lona proyectando
sombra amigable sobre las aceras.

Y por ellas profusos peatones
de vestes y semblante abigarrados;
y, cual derivación, en los balcones,
los pabellones de los consulados.

Todo aquí es extranjero: las celosas
gentes que van tras el negocio cuerdo,
las tiendas de los indios, prodigiosas,
y el Bank of British, de especial recuerdo...

Extranjero es el tráfico en la vía,
la flota, los talleres y la banca,
y la miss que, al descenso del tranvía,
enseña la estirada media blanca...

20. MORALES CASTELLANO, Tomás (1919): *Las rosas de Hércules II*, Editorial Cátedra, 2011. Las Palmas de Gran Canaria.

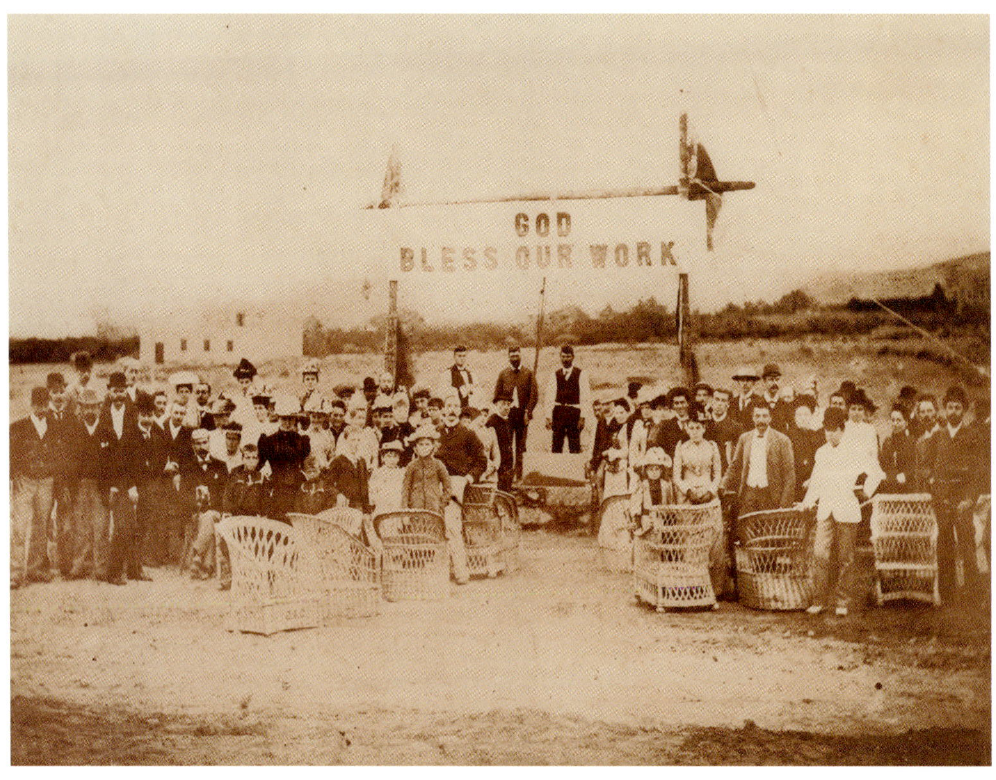

LUIS OJEDA PÉREZ. La colonia británica y autoridades insulares celebrando la puesta de la primera piedra en las obras del Puerto de la Luz, 1883. Archivo de fotografía histórica de Canarias. Cabildo de Gran Canaria. Fedac.

Todo aquí es presuroso, todo es vida;
y, ebria de potestad, en la refriega,
la ciudad, cual bacante enardecida,
al desenfreno comercial se entrega...

Y al alma, que es, al fin, mansa y discreta,
tanta celeridad le da quebranto...
y sueña con el barrio de Vegueta,
lleno de hispano-colonial encanto...

Grand Canary... La gente ya comprende;
y, bajo un cielo azul y nacional,
John Bull, vestido de bazar, extiende
su colonización extraoficial...»

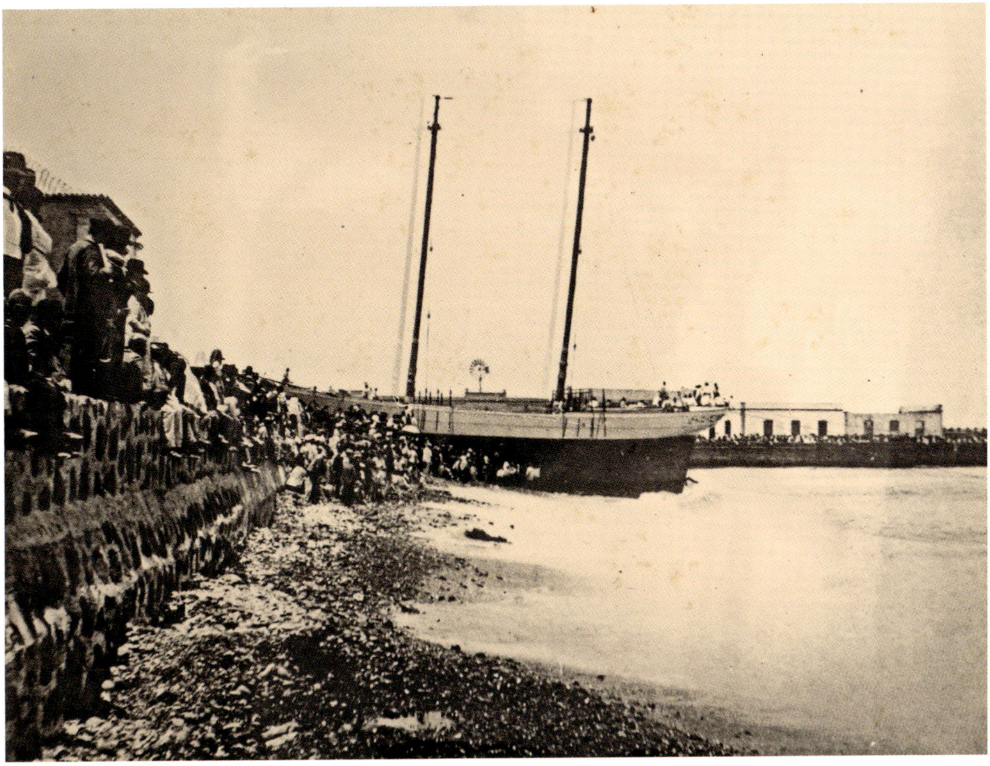

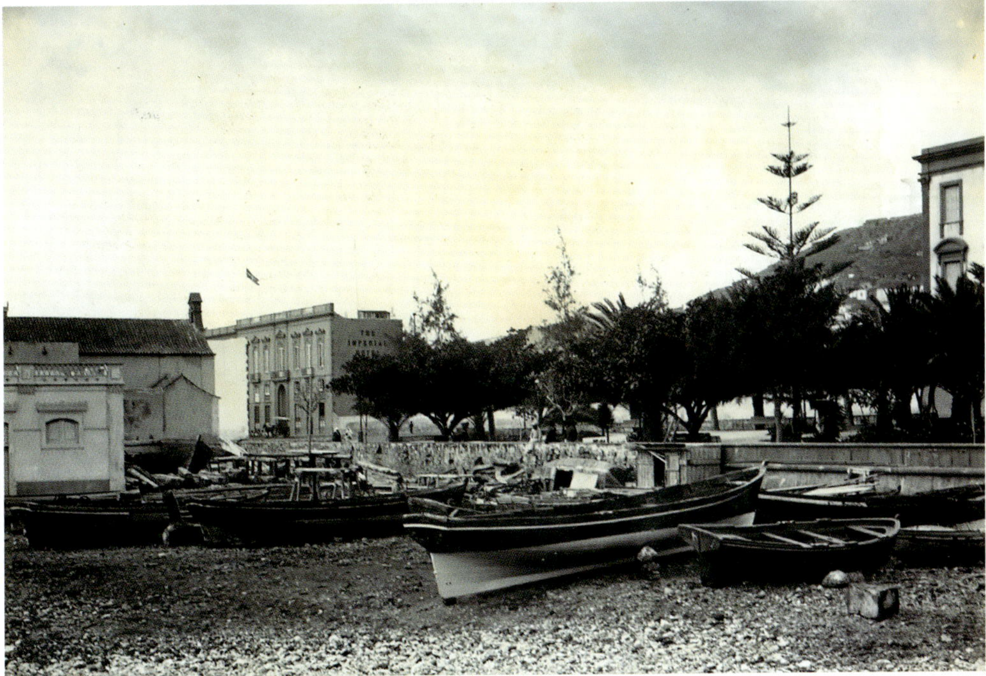

LUIS OJEDA PÉREZ. Fotografía superior, botadura del pailebote 'La Lucía' en los varaderos de San Telmo. Albúmina. 1880. Imagen inferior, varadero y ermita de San Telmo. Albúmina. *ca*. 1885. Las Palmas de Gran Canaria. Archivo de fotografía histórica de Canarias. Cabildo de Gran Canaria. Fedac.

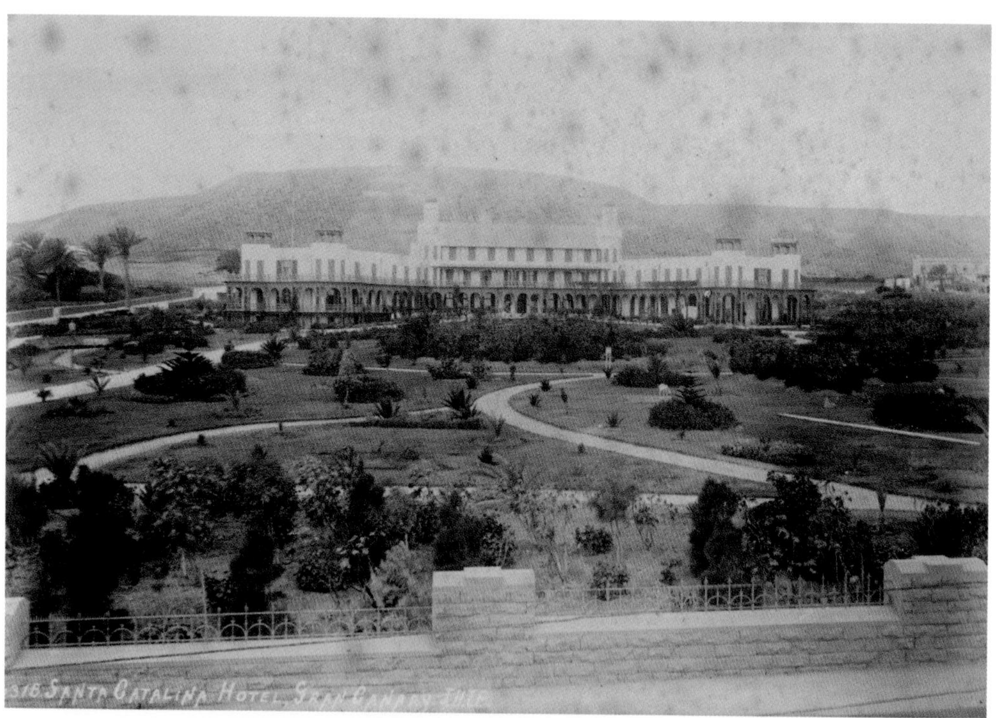

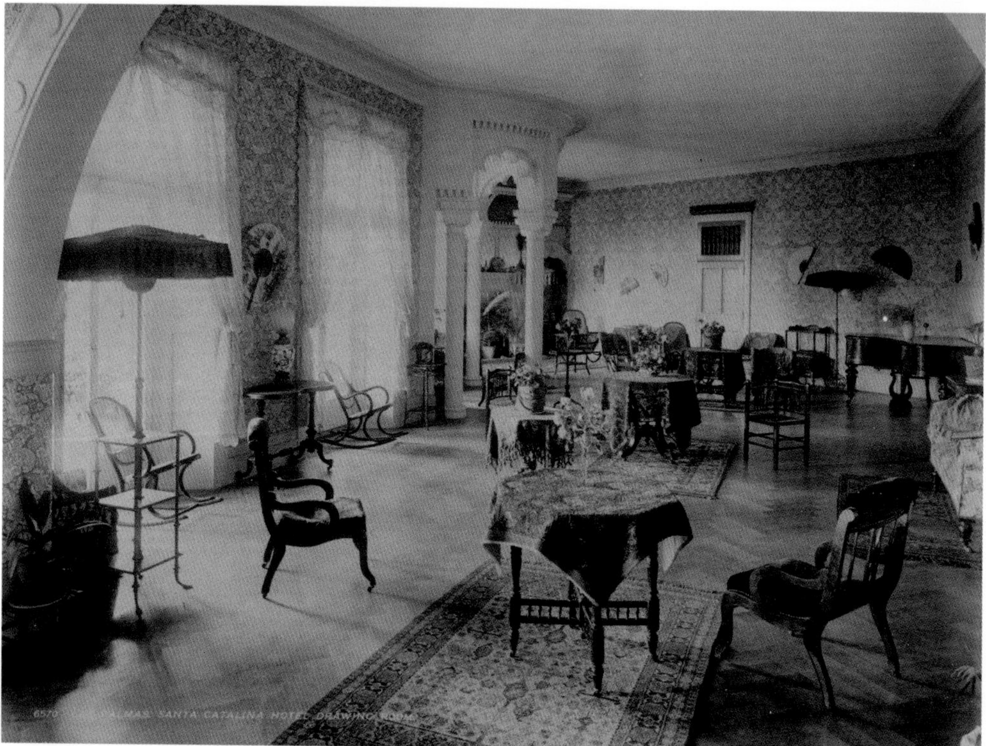

Fotografía superior de J.H.T. ELLERBECK. Hotel Santa Catalina. Albúmina. 1893. Imagen inferior de CARL NORMAN. Salón del Hotel Santa Catalina. Albúmina. 1893. Las Palmas de Gran Canaria. Archivo de fotografía histórica de Canarias. Cabildo de Gran Canaria. Fedac.

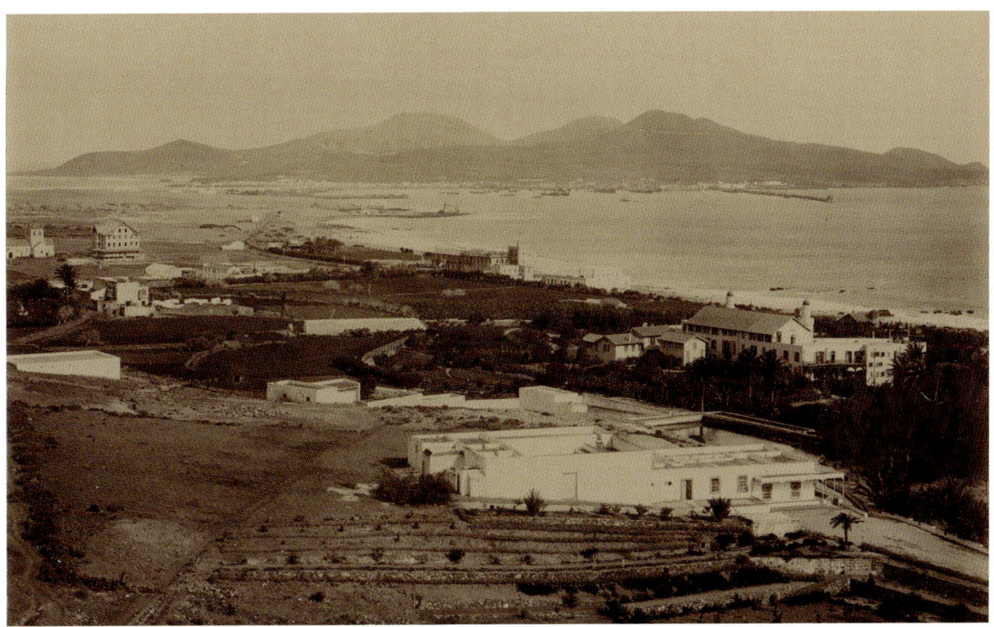

CARL NORMAN. Barrio de los hoteles (Ciudad Jardín) y Puerto de la Luz. Albúmina. 1893. Las Palmas de Gran Canaria. Archivo de fotografía histórica de Canarias. Cabildo de Gran Canaria. Fedac.

Es en este período cuando se empezó a acuñar la imagen de la 'Canarias típica', a través de la creación y producción de un auténtico corpus iconográfico de Gran Canaria. Una iconografía que nació condicionada por la idealización del ya tenue recuerdo de la vieja ciudad y su «*hispano colonial encanto*» que languidecía bajo el impulso de la «*colonización extraoficial*».

La calidad de las fotografías hizo que muchas de sus tomas fuesen reproducidas fotomecánicamente durante las décadas posteriores engrosando el naciente negocio de la tarjeta postal que, junto con las copias a la gelatina de revelado químico, estaban a punto de abrir en las primeras décadas del s. XX, una nueva etapa en la historia de la fotografía insular.

La albúmina nos legó una imagen decimonónica, preferentemente de sus personajes aristocráticos, de sus políticos, militares, religiosos e intelectuales, aunque también de rostros de jornaleros y trabajadores que estaban sustentando la acelerada transformación social que experimentó Canarias, y Gran Canaria en particular, en las décadas del cambio de siglo. Además de esos retratos, paisajes naturales, rurales, progresos de la urbanización, carreteras, obras de sus puertos, su catedral e iglesias, sus fiestas... Desde el punto de vista patrimonial salta a la vista la importancia que las copias a la albúmina, tanto por su calidad técnica como por el valor documental que poseen pues, en realidad, debemos a esta técnica las primeras grandes series de imágenes fotográficas de Gran Canaria.

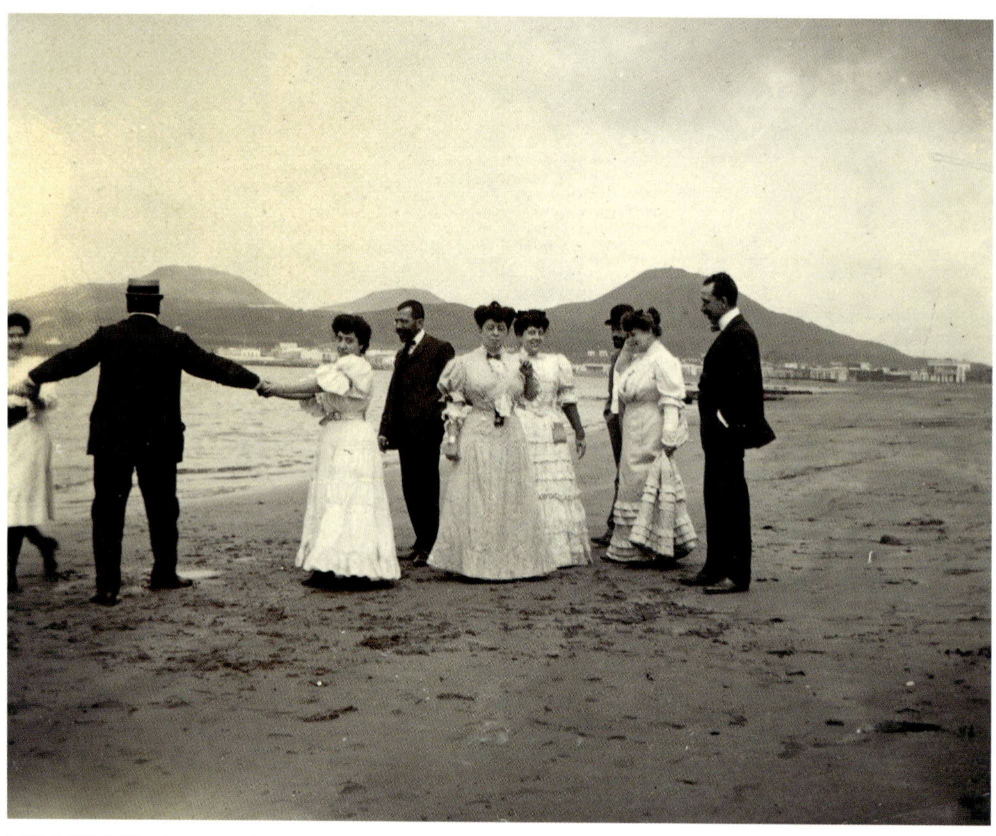

DESCONOCIDO. Luis Millares Cubas, José Franchy y Roca, Néstor y Manuel de la Torre Cominges y otros familiares en Las Canteras. Albúmina. *ca.* 1905. Las Palmas de Gran Canaria. Archivo de fotografía histórica de Canarias. Cabildo de Gran Canaria. Fedac.

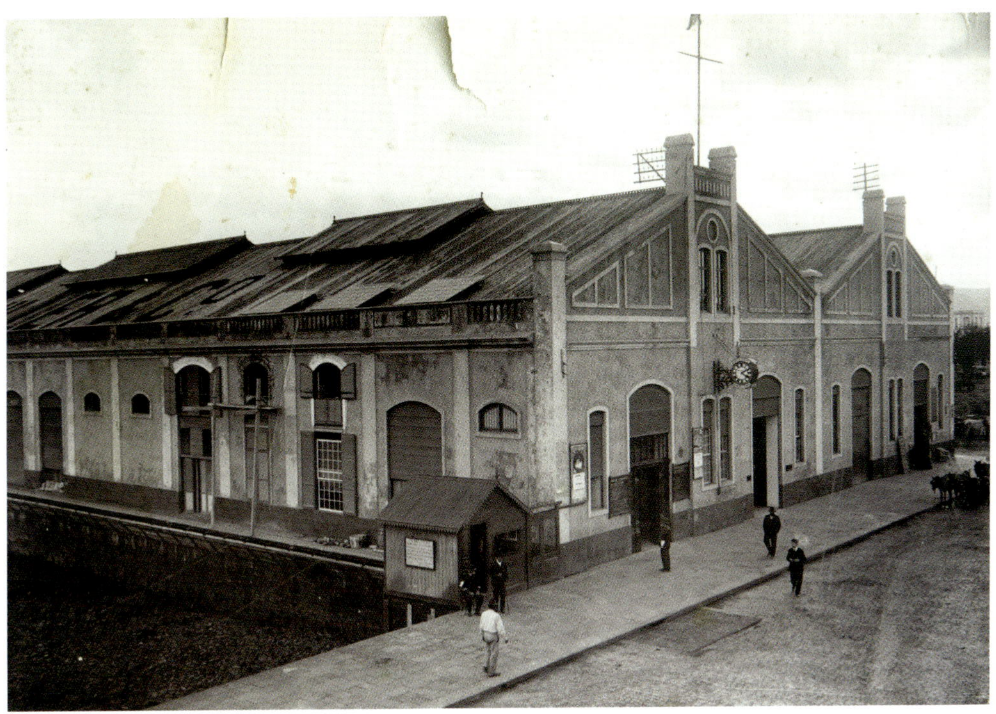

LUIS OJEDA PÉREZ. Edificio Miller. Albúmina. *ca.* 1900. Las Palmas de Gran Canaria. Archivo de fotografía histórica de Canarias. Cabildo de Gran Canaria. Fedac.

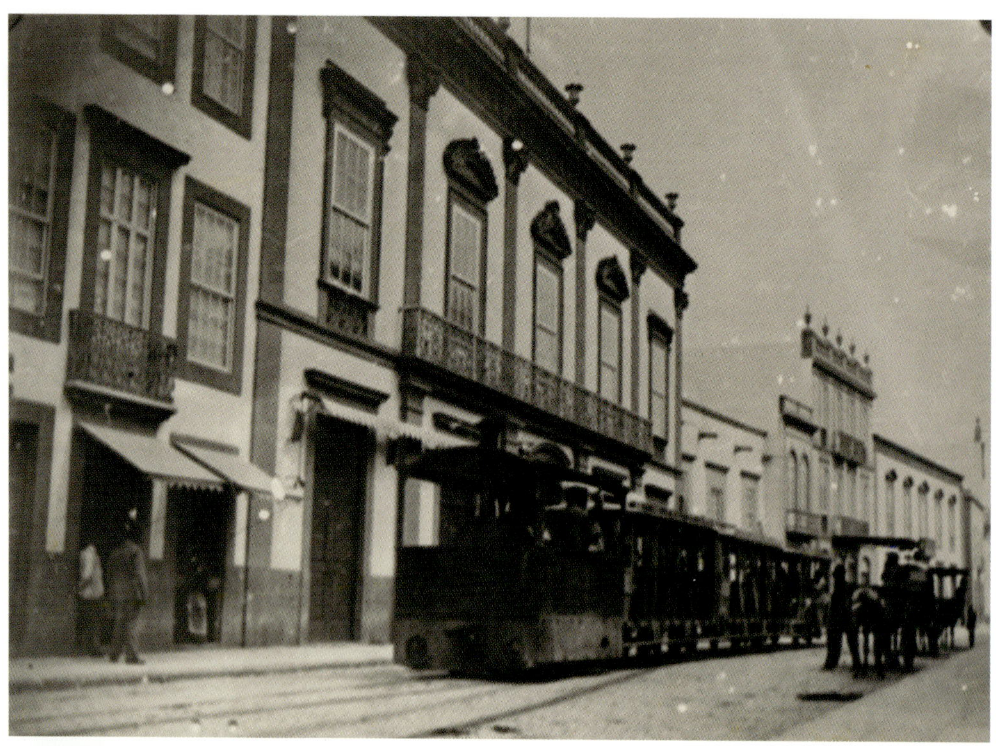

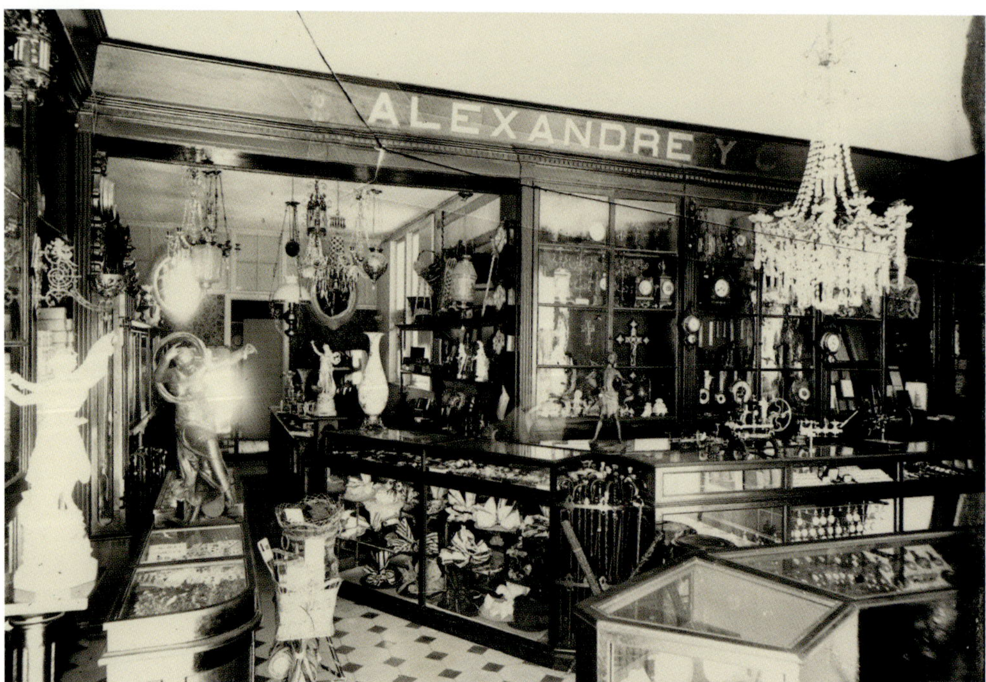

Fotografía superior de LUIS OJEDA PÉREZ. Llegada del tranvía del puerto a Triana. Albúmina. *ca.* 1895. Imagen inferior de MIGUEL BRITO RODRÍGUEZ. Interior del comercio *Alexandre and Cía*. Triana. Albúmina. *ca.* 1891. Las Palmas de Gran Canaria. Archivo de fotografía histórica de Canarias. Cabildo de Gran Canaria. Fedac.

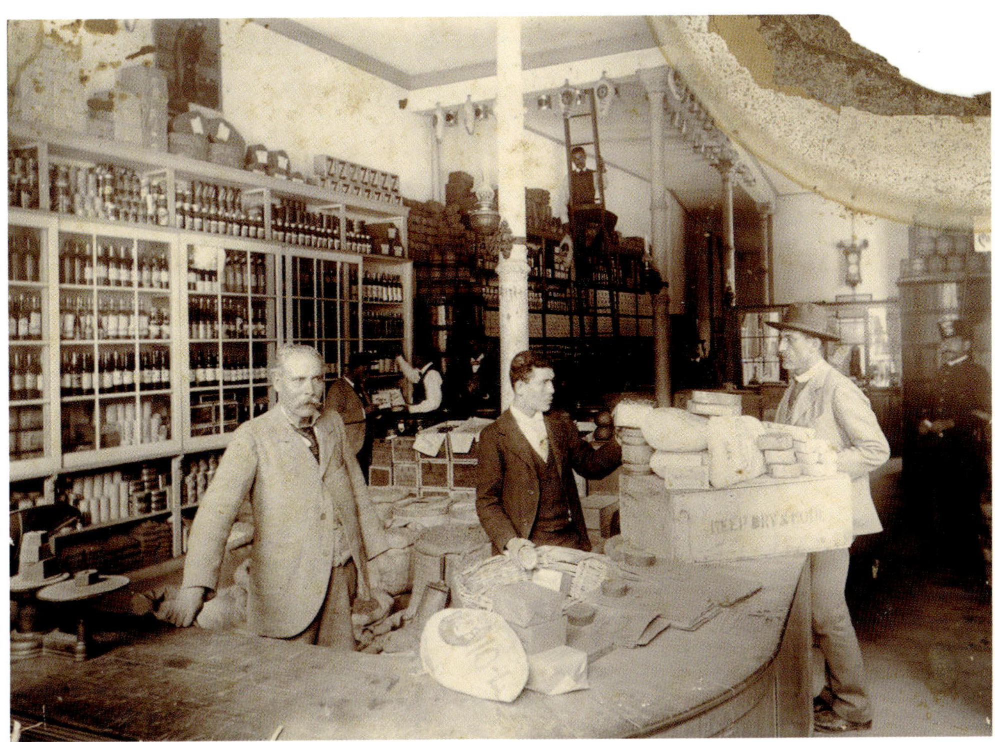

CHARLES NANSON. Tienda de ultramarinos de Triana. Albúmina. *ca.* 1891. Las Palmas de Gran Canaria. Archivo de fotografía histórica de Canarias. Cabildo de Gran Canaria. Fedac.

PÁGINA SIGUIENTE ▸

LUIS OJEDA PÉREZ Vista del istmo de Guanarteme y Las Palmas de Gran Canaria. Albúmina. *ca.* 1900. Archivo de fotografía histórica de Canarias. Cabildo de Gran Canaria. Fedac.

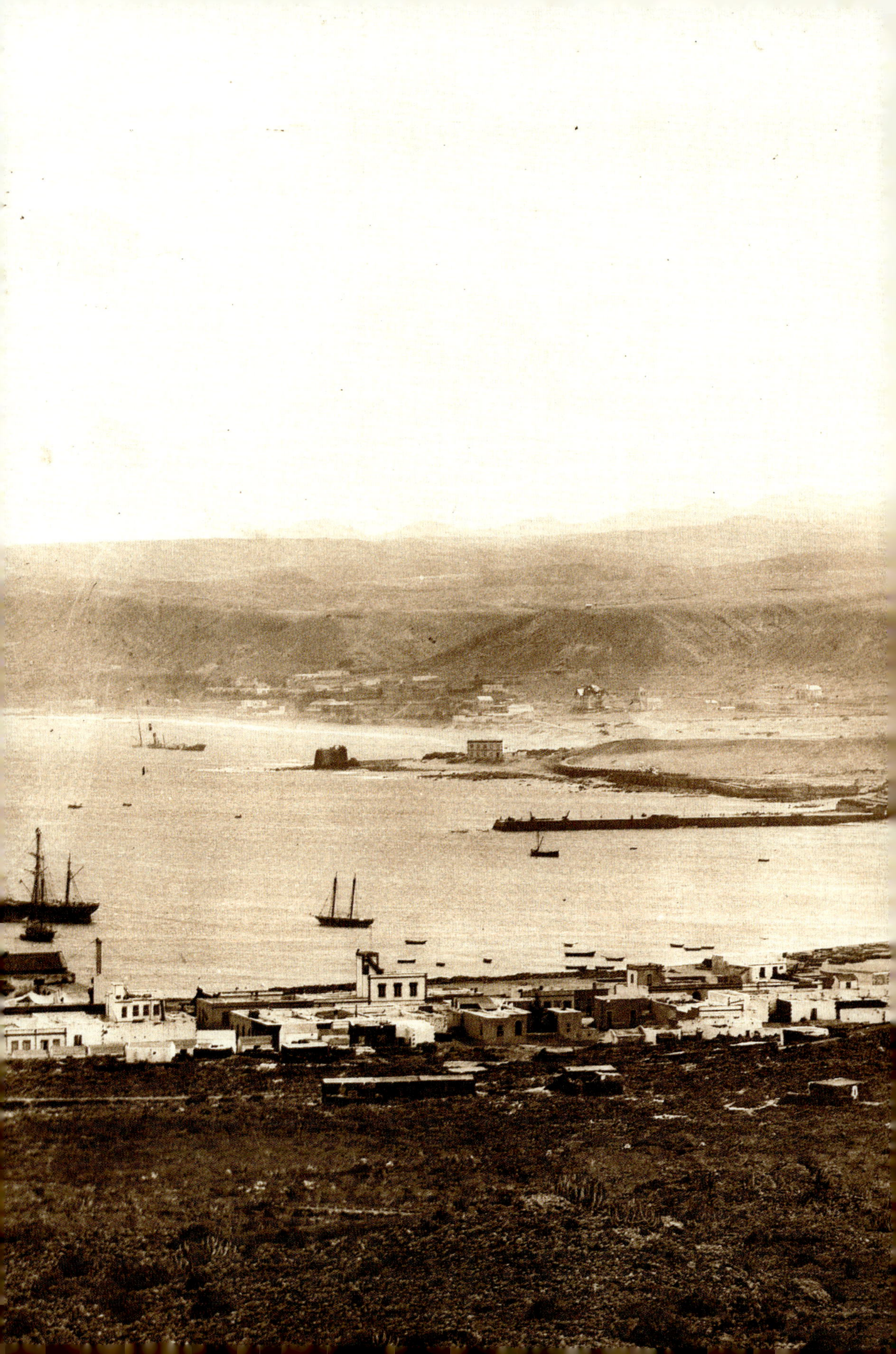

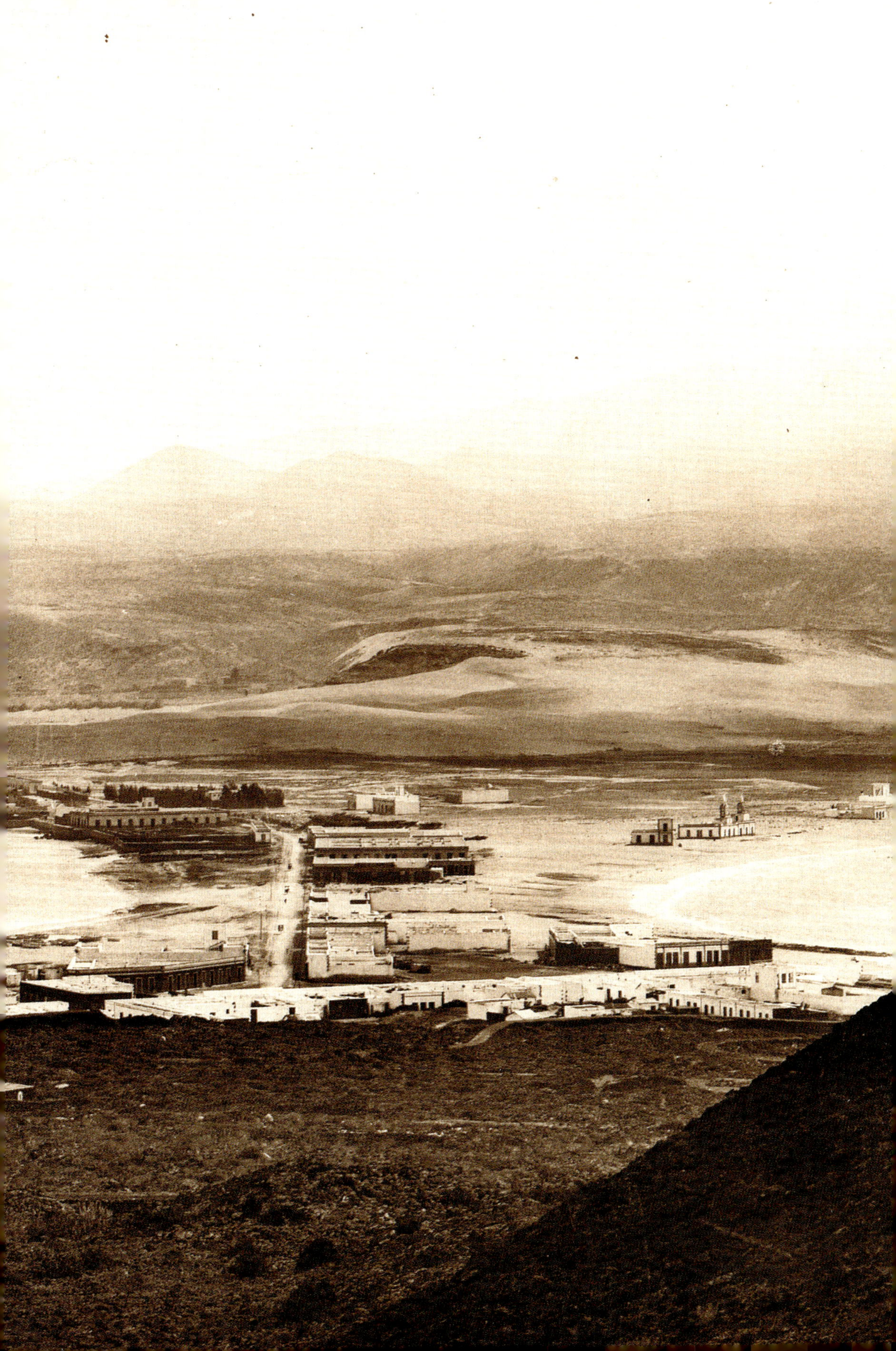

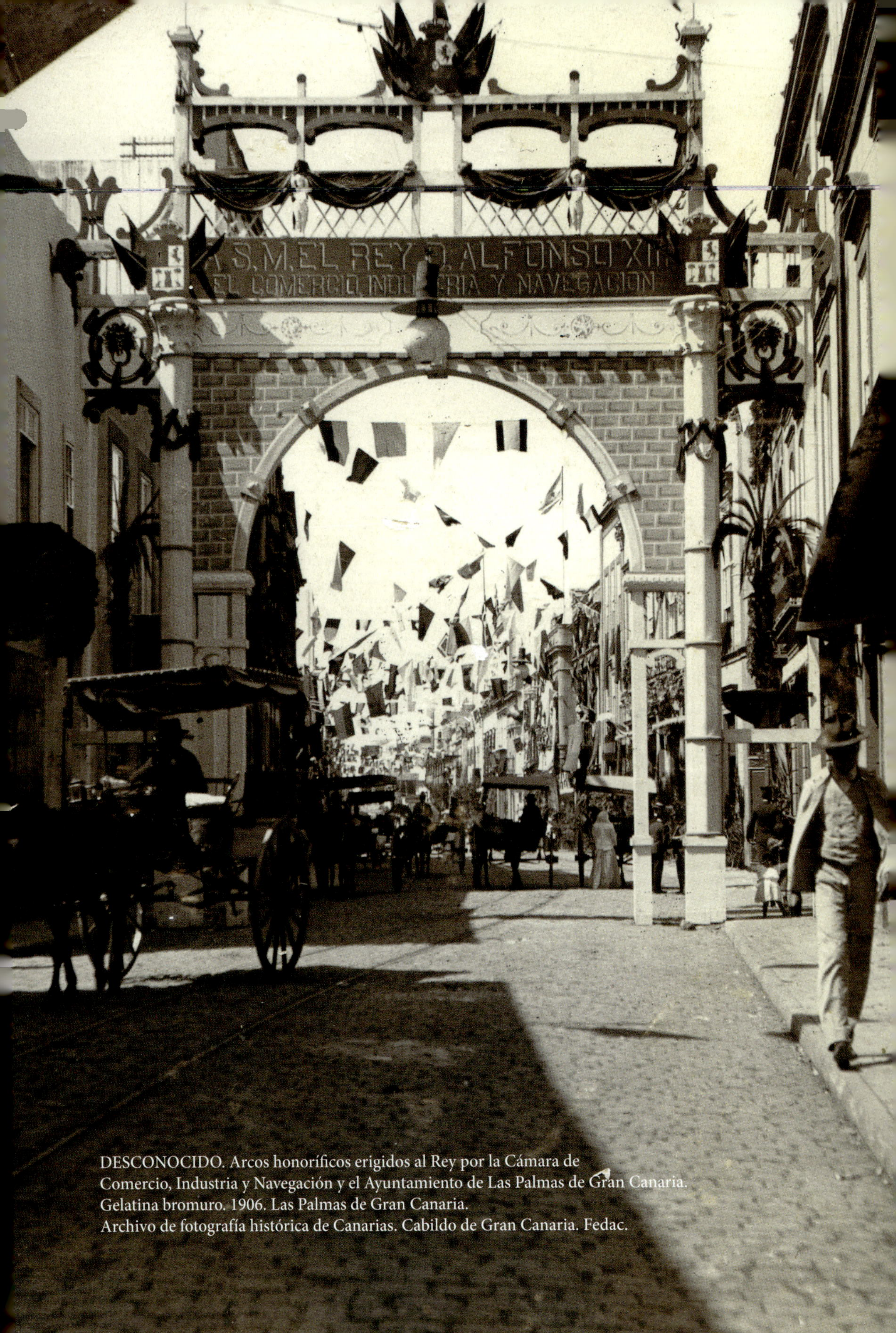

DESCONOCIDO. Arcos honoríficos erigidos al Rey por la Cámara de Comercio, Industria y Navegación y el Ayuntamiento de Las Palmas de Gran Canaria. Gelatina bromuro. 1906. Las Palmas de Gran Canaria.
Archivo de fotografía histórica de Canarias. Cabildo de Gran Canaria. Fedac.

4. SOCIALIZACIÓN DE LA FOTOGRAFÍA

El procedimiento a la gelatina y bromuro seco sobre placa de vidrio, desarrollado en la década de 1870 por el británico R.L. Maddox y Charles E. Bennett, acabó desplazando al colodión húmedo desde 1882. Además, al complementarse a finales del siglo con la sensibilización de papel fotográfico con bromuro de plata se establecieron los cimientos de la fotografía en blanco y negro en el s. XX, que continuaron empleándose hasta la instauración de la fotografía digital.[21]

En 1888 la estadounidense Eastman Kodak Company lanzó al mercado el carrete fotográfico de papel y la cámara Kodak 100 Vista, que utilizaba carretes de 100 fotos circulares y para cuya campaña de promoción se acuñó la frase «*Usted apriete el botón, nosotros hacemos el resto*». Posteriormente, lanzó el carrete de celuloide que terminó por emplear una protección que permitía su extracción y colocación bajo la luz solar.[22]

A la par, el desarrollo industrial de fines del s. XIX pronto consiguió reproducir las imágenes fotográficas mediante diversos procedimientos fotomecánicos: fototipias, fotograbados, woodburytipos, cromolitografías, photochrom... poniendo las bases de la industrialización y el comercio de la tarjeta postal como formato, no sólo de envíos postales sino de consumo masivo de vistas fotográficas de los más diversos lugares del mundo.

Estas mejoras técnicas, así como la necesidad de los estados y las empresas de utilizar imágenes fotográficas para el control de los ciudadanos y empleados (cédulas de identidad, policiales, carnets escolares, profesionales, familiares, sindicales...) universalizaron el uso social de la fotografía.

Y es que el desarrollo de las copias a la gelatina bromuro, junto con las imágenes fotomecánicas, contribuyó decisivamente a la socialización del fenómeno fotográfico. Todos los sectores sociales van a participar a partir de ahora del mundo de la fotografía.

La proliferación de profesionales que abrían estudios, así como la aparición de aficionados y la llegada de otros fotógrafos extranjeros europeos a la isla, la extensión del retrato fotográfico en formato tarjeta postal, el auge de los procedimientos fotomecánicos y de la tarjeta paisajística, del reportaje periodístico político y social contribuyeron a popularizar el fenómeno fotográfico en Gran Canaria. Ya en las primeras décadas del s. XX no quedaban términos municipales en la

21. FUENTES DE CÍA, Ángel y ROBLEDANO ARILLO, Jesús: *Opus cit.*
22. Wikipedia. Disponible en https://bit.ly/38zhYke. Consulta de 23 de enero de 2020.

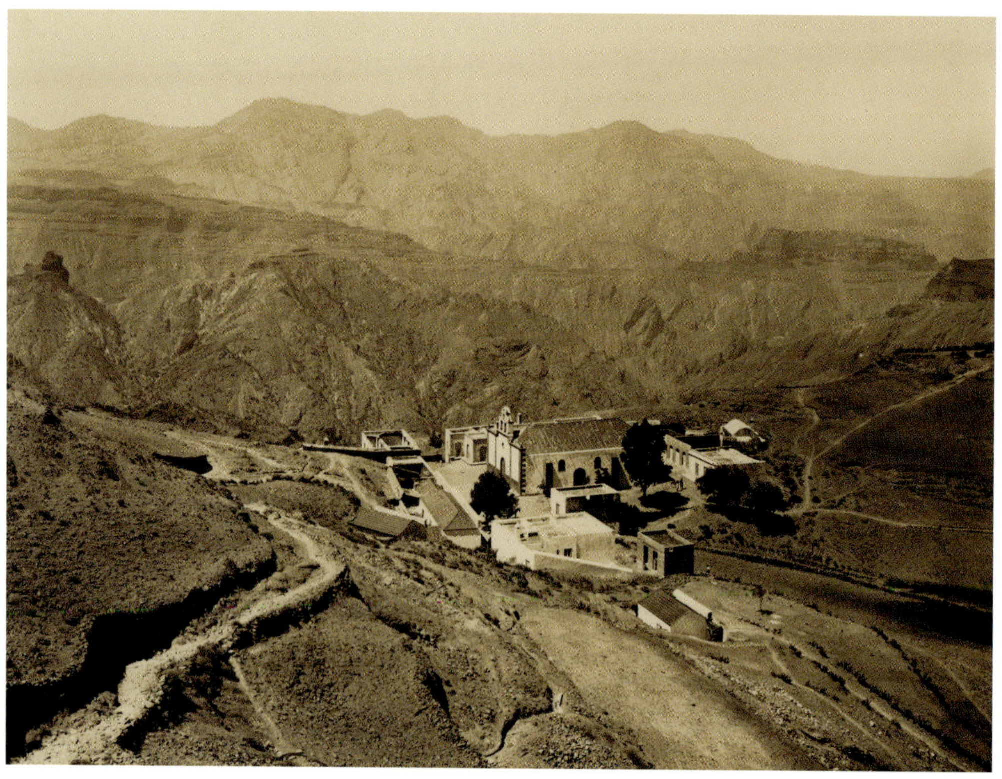

TEODORO MAISCH. Artenara. Gelatina bromuro. *ca.* 1923 Archivo de fotografía histórica de Canarias. Cabildo de Gran Canaria/Fedac

isla que no dispusieran de fotografías, que trataban de reflejar sus progresos y los avatares vitales de su paisanaje, y es que la isla se abría en canal ante el fenómeno fotográfico y ni el último pastor cumbrero pudo escapar de su objetivo.

En el primer tercio del s. XX la isla se convierte en un auténtico semillero de iniciativas fotográficas: profesionales que establecen sus estudios y/o realizan trabajos esporádicos durante su estancia en la isla; fotógrafos amateur; primeros estudios fotográficos fuera de la capital (Arucas, Telde y Teror), que son complementados por los fotógrafos minuteros que se desplazan por las fiestas y mercadillos de toda la isla popularizando el negocio del retrato con sus cámaras/laboratorios portátiles o diversas editoriales de tarjetas postales que se unieron a esta nueva eclosión de la fotografía en la isla. Enrique Ponce, Julián Hernández Gil, Ascanio, Eleuterio López, Abelardo Auyanet, Augusto Valmitjana, los hermanos Suárez Robaina, Tomás Gómez Bosch, Hijas de Ojeda, Juan Bonnet, Galsuínda Pérez Verdú, Editorial Rodríguez Bross, Editorial Lorenzo y Franchy, Estudio Moderno, Cristian Jörgensen, Foto Socorro Puerto, Baena o Antonio Vega Pérez son solo algunos de los fotógrafos que trabajaron en la isla en este periodo.

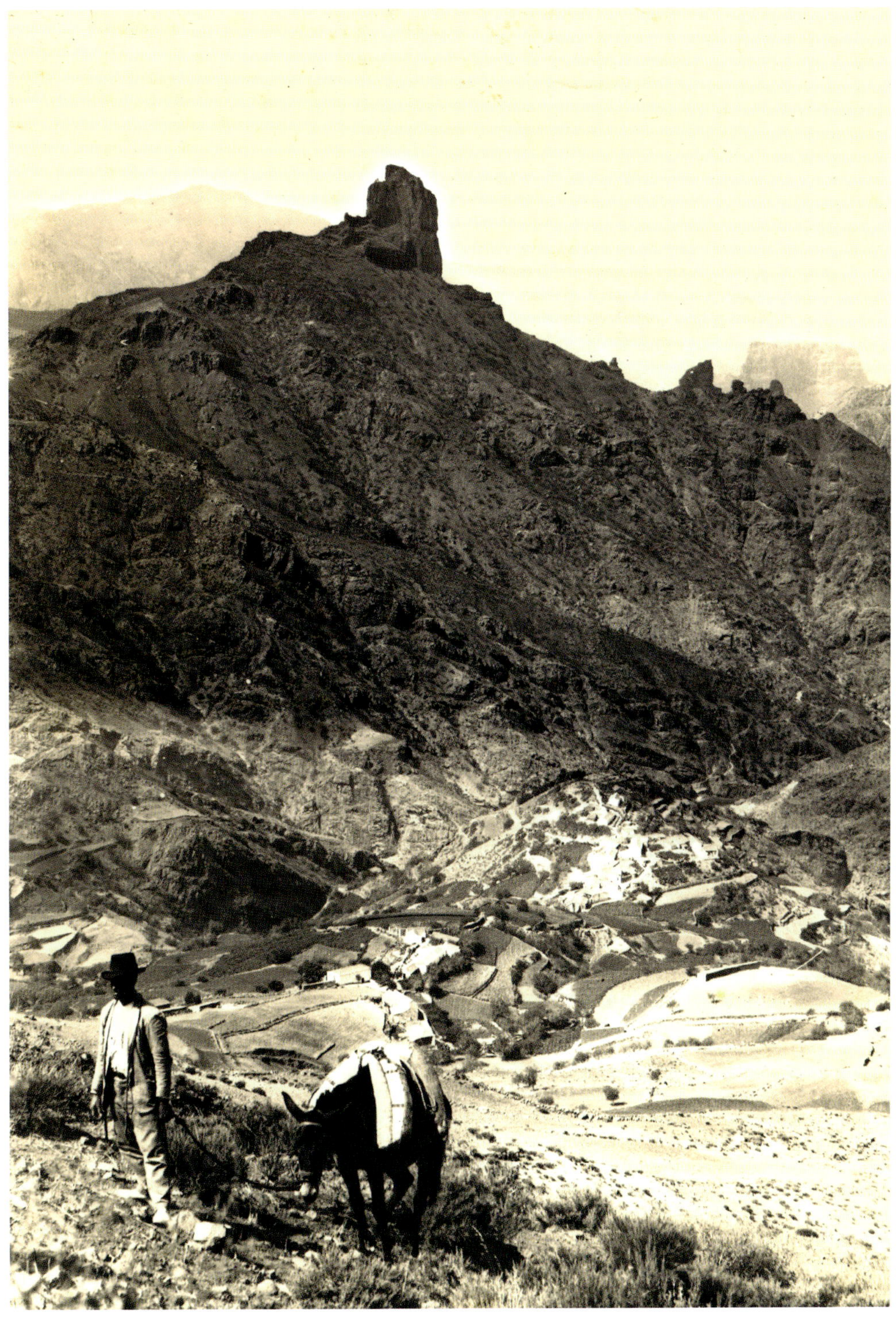

TEODORO MAISCH. El marchante de Tejeda. Gelatina bromuro. *ca.* 1923. Tejeda. Archivo de fotografía histórica de Canarias. Cabildo de Gran Canaria/Fedac

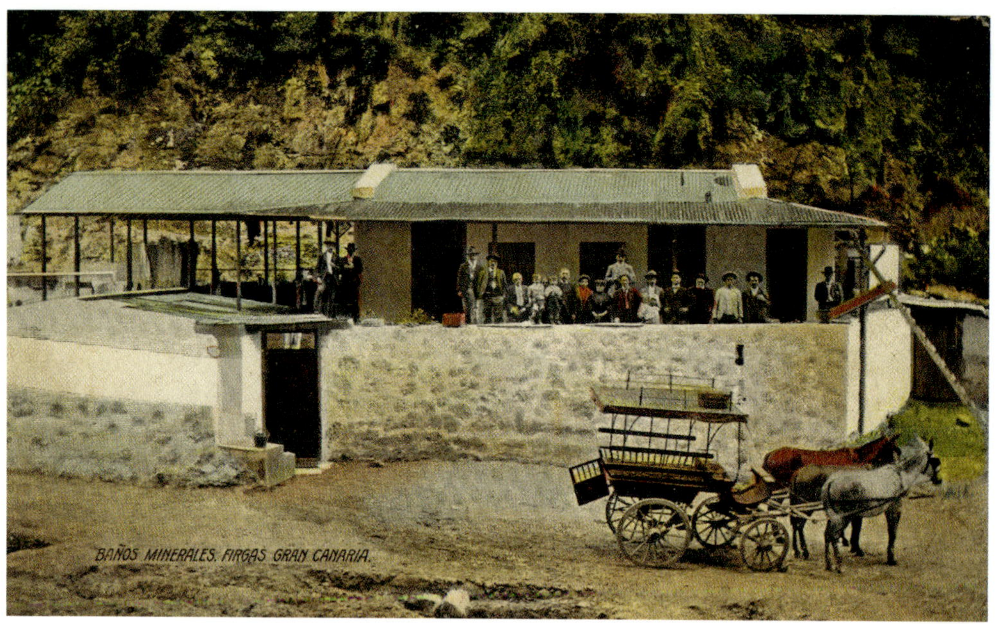

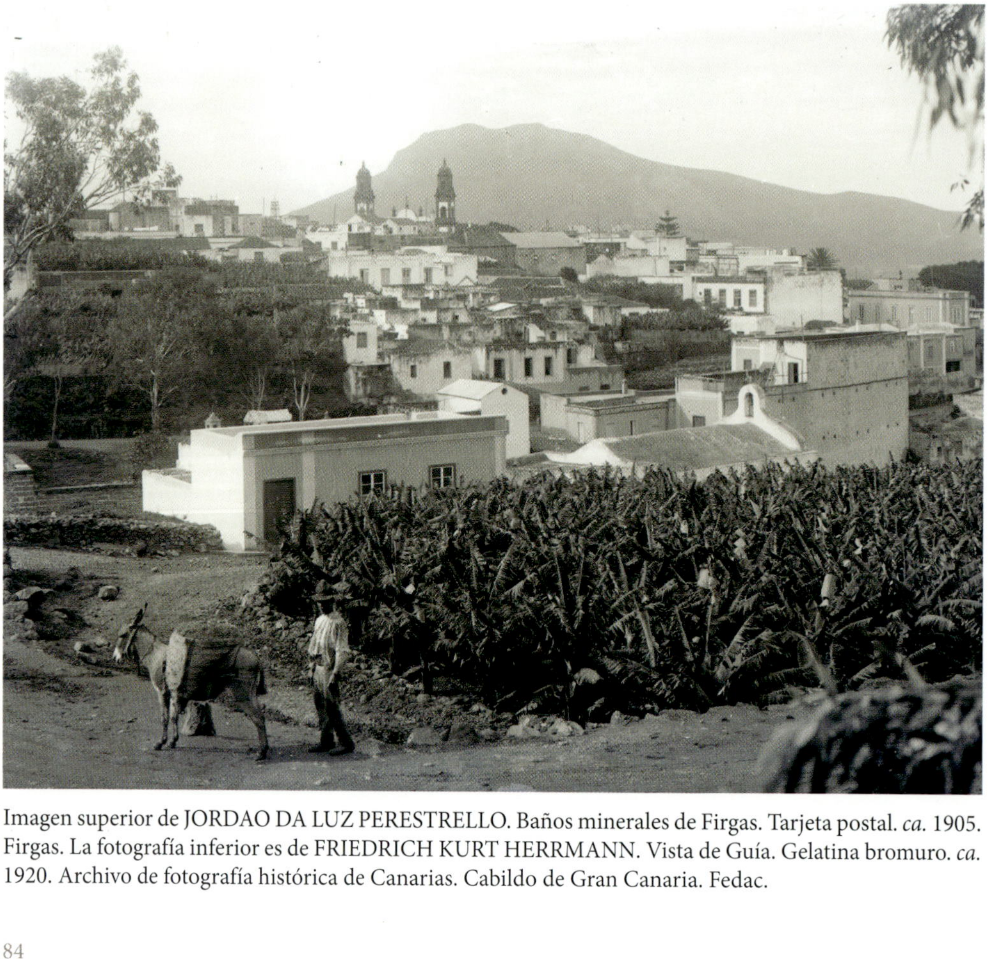

Imagen superior de JORDAO DA LUZ PERESTRELLO. Baños minerales de Firgas. Tarjeta postal. *ca.* 1905. Firgas. La fotografía inferior es de FRIEDRICH KURT HERRMANN. Vista de Guía. Gelatina bromuro. *ca.* 1920. Archivo de fotografía histórica de Canarias. Cabildo de Gran Canaria. Fedac.

A ellos hay que sumar el poderoso influjo de la fotografía alemana en el primer tercio del siglo, particularmente tras el establecimiento en la isla de Friedrich Kurt Herrmann en 1911 y de Teodoro Maisch en 1920. Este influjo acabará desplazando la influencia de la fotografía británica que se mantenía atrincherada en las recepciones de los principales hoteles capitalinos con Medrington, Nanson y Ensell. El English Bazaar hubo de hacerle hueco al Deutscher Bazar en la calle Triana, y la Elder y la Miller acostumbrarse a la presencia de la Woermann en el muelle de Santa Catalina, en una imagen perifrástica de la competencia inter imperialista que se libraba por establecer áreas de influencia económica, política y social en este Archipiélago.

Esta socialización de la fotografía enriqueció notablemente el patrimonio fotográfico histórico, legándonos imágenes de prácticamente cualquier aspecto de la vida social de nuestro pasado. De este modo se multiplican las estampas de economía, política, cultura, sociedad, paisajes, deportes, fiestas...

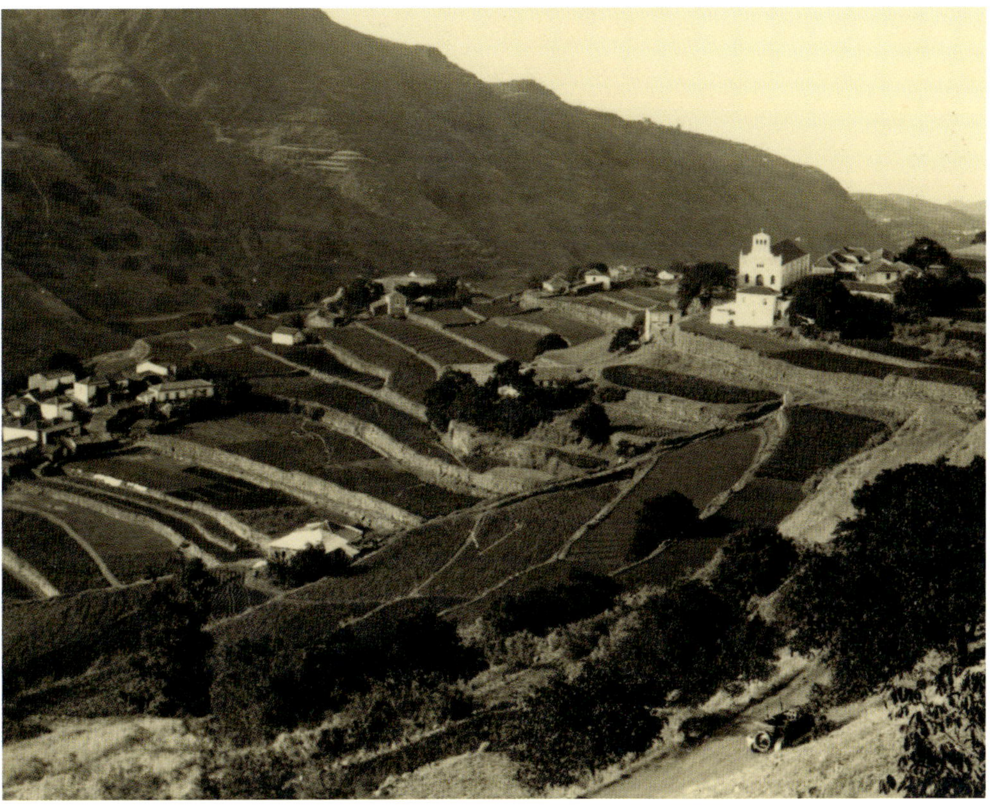

TEODORO MAISCH. Las Lagunetas. Gelatina bromuro. *ca.* 1925. San Mateo. Archivo de fotografía histórica de Canarias. Cabildo de Gran Canaria. Fedac.

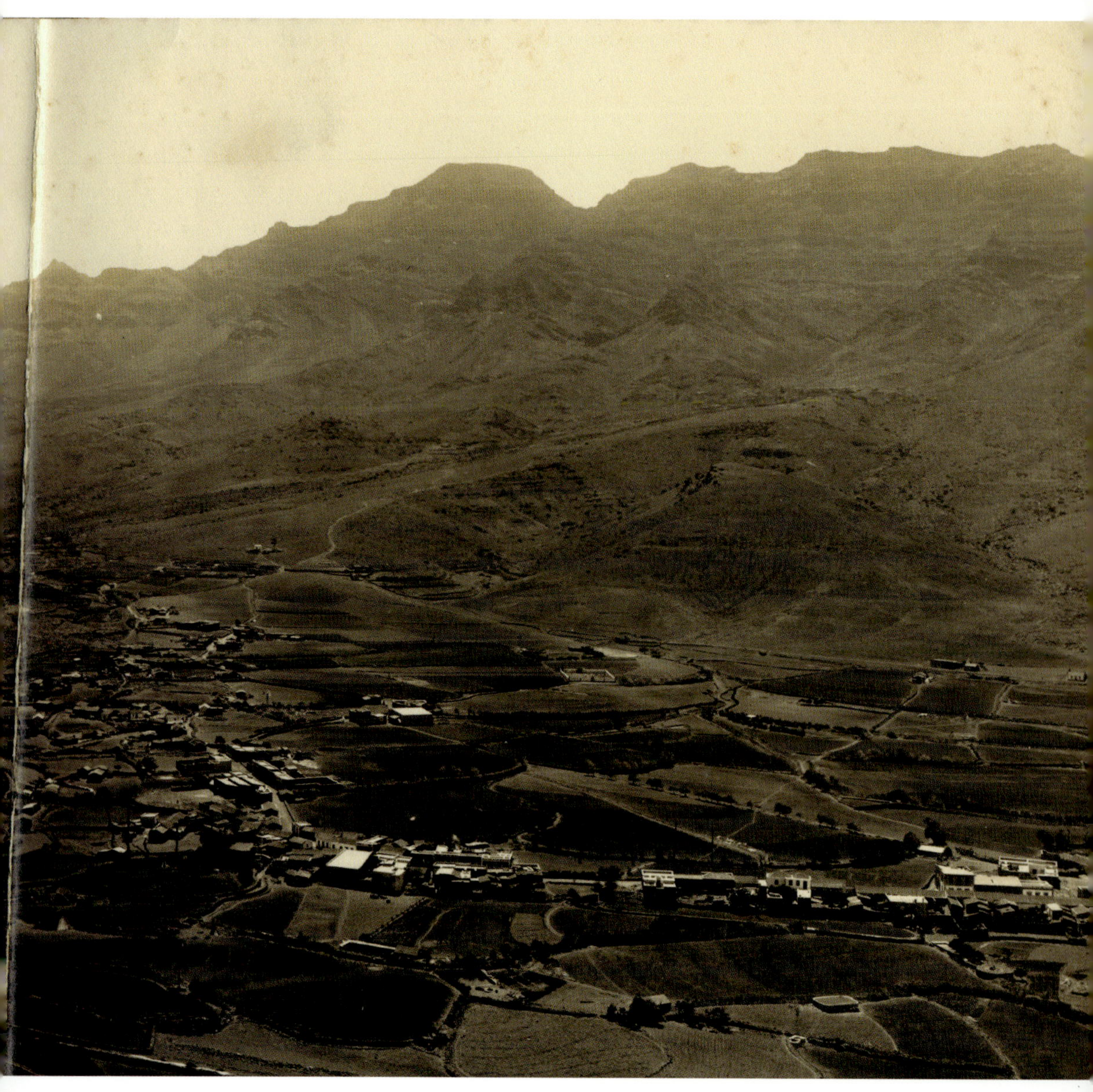

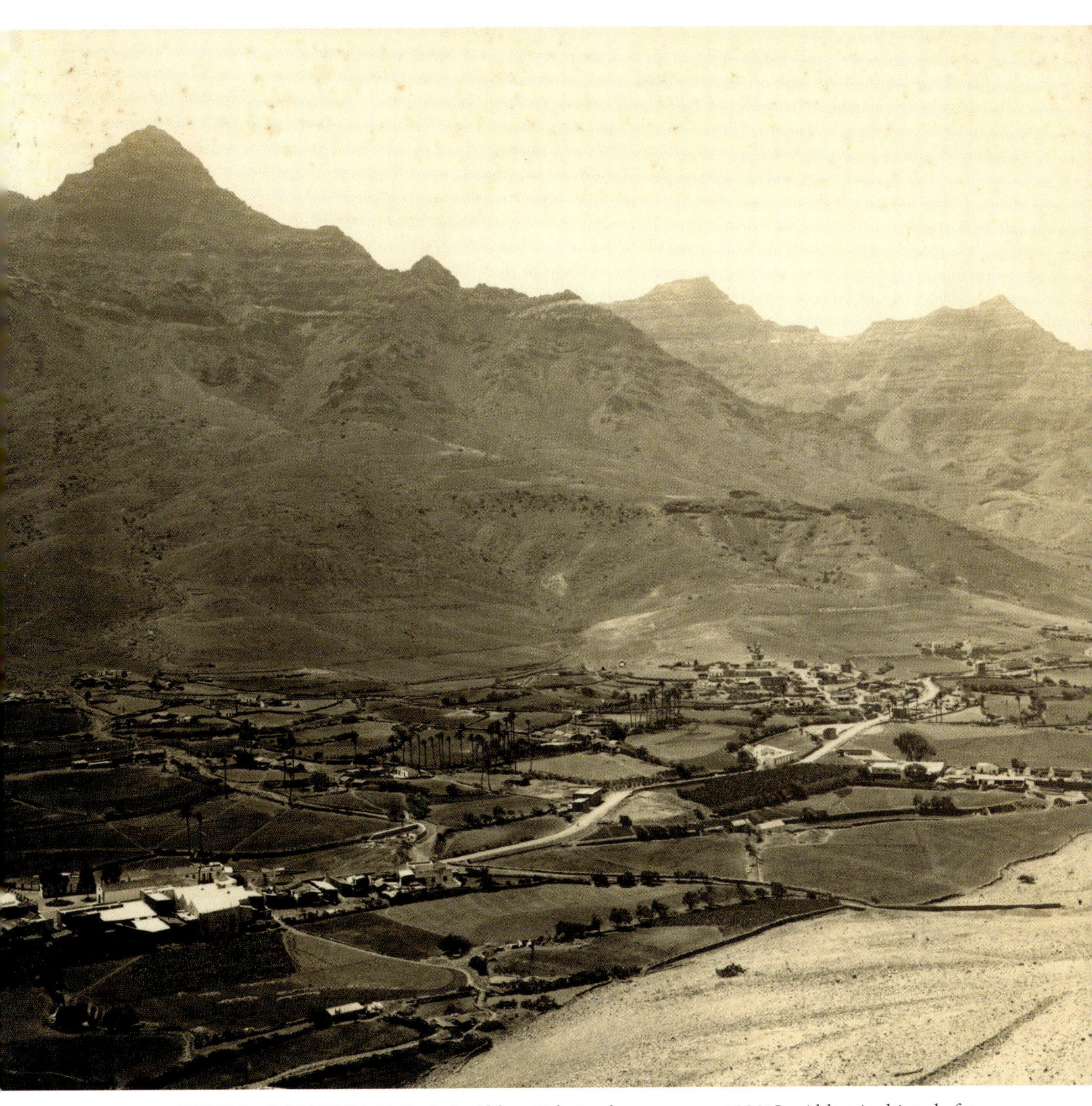

TEODORO MAISCH. Valle de la Aldea. Gelatina bromuro. *ca.* 1923. La Aldea Archivo de fotografía histórica de Canarias. Cabildo de Gran Canaria. Fedac.

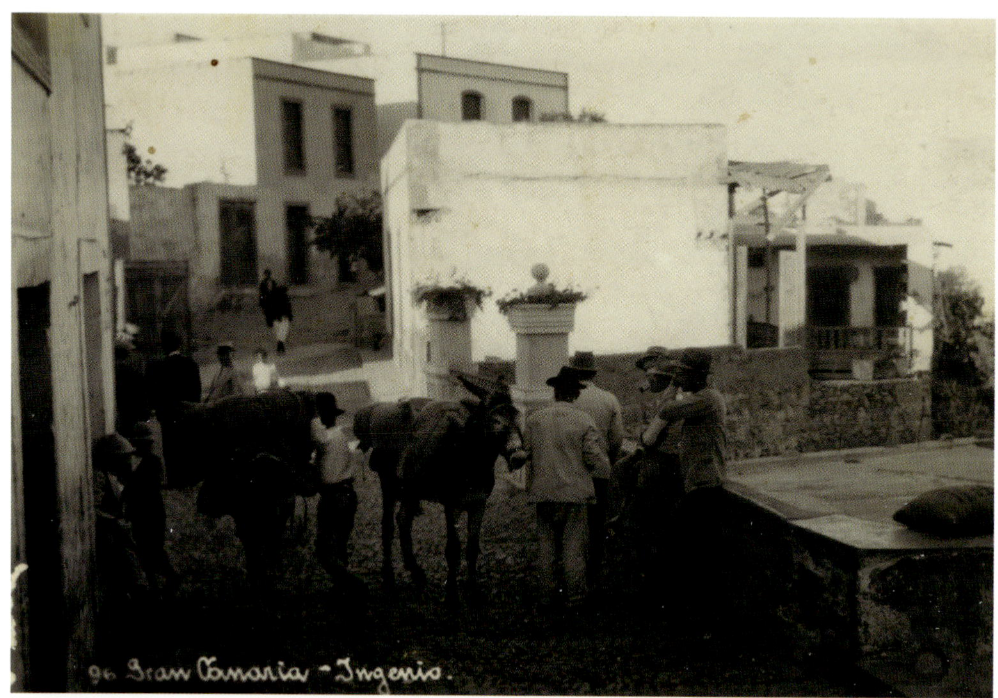

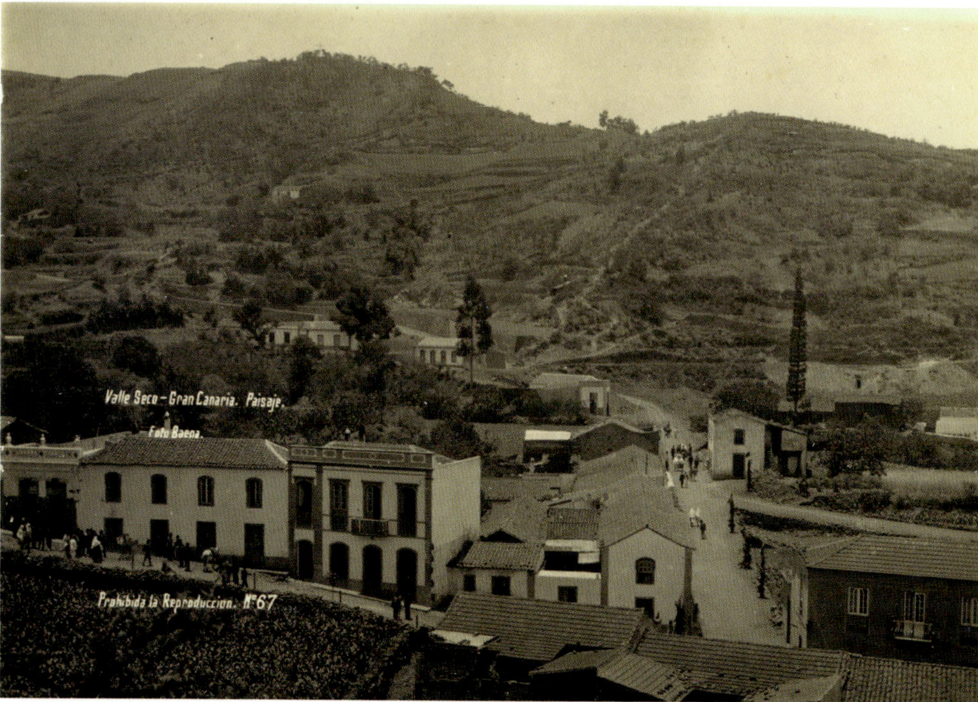

Imagen superior de FRIEDRICH KURT HERRMANN de Ingenio. Gelatina bromuro. *ca.* 1920. Fotografía inferior del fotógrafo E. FERNANDO BAENA. Valleseco. Tarjeta postal. *ca.* 1920. Archivo de fotografía histórica de Canarias. Cabildo de Gran Canaria. Fedac.

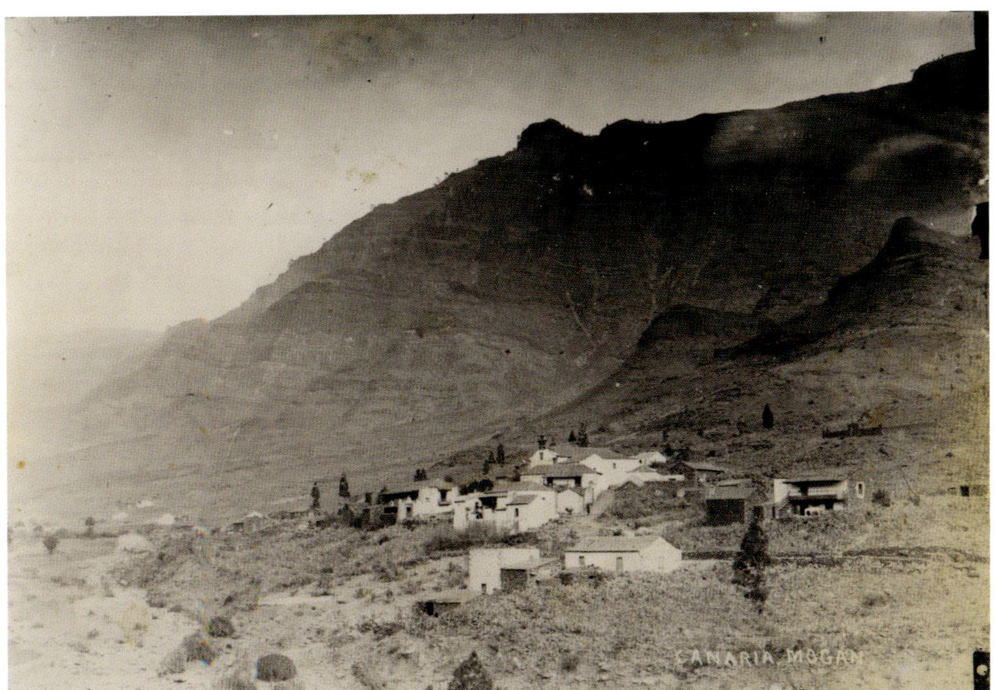

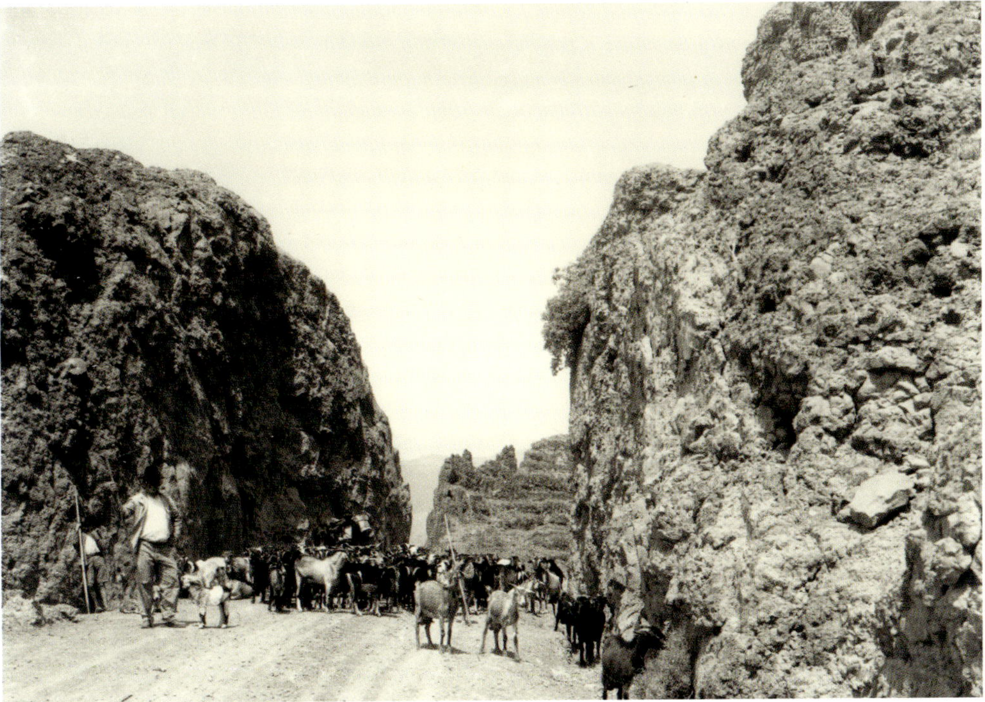

Fotografía superior de LUIS OJEDA PÉREZ. Albúmina. *ca.* 1895. Mogán. Fotografía inferior de TEODORO MAISCH. Pastores y hato de cabras. Gelatina bromuro. *ca.* 1924. Santa Lucía de Tirajana. Archivo de fotografía histórica de Canarias. Cabildo de Gran Canaria. Fedac.

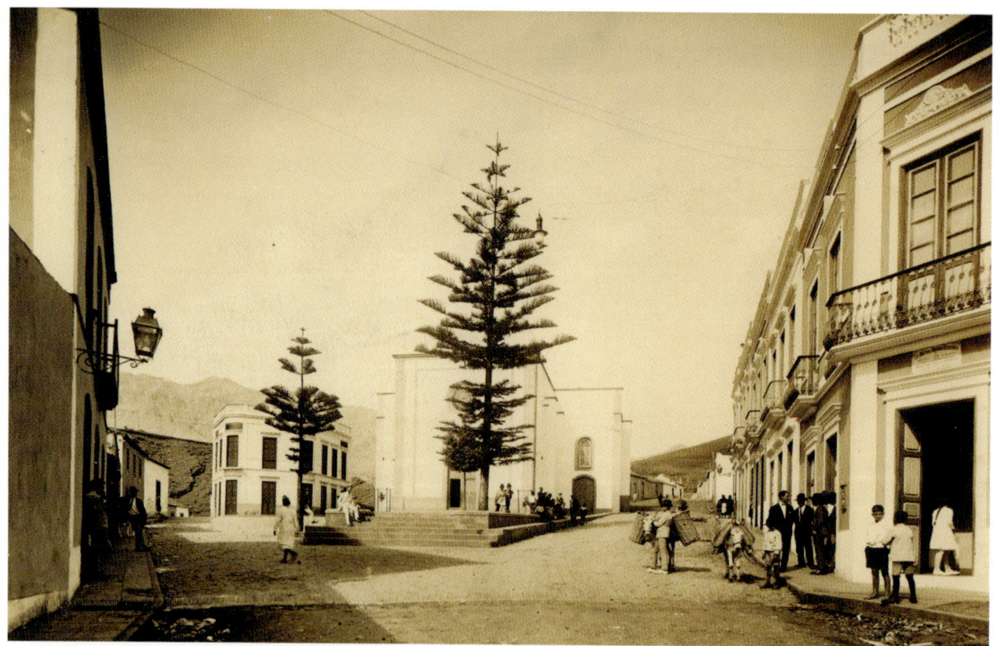

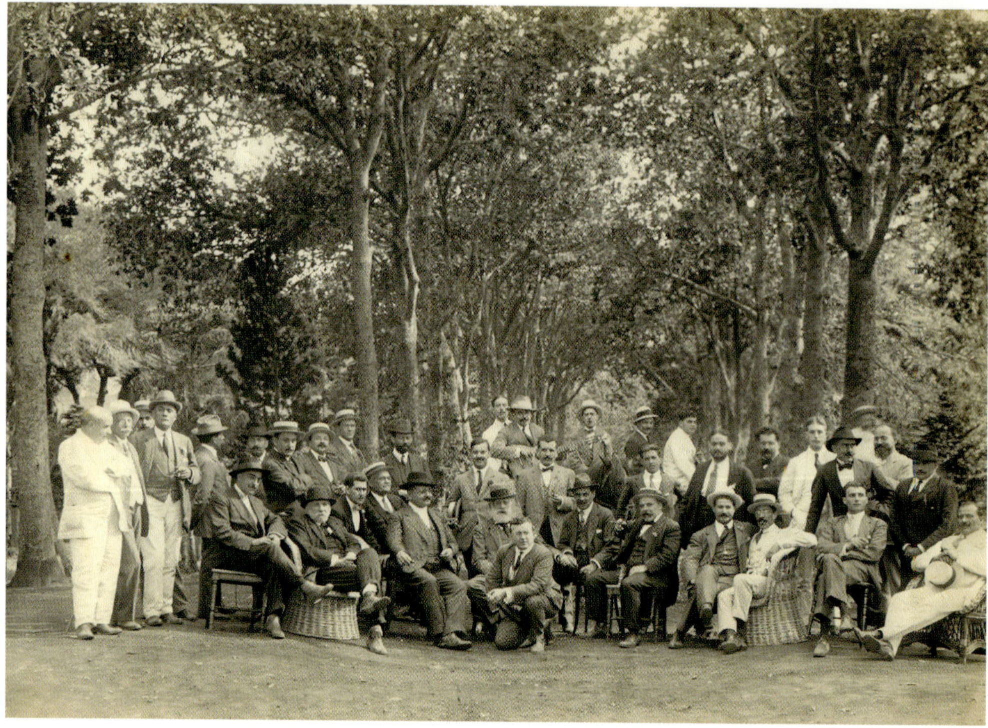

Fotografía superior de TEODORO MAISCH. Gelatina bromuro. *ca.* 1923. Valsequillo. Imagen inferior de fotógrafo DESCONOCIDO. Simón Padilla con Hurtado de Mendoza de excursión a la Montaña de Doramas. Gelatina bromuro. 1916. Moya. Archivo de fotografía histórica de Canarias. Cabildo de Gran Canaria. Fedac.

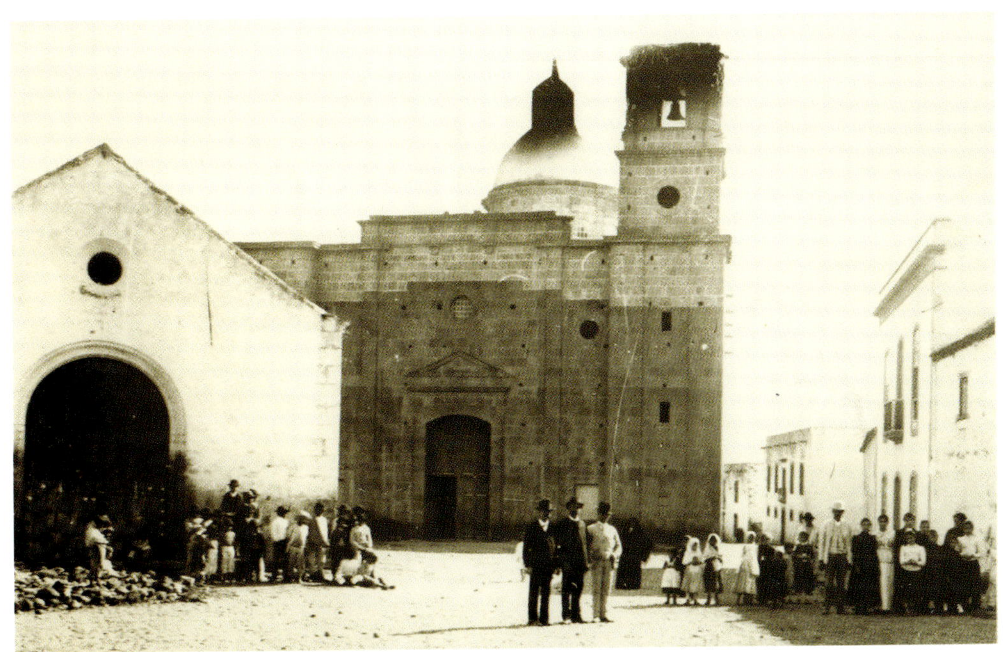

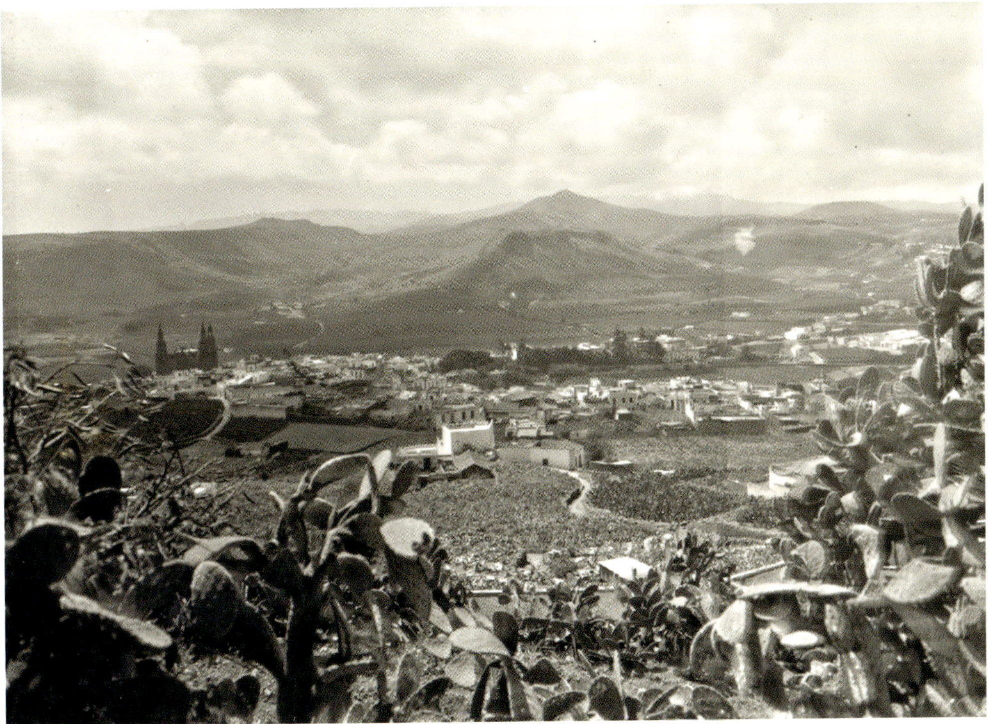

Fotografía superior de LUIS OJEDA PÉREZ. La vieja y la nueva iglesia de Agüimes. Gelatina bromuro. *ca.* 1890. Imagen inferior de FRIEDRICH KURT HERRMANN. Plataneras de Arucas. Gelatina bromuro. *ca.* 1927. Archivo de fotografía histórica de Canarias. Cabildo de Gran Canaria. Fedac.

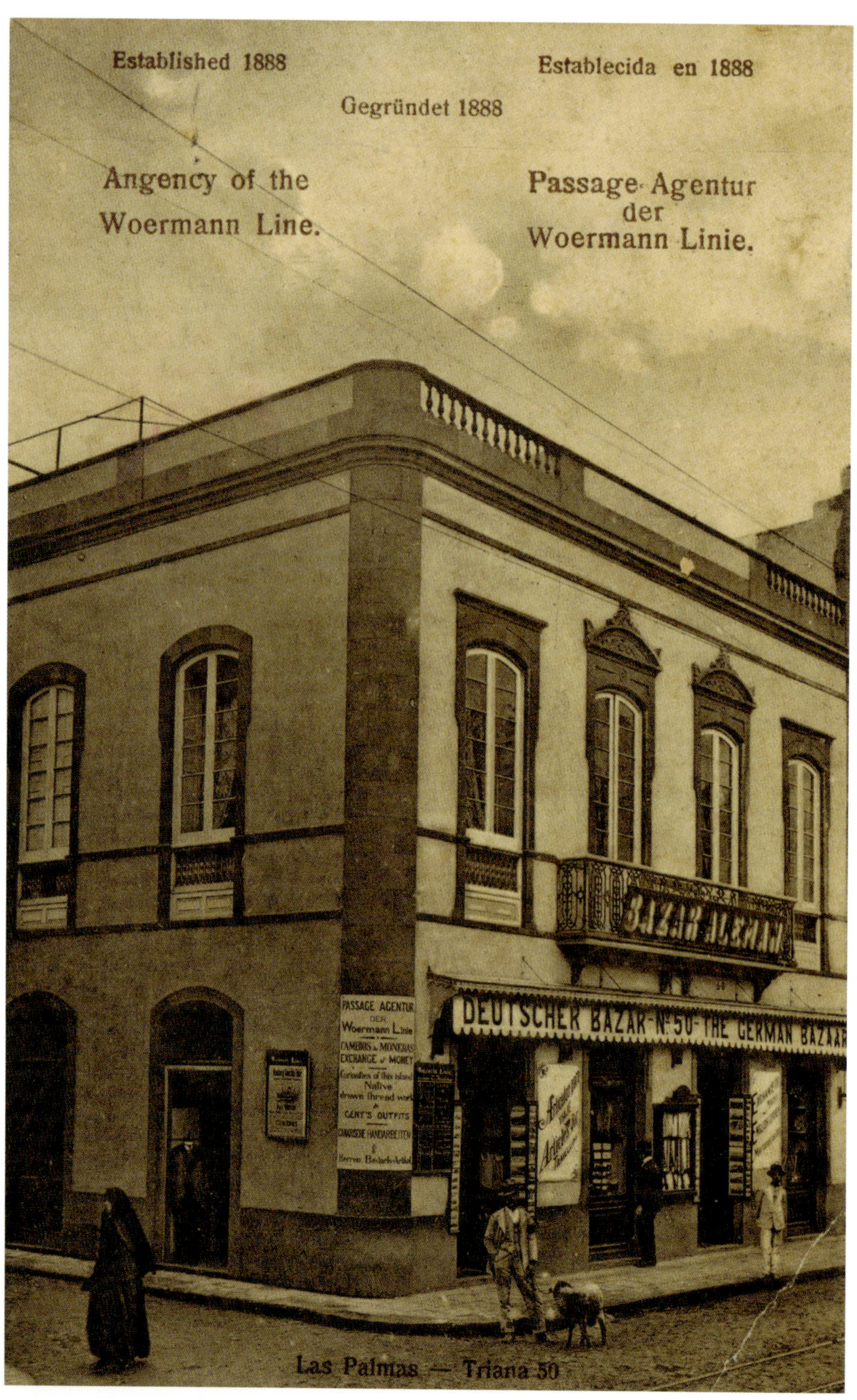

FRIEDRICH KURT HERRMANN. Deutscher bazar. Tarjeta postal. *ca.* 1912. Archivo de fotografía histórica de Canarias. Cabildo de Gran Canaria. Fedac.

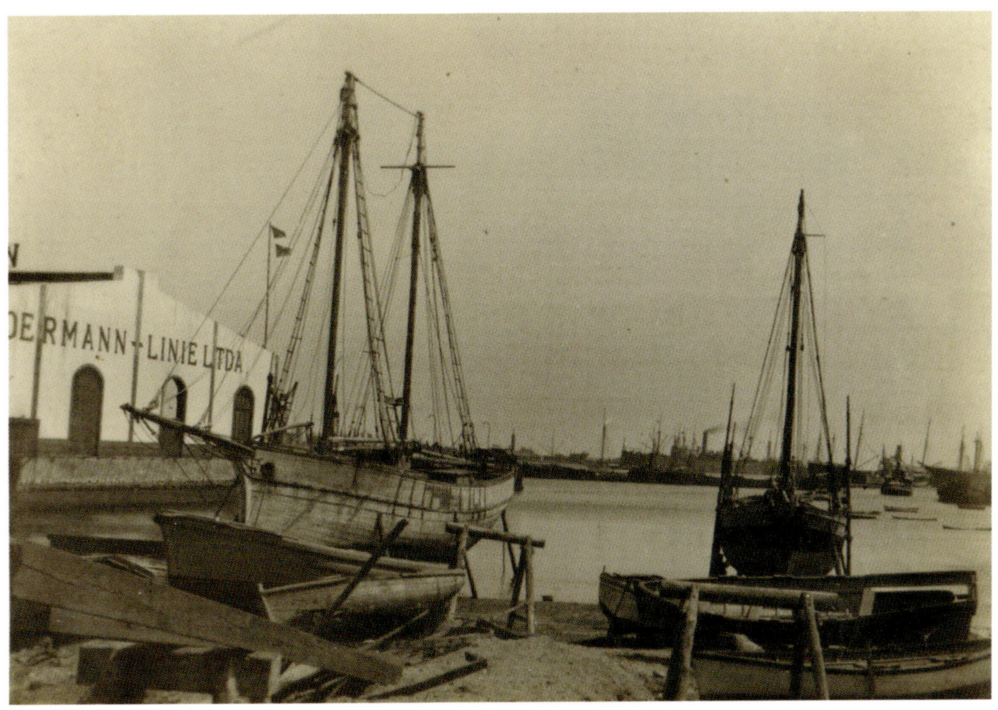

JUAN GARCÍA. Astilleros junto a la *Woermann Linie Ltda* en el muelle de Santa Catalina. Gelatina bromuro. *ca.* 1934. Archivo de fotografía histórica de Canarias. Cabildo de Gran Canaria. Fedac.

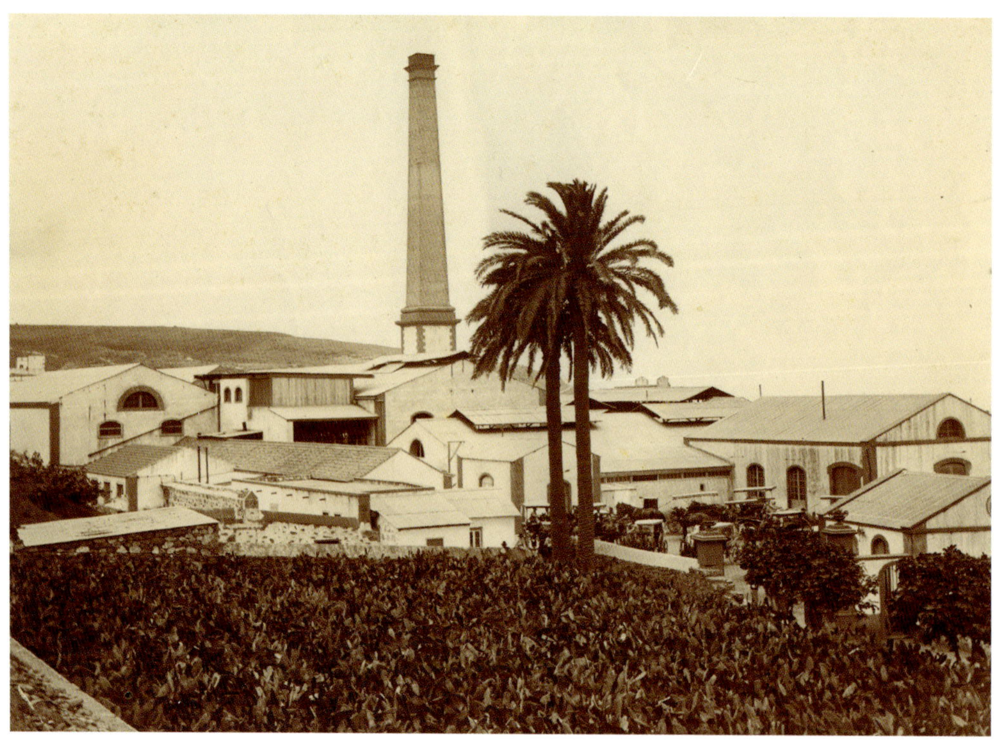

JOSÉ ALONSO. Fábrica azucarera. Gelatina bromuro. *ca.* 1905. Arucas. Archivo de fotografía histórica de Canarias.

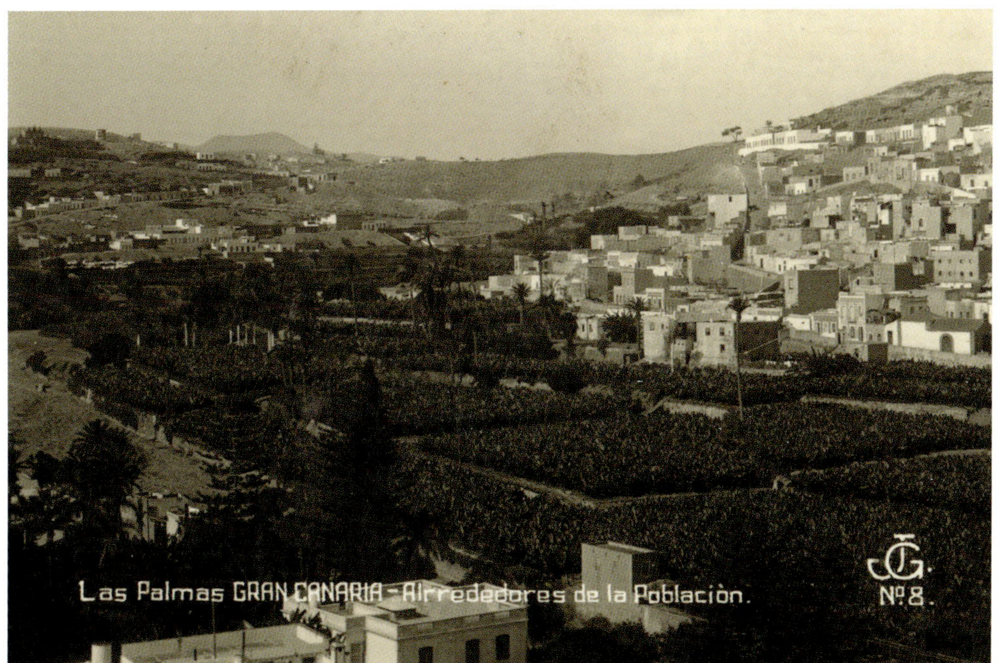

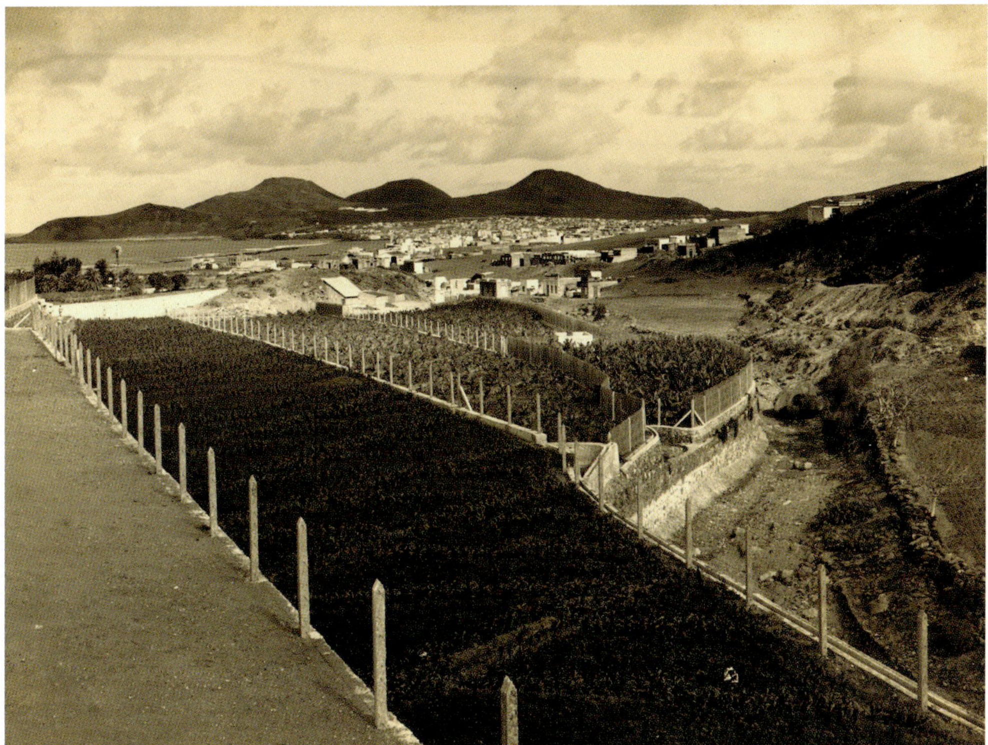

Imagen superior de JOAQUÍN GONZÁLEZ ESPINOSA. Plataneras del Pambaso y Riscos de San Francisco y San Nicolás. Tarjeta Postal. *ca.* 1922. Fotografía inferior de TEODORO MAISCH. Finca de Mister Leacock en el barranco de La Ballena. Gelatina bromuro. *ca.* 1924. Las Palmas de Gran Canaria. Archivo de fotografía histórica de Canarias. Cabildo de Gran Canaria. Fedac.

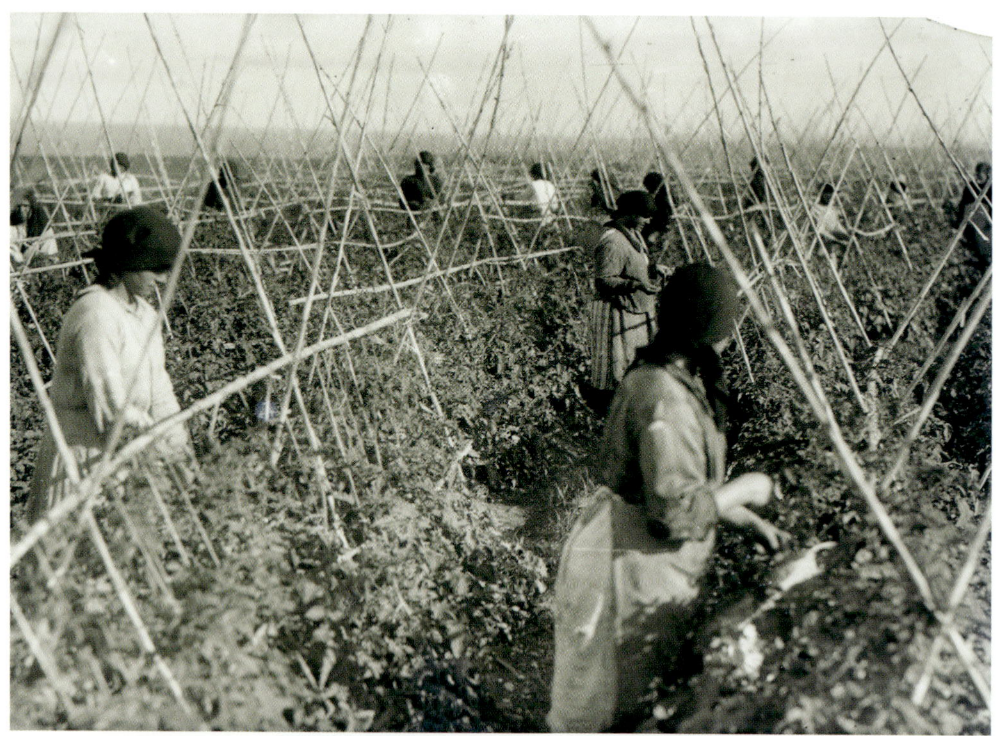

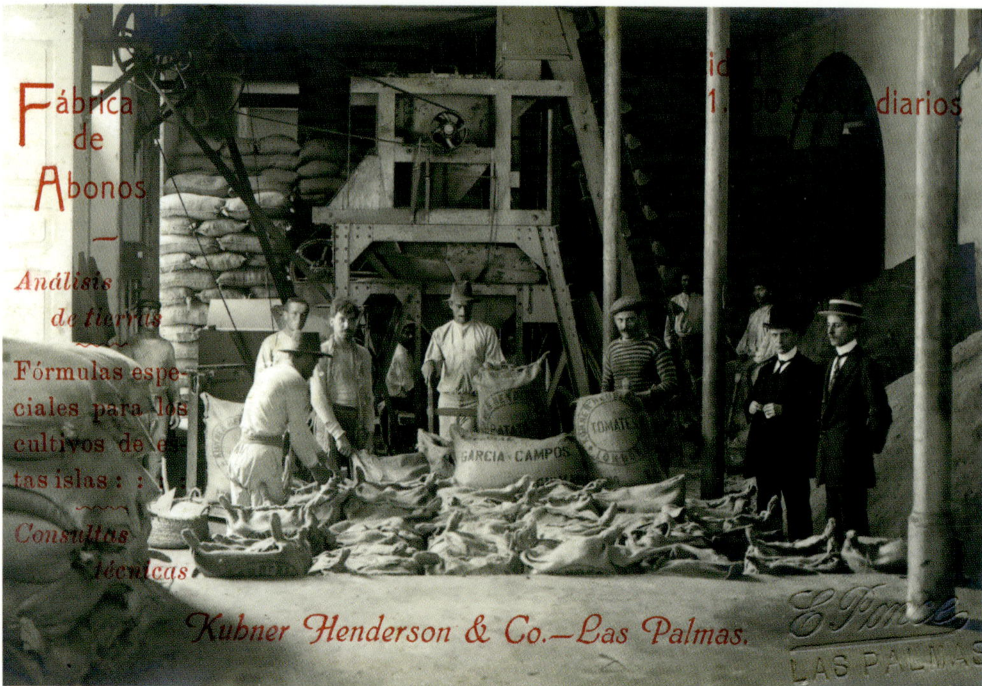

Imagen superior de TEODORO MAISCH. Aparceras del tomate. Gelatina bromuro. *ca.* 1927. Gran Canaria. Fotografía inferior de ENRIQUE PONCE. Fábrica de abonos Kunder Handeroson & Co. Tarjeta postal. *ca.* 1915. Las Palmas de Gran Canaria. Archivo de fotografía histórica de Canarias. Cabildo de Gran Canaria. Fedac.

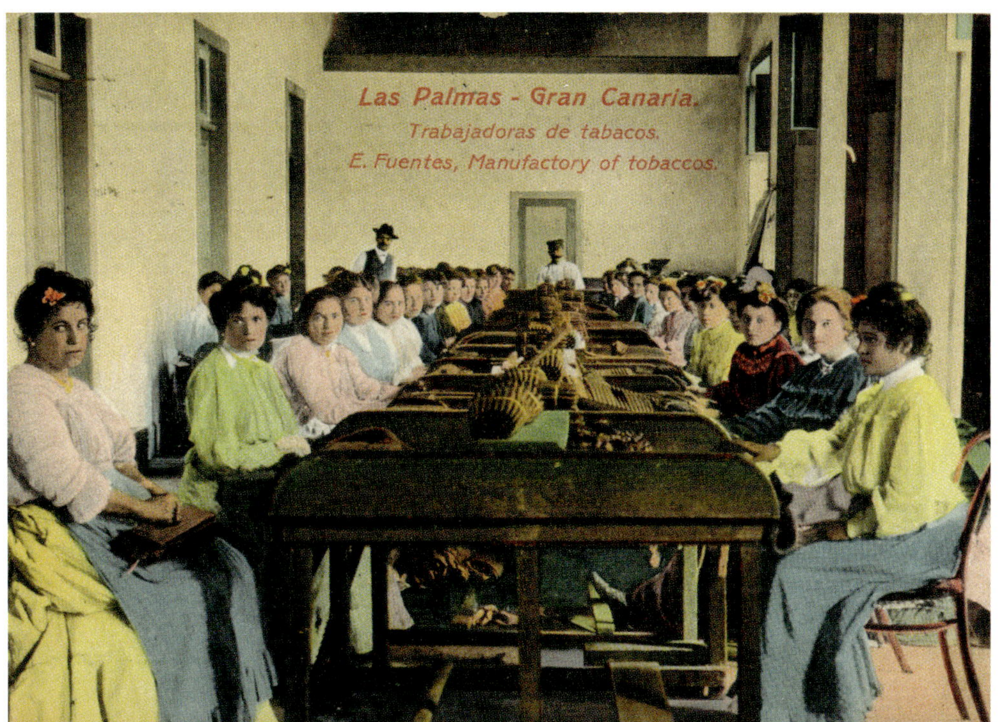

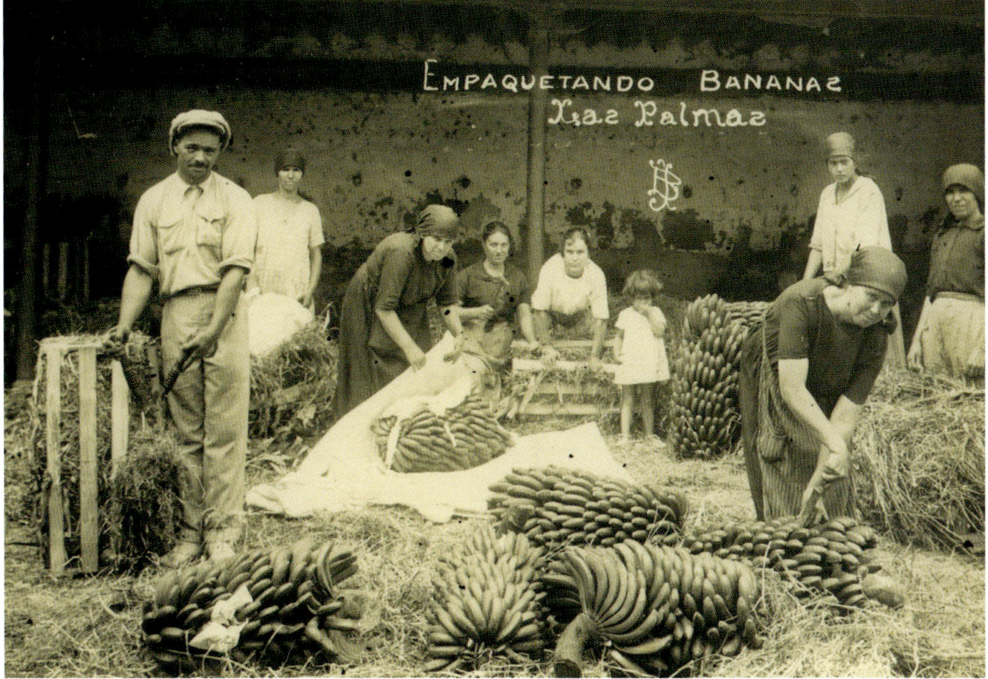

Imagen superior de JORDAO DA LUZ PERESTRELLO. Tabaqueras de Eufemiano Fuentes. Tarjeta Postal. *ca.* 1907. Fotografía inferior de JUAN BONNET. Almacén de empaquetado de plátanos. Tarjeta Postal. *ca.* 1923. Las Palmas de Gran Canaria. Archivo de fotografía histórica de Canarias. Cabildo de Gran Canaria. Fedac.

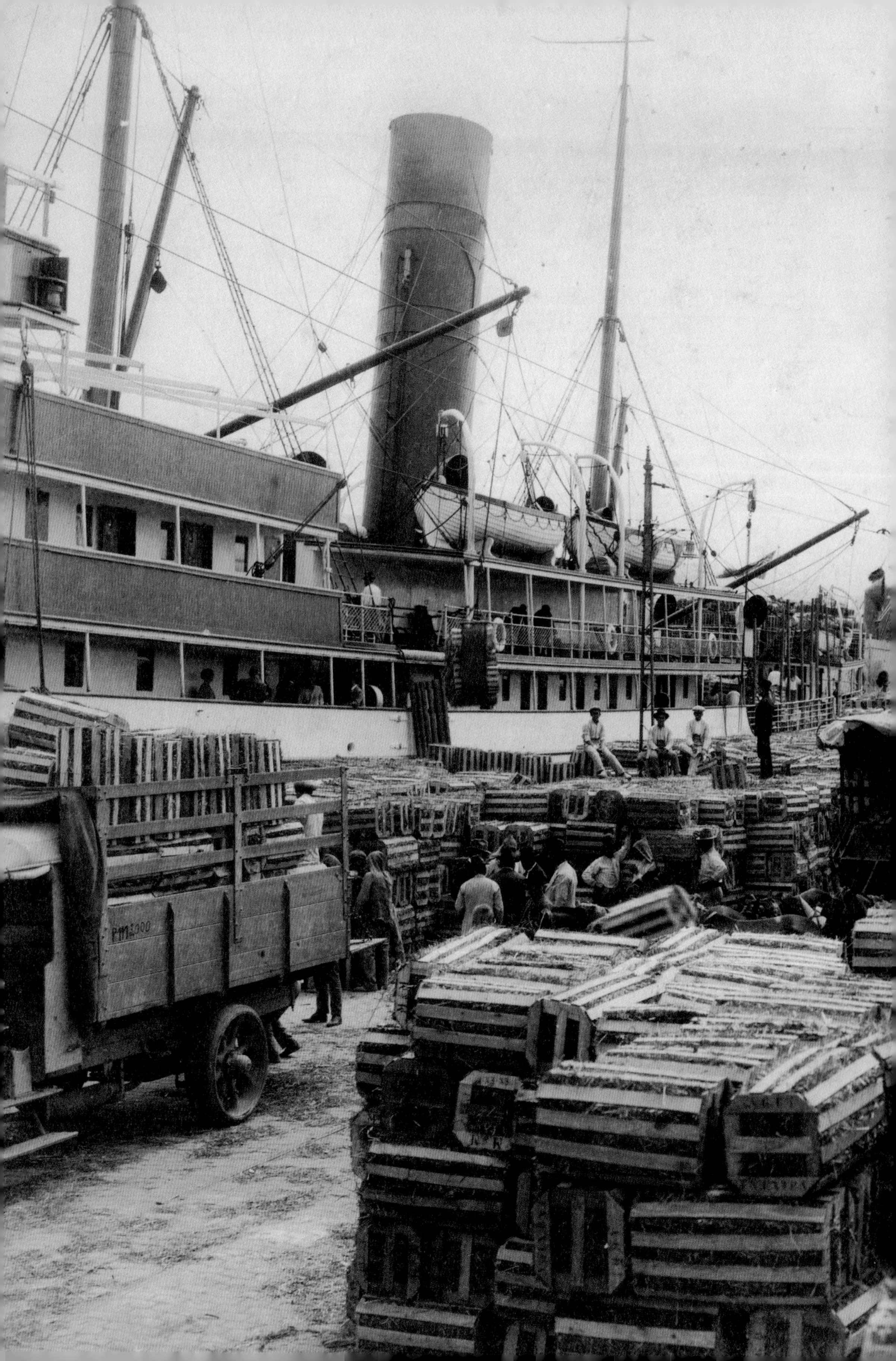

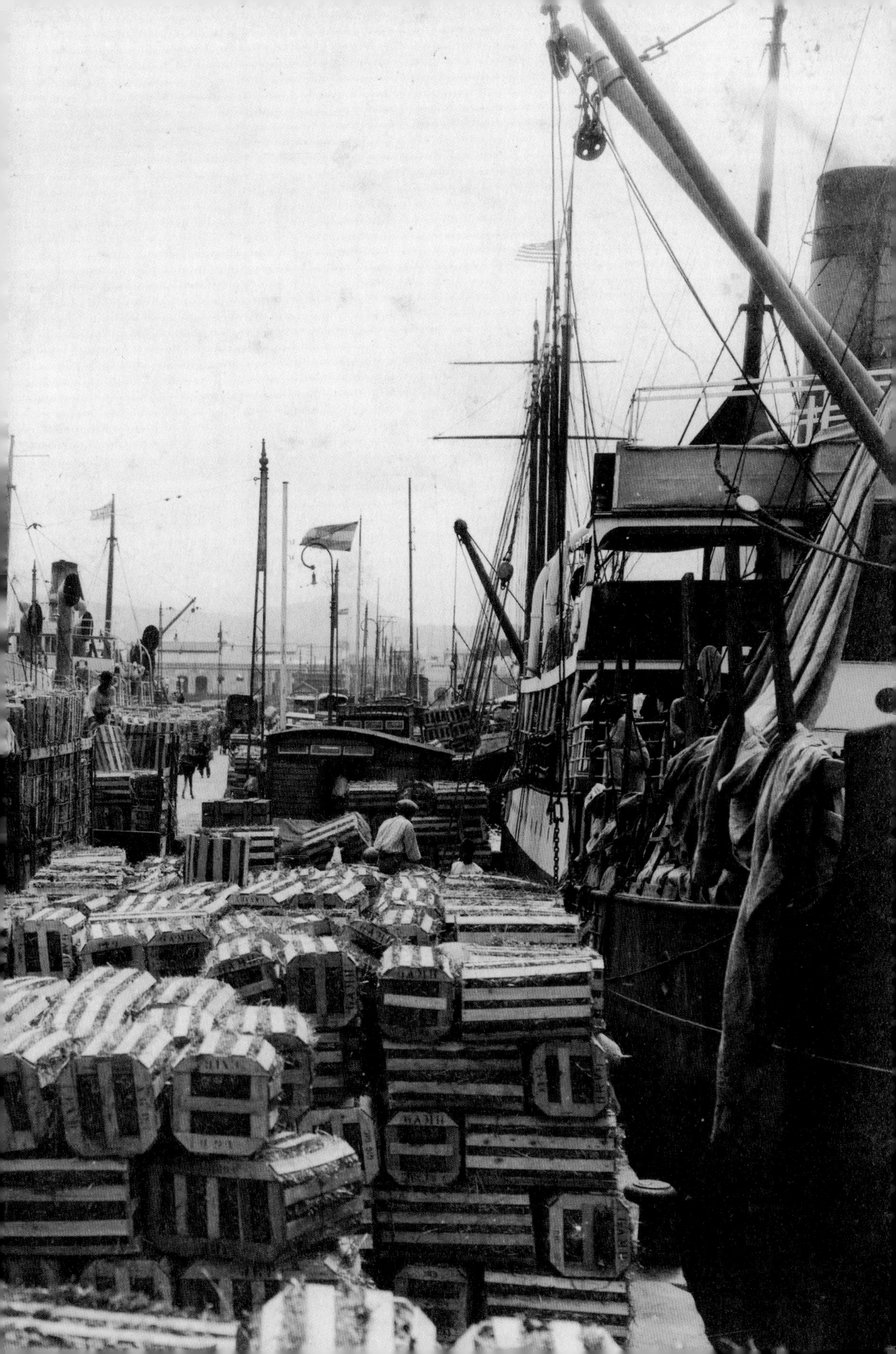

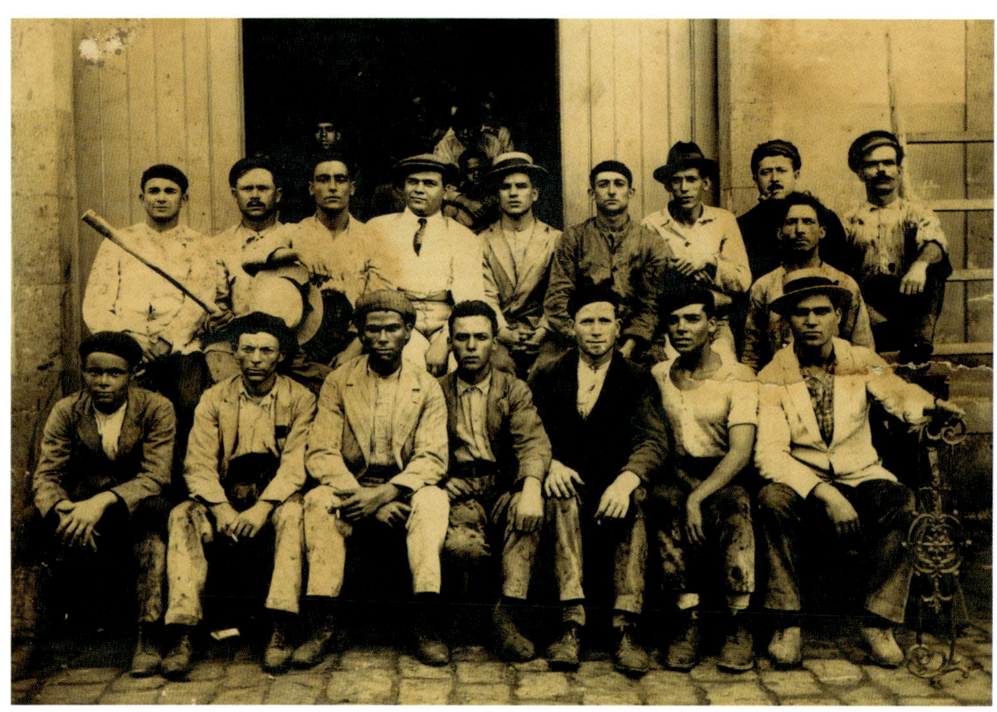

TEODORO MAISCH. Trabajadores del Puerto de la Luz. *ca.* 1922. Las Palmas de Gran Canaria. Archivo de fotografía histórica de Canarias. Cabildo de Gran Canaria. Fedac.

◂ **PÁGINA ANTERIOR**

TEODORO MAISCH. Estiba de huacales de plátanos en el Muelle de Santa Catalina. *ca.* 1928. Las Palmas de Gran Canaria. Archivo de fotografía histórica de Canarias. Cabildo de Gran Canaria. Fedac.

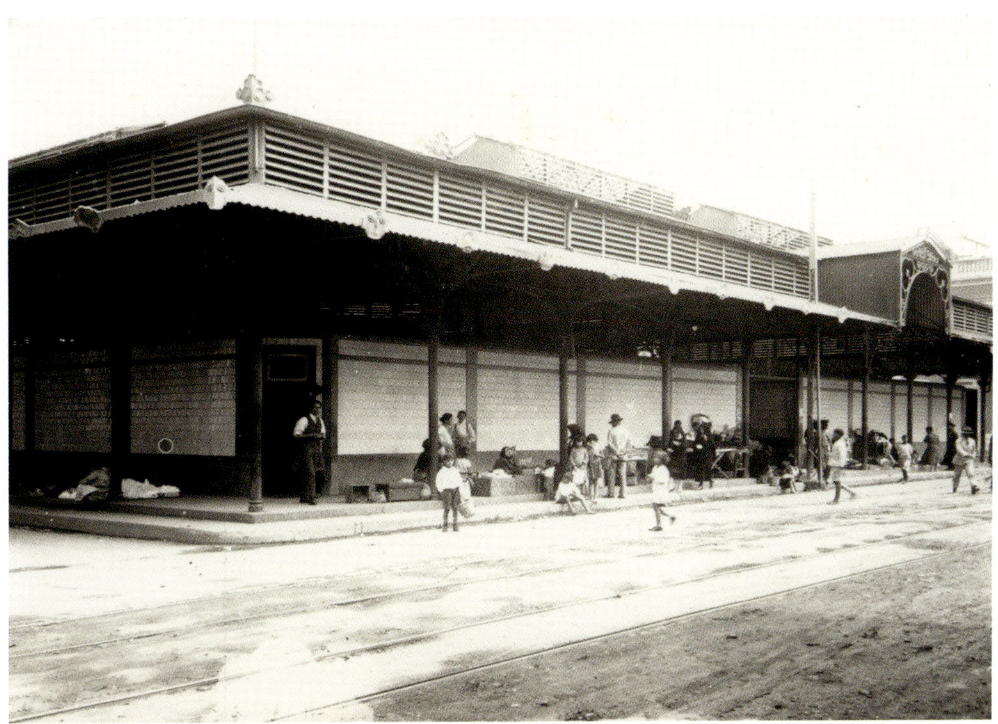

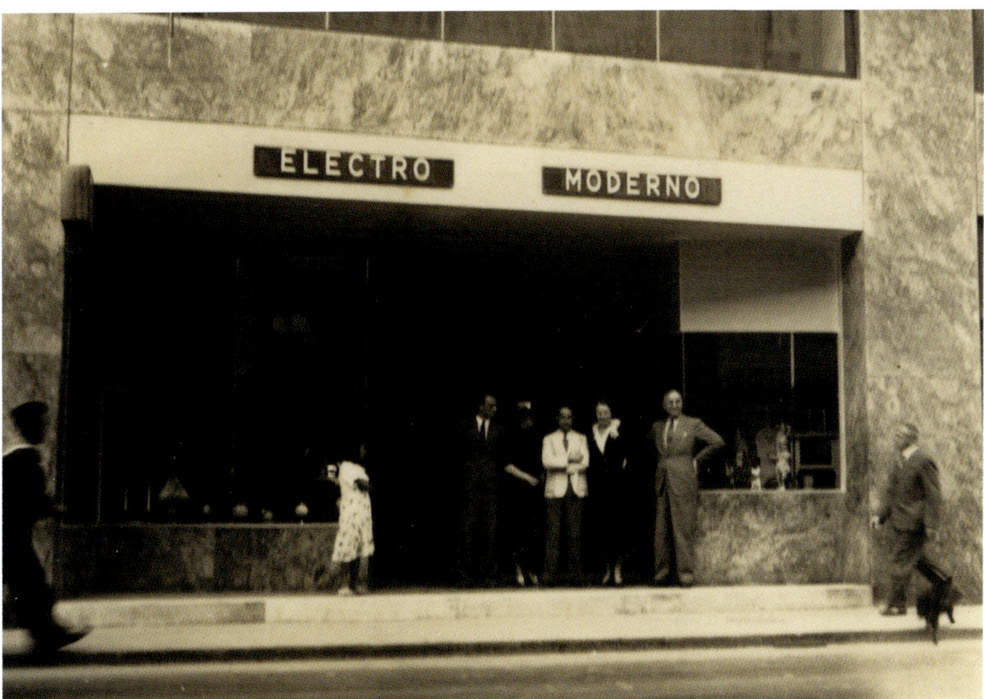

Imagen superior de FRIEDRICH KURT HERRMANN. Mercado del Puerto. Gelatina bromuro. *ca.* 1914. Fotografía inferior de WALTER ÓSCAR JABLONOSKY. Electro Moderno en la Triana. Gelatina bromuro. 1936. Las Palmas de Gran Canaria. Archivo de fotografía histórica de Canarias. Cabildo de Gran Canaria. Fedac.

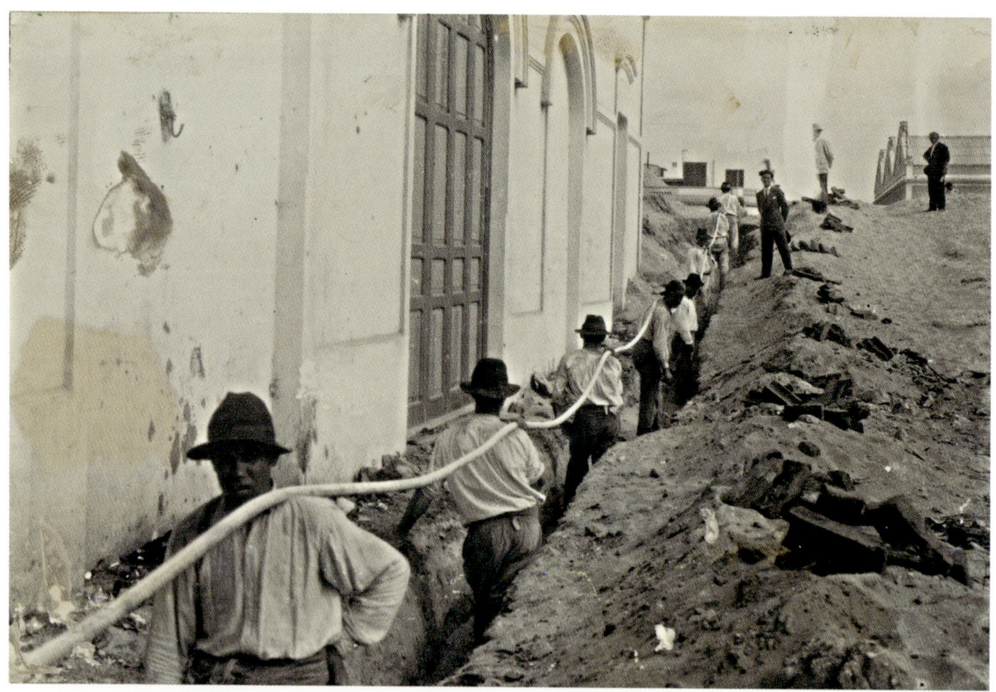

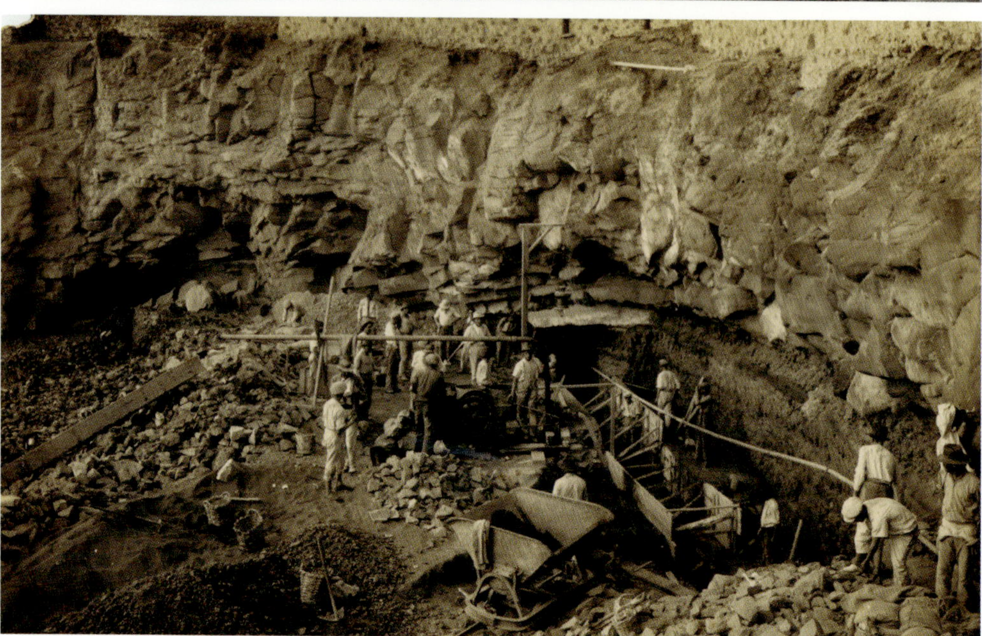

TEODORO MAISCH. Fotografía superior, obras del cableado en Santa Catalina. Gelatina bromuro. *ca.* 1929. Imagen inferior, obras de alcantarillado en el Puerto de la Luz. Gelatina bromuro. *ca.* 1928. Las Palmas de Gran Canaria. Archivo de fotografía histórica de Canarias. Cabildo de Gran Canaria. Fedac.

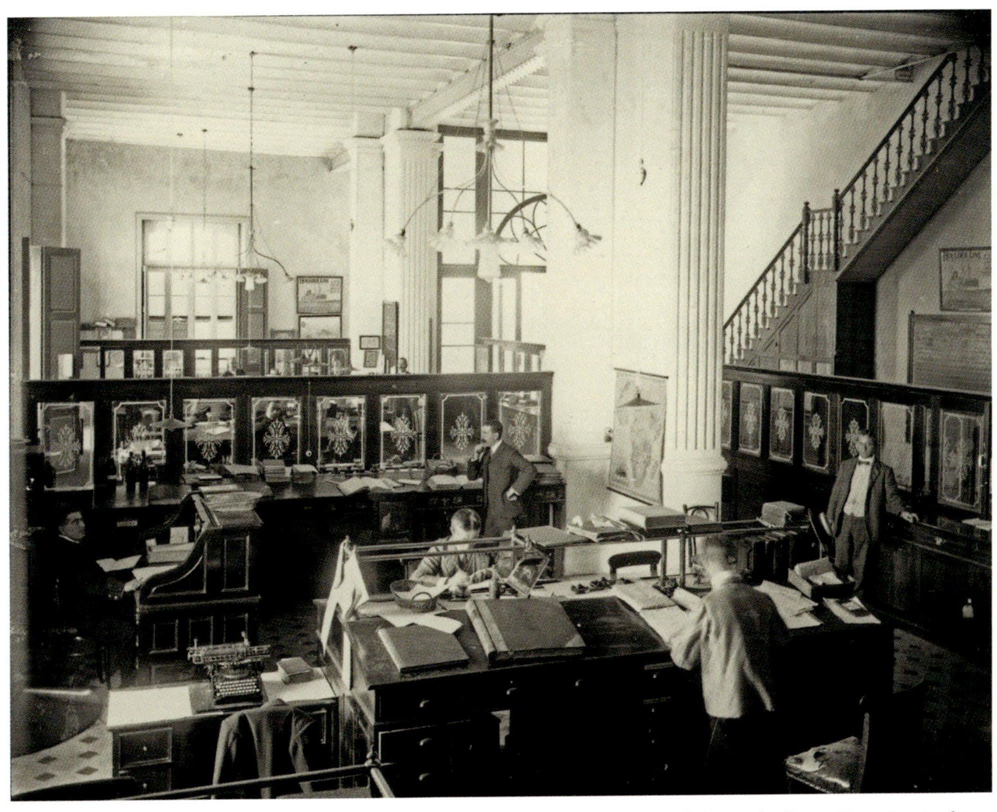

LUIS OJEDA PÉREZ. Oficinas de la Elder. Gelatina bromuro. 1907. Las Palmas de Gran Canaria. Archivo de fotografía histórica de Canarias. Cabildo de Gran Canaria. Fedac.

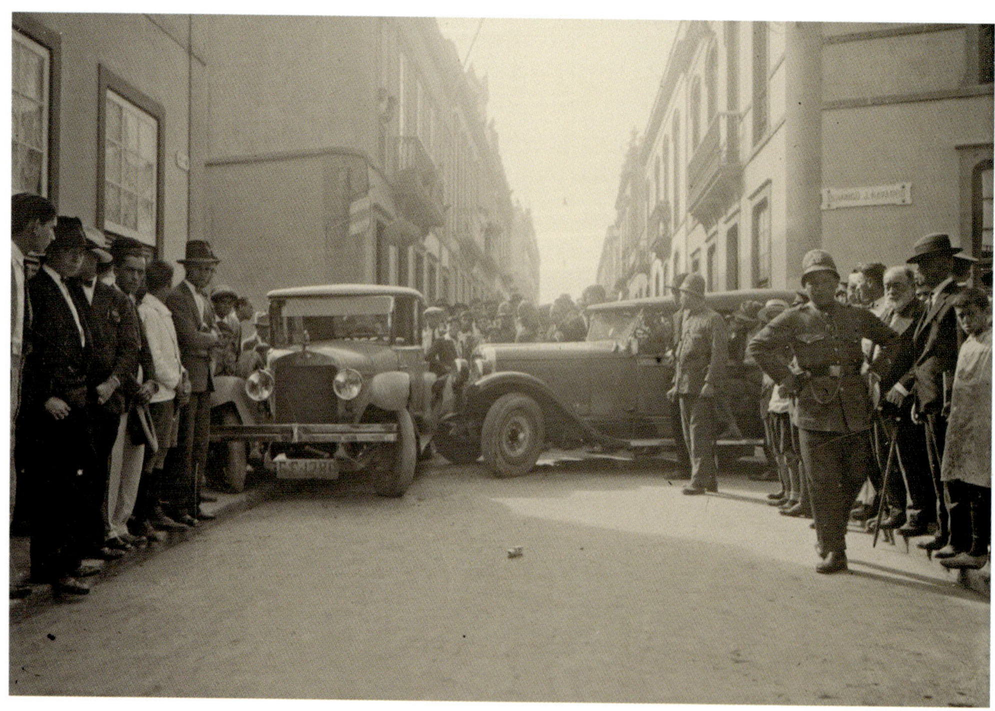

FRIEDRICH KURT HERRMANN. Accidente de 'fotingos' (palabra canario-cubana que significa coche viejo y destartalado. Su origen está en la castellanización, en Cuba, de la publicidad con que la Ford presentó en 1908 en primer coche con embrague: «*foot it and go*»). Gelatina bromuro. 1928. Las Palmas de Gran Canaria. Archivo de fotografía histórica de Canarias. Cabildo de Gran Canaria. Fedac.

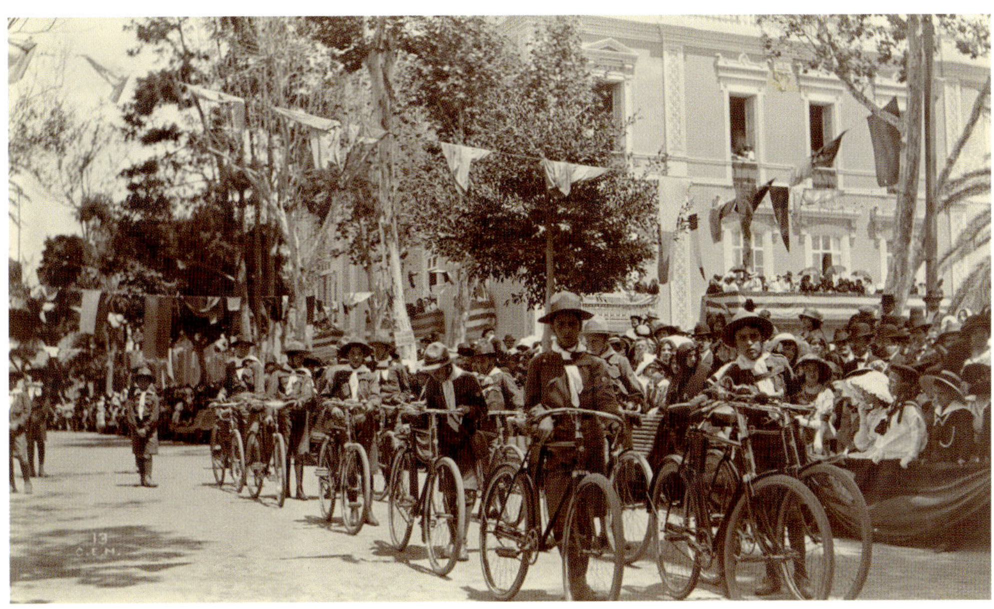

CHARLES E. MEDRINGTON. Desfile de *scouts* ante el Gabinete Literario. Gelatina bromuro. 1913. Las Palmas de Gran Canaria. Archivo de fotografía histórica de Canarias. Cabildo de Gran Canaria. Fedac.

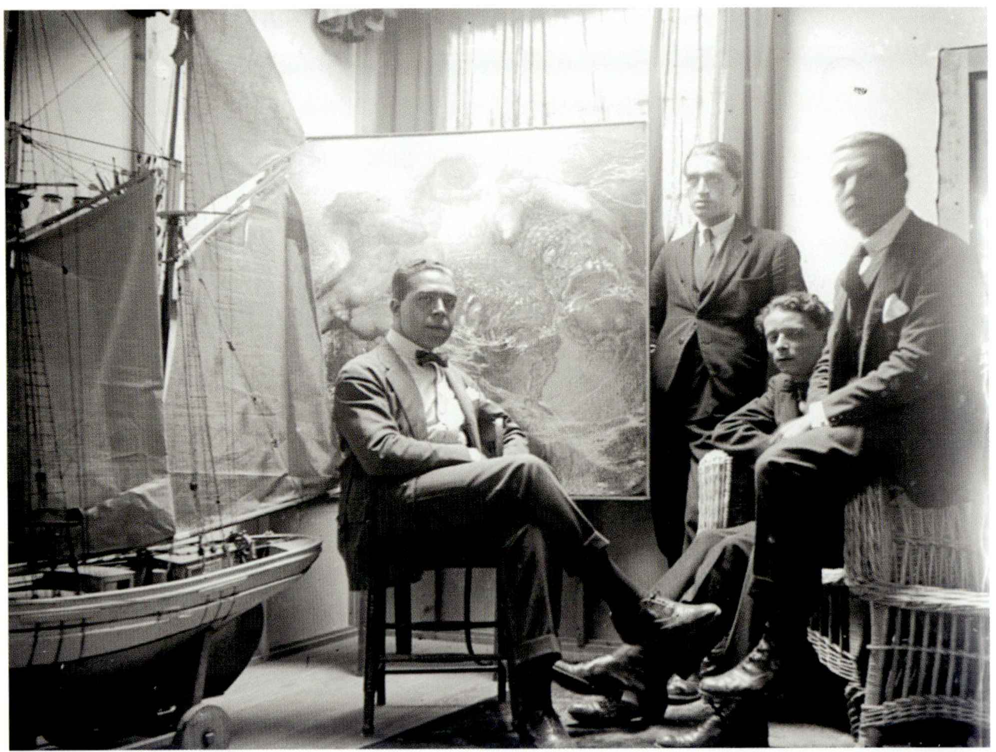

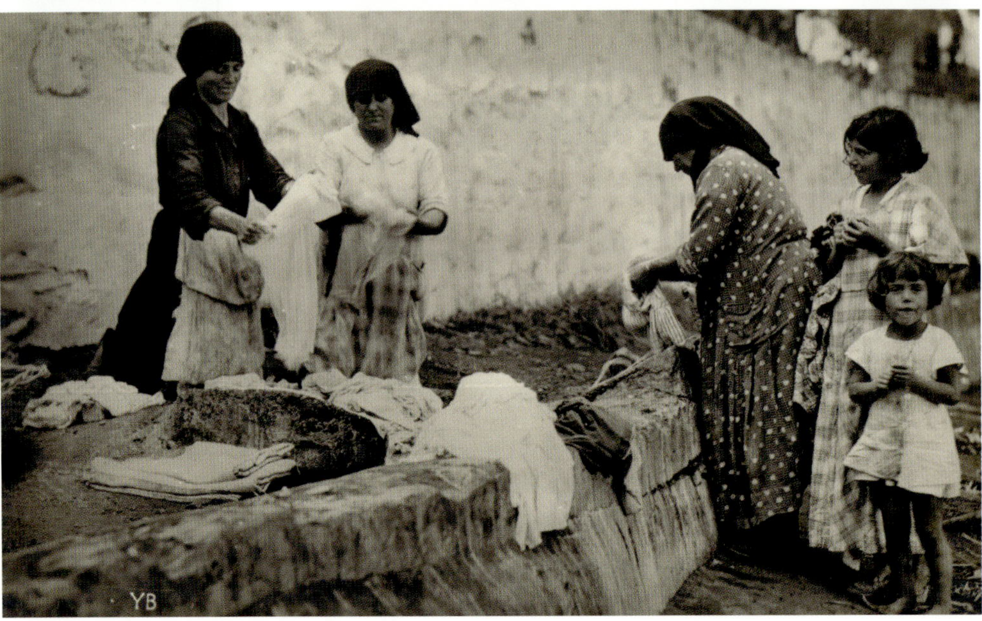

Fotografía superior de TOMÁS GÓMEZ BOSCH. Retrato de Néstor Martín Fernández de la Torre con Alonso Quesada ante el cuadro *Amanecer* del Poema del Mar. Gelatina bromuro. *ca.* 1935. Las Palmas de Gran Canaria. Imagen inferior de fotógrado DESCONOCIDO. Lavanderas del Risco de San Nicolás. Tarjeta Postal. *ca.* 1935. Las Palmas de Gran Canaria. Archivo de fotografía histórica de Canarias. Cabildo de Gran Canaria. Fedac

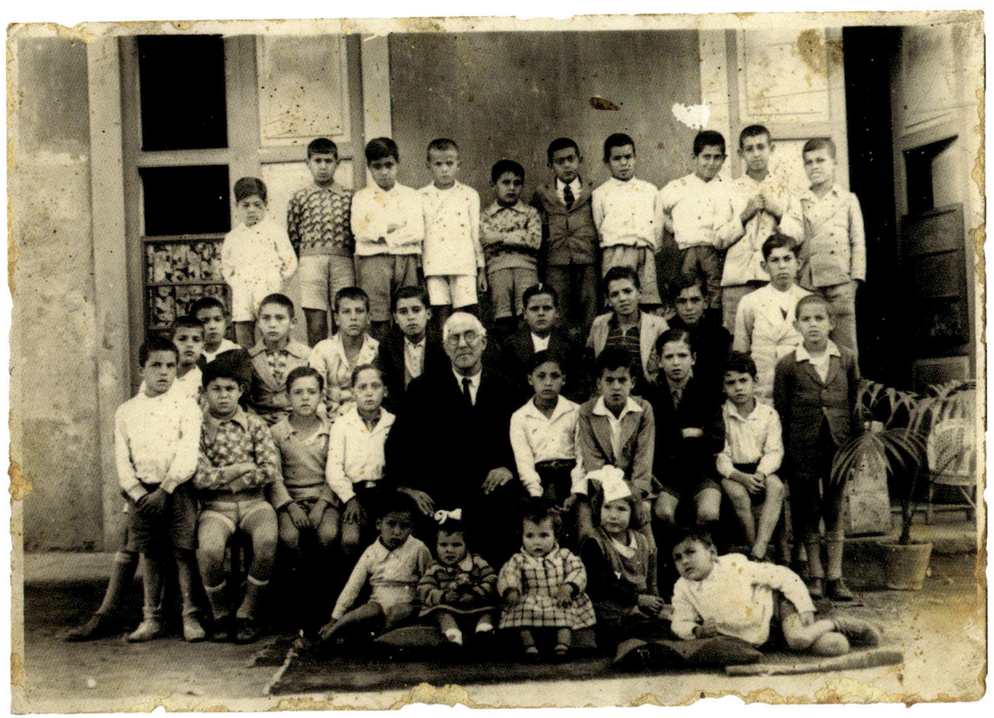

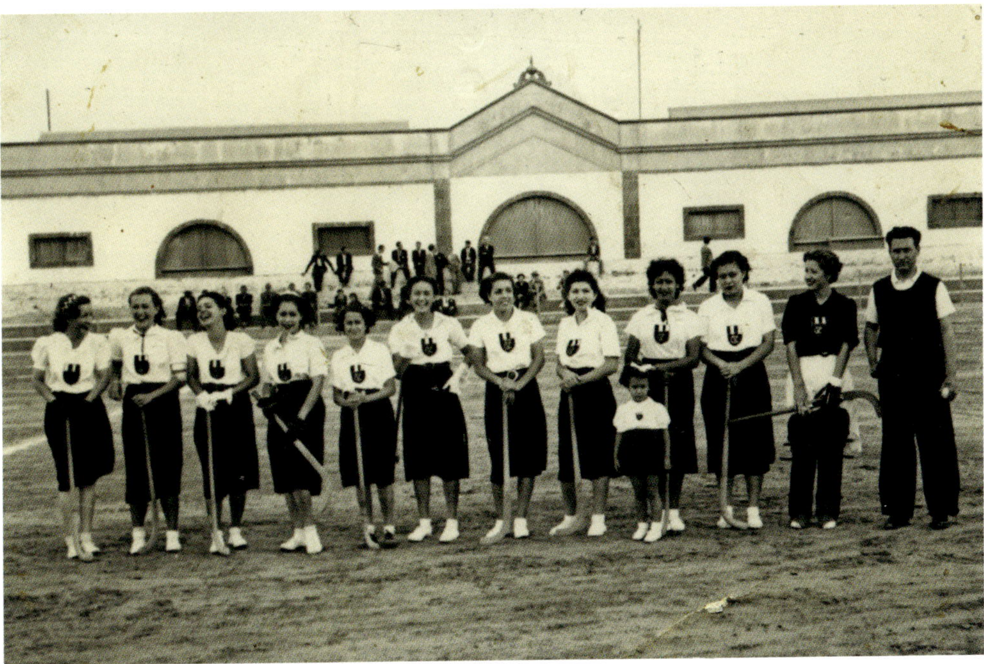

DESCONOCIDO. Fotografía superior, retrato escolar en la Isleta. Gelatina bromuro. 1933. Las Palmas de Gran Canaria. Imagen inferior del equipo femenino de hockey del Real Club Victoria (Gran Canaria es uno de los pocos lugares que cuenta con dos Reales Clubes Náuticos. Uno el Real Club Náutico de Gran Canaria, adscrito a la corona española. Otro, el Real Club Victoria adscrito también a la corona británica). Archivo de fotografía histórica de Canarias. Cabildo de Gran Canaria. Fedac

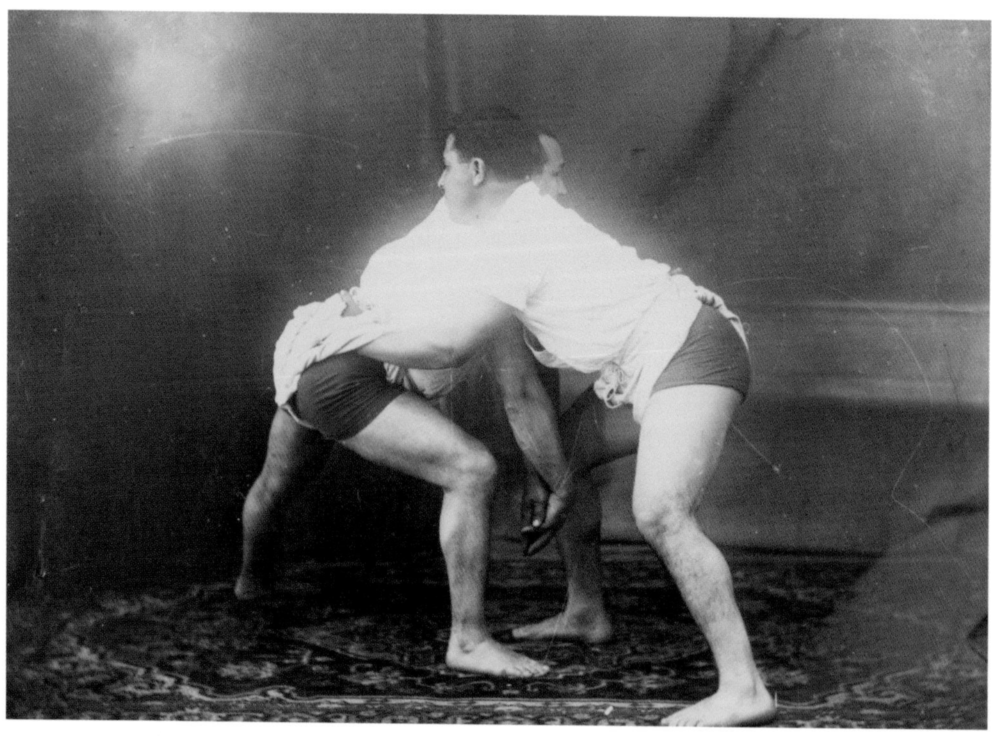

TEODORO MAISCH. Brega de lucha canaria. Gelatina bromuro. 1933. Las Palmas de Gran Canaria. Archivo de fotografía histórica de Canarias. Cabildo de Gran Canaria. Fedac.

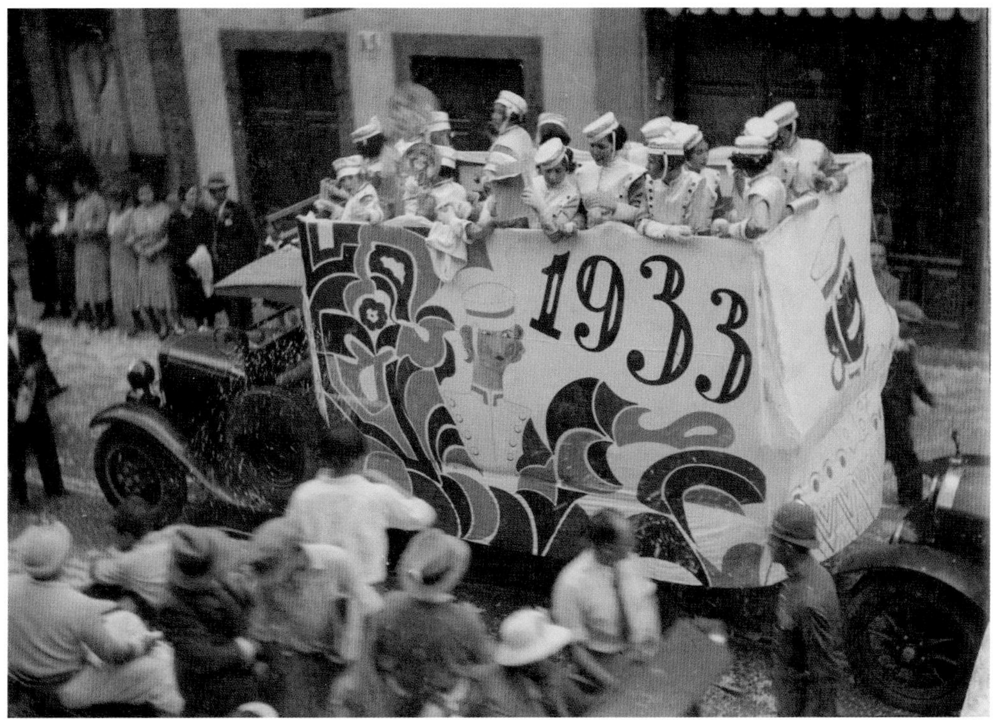

DESCONOCIDO. Carroza de carnavales. Gelatina bromuro. 1933. Las Palmas de Gran Canaria. Archivo de fotografía histórica de Canarias. Cabildo de Gran Canaria. Fedac.

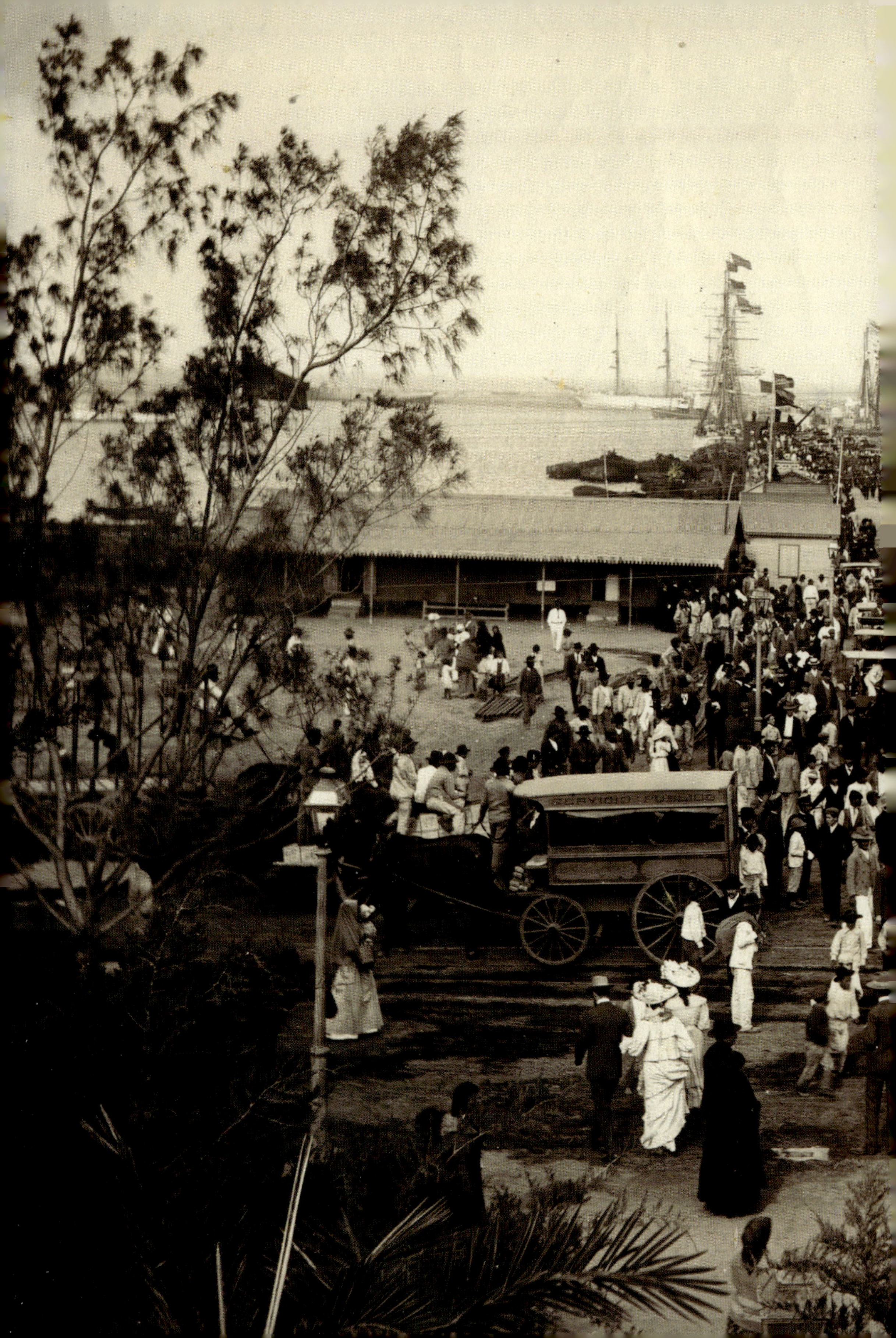
SERVICIO PUBLICO

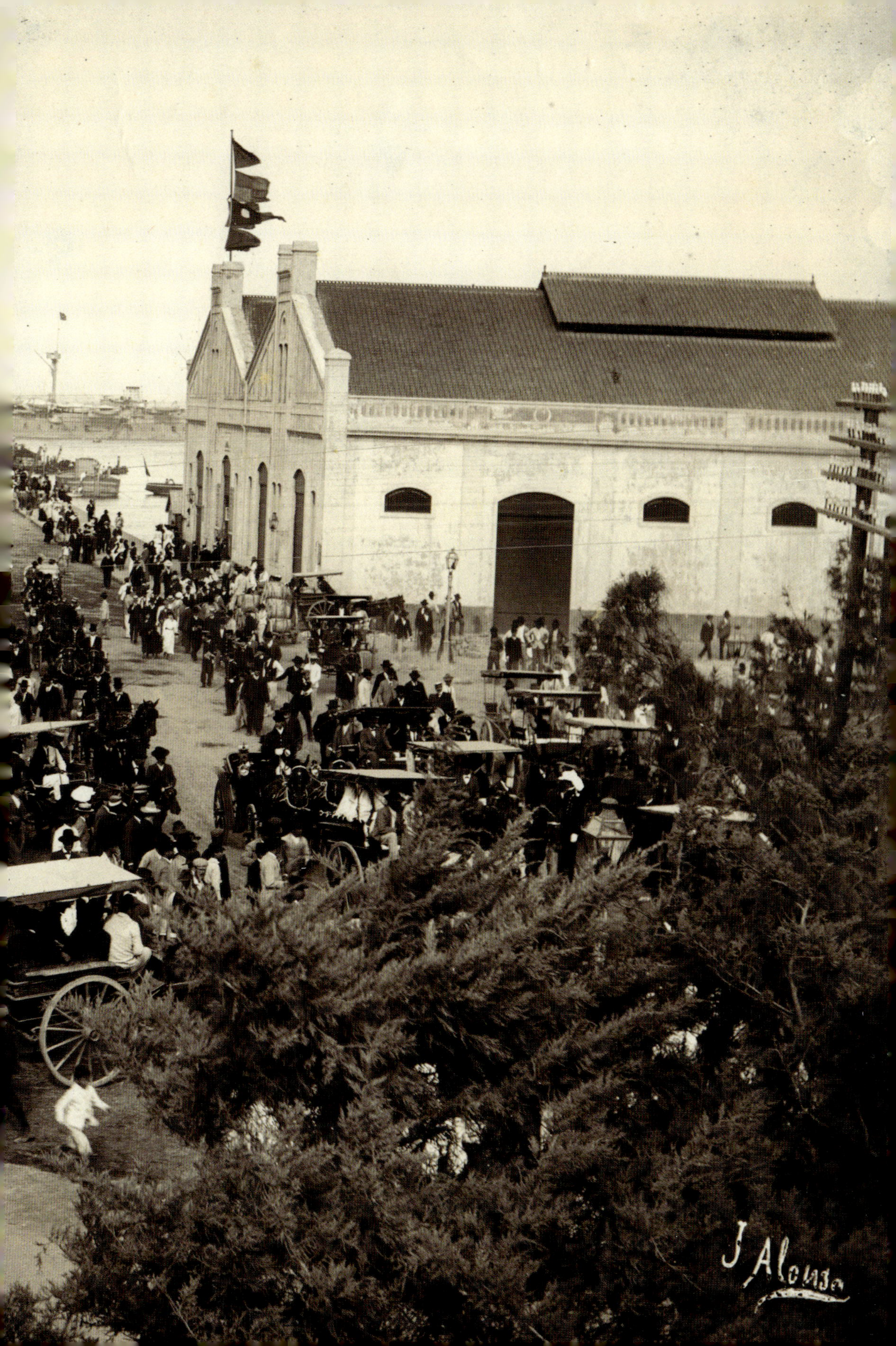
J Alonso

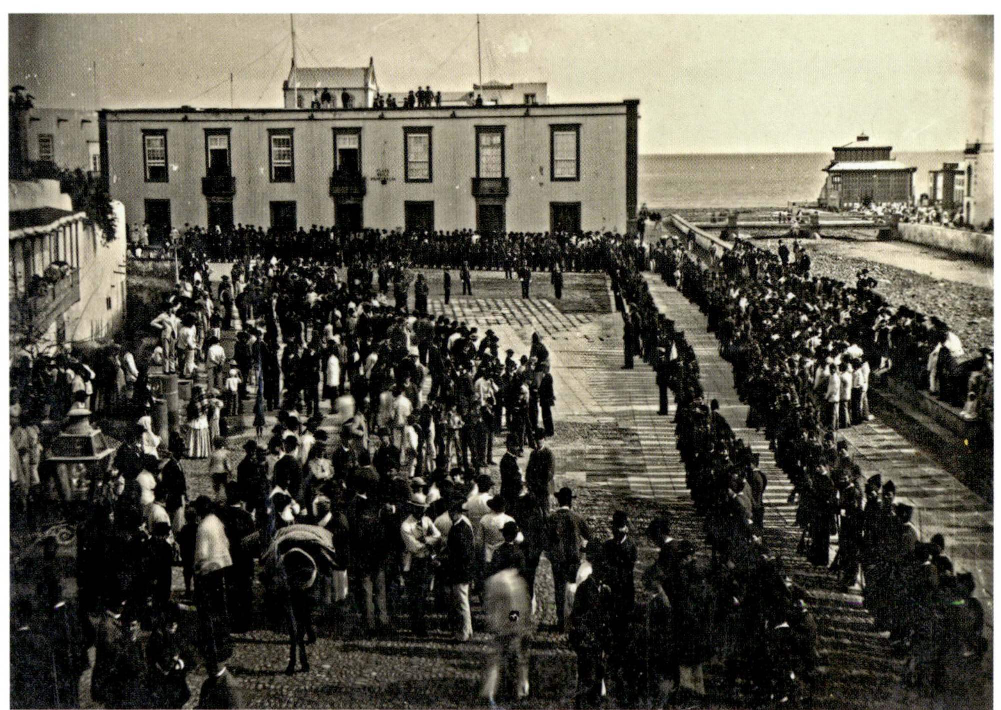

DESCONOCIDO. Concentración de tropas coloniales enviadas por España a Cuba en la actual Plaza de las Ranas, por aquel entonces llamada Plaza de la Democracia. Gelatina bromuro. *ca.* 1898. Las Palmas de Gran Canaria. Archivo de fotografía histórica de Canarias. Cabildo de Gran Canaria. Fedac.

◂ PÁGINA ANTERIOR

JOSÉ ALONSO GARCÍA. Llegada del ministro Covián al muelle de Santa Catalina. Gelatina bromuro. 1905. Las Palmas de Gran Canaria. Archivo de fotografía histórica de Canarias. Cabildo de Gran Canaria. Fedac.

Era evidente la transformación que había experimentado la isla, en particular Las Palmas de Gran Canaria. El primer tercio del s. XX fue especialmente convulso en el conjunto del Archipiélago y también en Gran Canaria.

El siglo se inició, tras la pérdida de las últimas colonias americanas y asiáticas del imperio español —Cuba y Filipinas—, con las visitas de las casas reales portuguesas y españolas a sus posesiones atlánticas —Azores en 1902 y Canarias en 1906—, marcando territorio frente a los anhelos expansionistas de otras potencias europeas y americanas. Una estrategia reforzada en el caso canario con visitas ministeriales como la de Covián en 1905 y la de Galo Ponte en 1927, las de las infantas reales en 1910 y la del presidente del gobierno Primo de Rivera, en 1928. En este caso, el general español, que venía predicando su política de autarquía económica, mostró su enfado a las autoridades insulares al constatar que era recibido con banderas británicas y pancartas en inglés. El presidente de la Cámara de Comercio de Las Palmas, Antonio Cuyás, zanjó el asunto haciéndole saber que «*no se extrañe su excelencia porque estas islas se han construido libra esterlina sobre libra esterlina. Sin la inversión británica estas islas serían siete corrales de cabras*».[23]

Mientras las diversas fracciones de la burguesía canaria dirimían sus contradicciones en el llamado 'pleito insular', que tuvo como resultado la Ley de cabildos de 1912 y la división provincial de 1927, el capitalismo español trataba de contener la preeminencia de la presencia británica en Canarias potenciando alianzas con el capitalismo centroeuropeo. La competencia entre las diversas potencias capitalistas europeas llevó a la 1ª y 2ª Guerras Mundiales en un contexto en el que Canarias constituyó un escenario peculiar de dicho enfrentamiento; justo cuando la agudización de las crisis sociales en el Estado español impulsó al capitalismo hispano a apoyar el golpe de estado de 1936 contra la 2ª República, hecho que marcó el inicio de la Guerra Civil y que se saldó con la instauración de la dictadura fascista.

El análisis de los fondos y colecciones fotográficas de este periodo conservadas en archivos y museos insulares evidencia la presencia de un nuevo sujeto social: los trabajadores. Desde el cambio de siglo, su presencia era cada vez más persistente y notoria, constituyendo una auténtica tendencia. En particular de aparceras y jornaleros, trabajadoras y trabajadores asalariados que desempeñaban sus funciones concentrados en las fincas destinadas a la producción y exportación de tomates y plátanos, en fábricas de tabaco y otros talleres industriales vinculados al negocio de la exportación frutera y al Puerto de La Luz, en la construcción de obras públicas y especialmente en la estiba de los buques que recalaron en el puerto capitalino. Había nacido la clase obrera canaria.

23. RUBIO ROSALES, Jaime (2019): "El cabreo de Primo de Rivera en Canarias" en *ABC*: 25.08.19. Disponible en https://bit.ly/332OxWo. Consulta de 20 de enero de 2020.

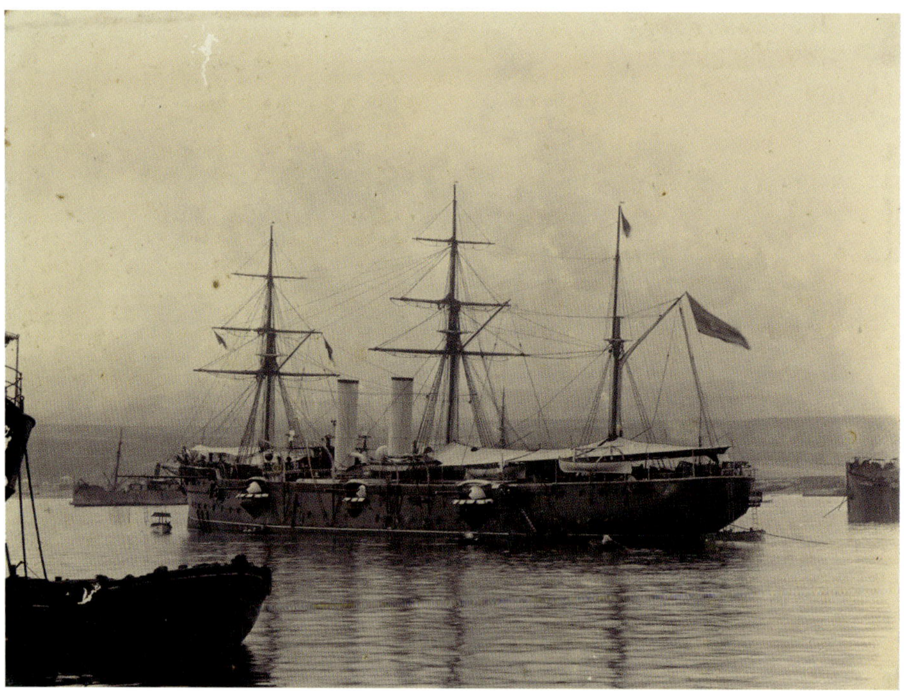

LUIS OJEDA PÉREZ. Buque de la armada española fondeado en La Luz en la visita de Alfonso XIII. 1906. Las Palmas de Gran Canaria. Archivo de fotografía histórica de Canarias. Cabildo de Gran Canaria. Fedac.

Al principio, los obreros fueron pocos y en la estructura de la población activa grancanaria de esas décadas apenas alcanzarían el 30%, pero iban a condicionar toda la vida política y social de la época. Pronto comprendieron, principalmente en los muelles y talleres de las principales consignatarias que despachaban en el Puerto de La Luz, que sus intereses eran contrapuestos a los de las diversas facciones de la burguesía insular y sus asociados de capital británico, alemán y español. En 1901, los gremios de cargadores portuarios, mamposteros, herreros y plateros, tabaqueros, marineros-costeros, mecánicos, panaderos, labrantes y hasta albañiles de Tenoya formaron la Asociación Gremial de Obreros de Gran Canaria. Ese mismo año se desarrolló la primera huelga contra las consignatarias y se realizó la primera marcha obrera por el 1° de mayo en la isla.[24]

La toma de conciencia del movimiento obrero en la isla fue adoptando diversas formas organizativas hasta llegar a la formación de sindicatos modernos. Al tiempo articularon sus propios discursos políticos; primero mediante el Partido Republicano Federal de Franchy y Roca, luego con el Partido Socialista y finalmente, en los años 30, a través del germen del Partido Comunista de Canarias en

24. SUÁREZ BOSA, Miguel (1990): "El movimiento obrero en las Canarias orientales. (1930-1936)", en *Cuadernos canarios de ciencias sociales*, CIES, La Caja de Canarias, Las Palmas de Gran Canaria.

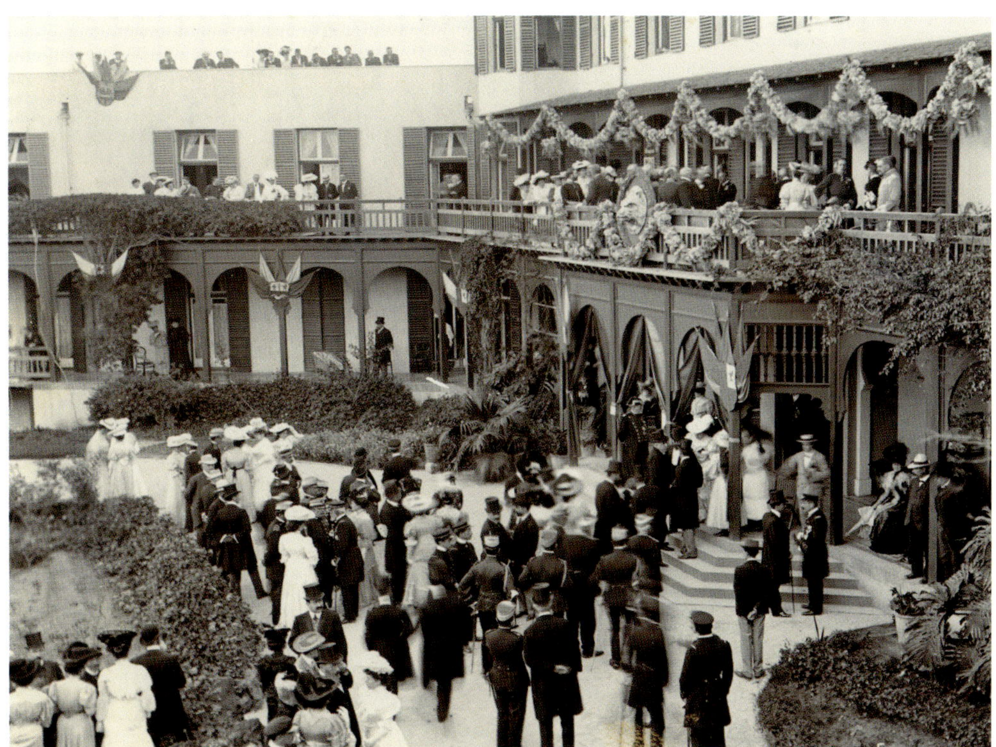

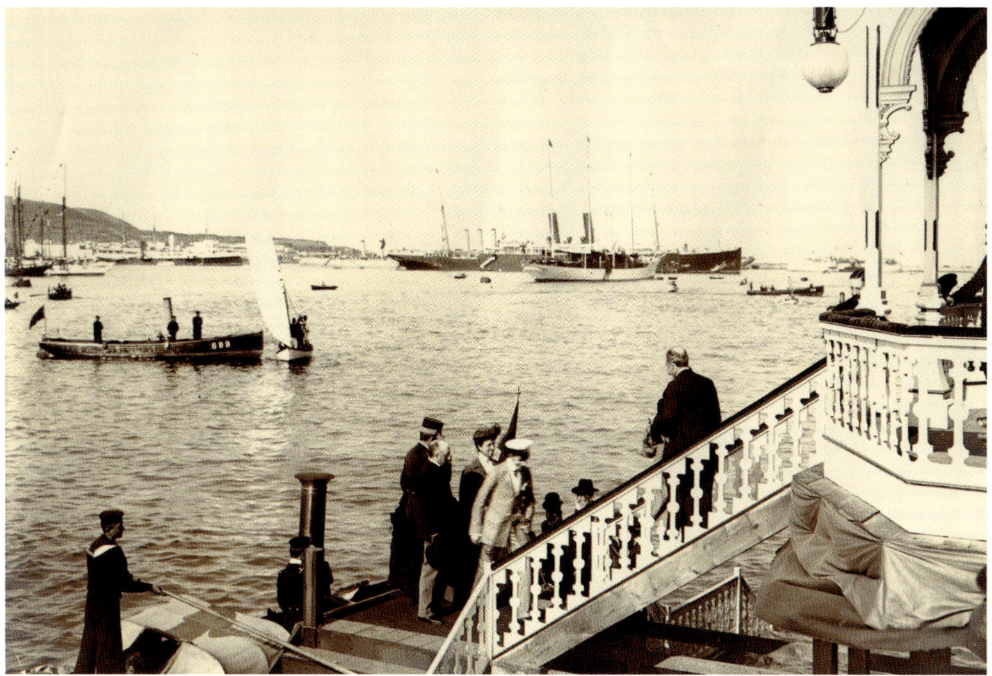

Imagen superior: CHARLES E. MEDRINGTON. Recepción a Alfonso XIII en el hotel Santa Catalina. Gelatina bromuro. 1906. Imagen inferior: JORDAO DA LUZ PERESTRELLO. Alfonso XIII desembarca en la marquesina del muelle Santa Catalina. Gelatina bromuro. 1906. Las Palmas de Gran Canaria. Archivo de fotografía histórica de Canarias. Cabildo de Gran Canaria. Fedac.

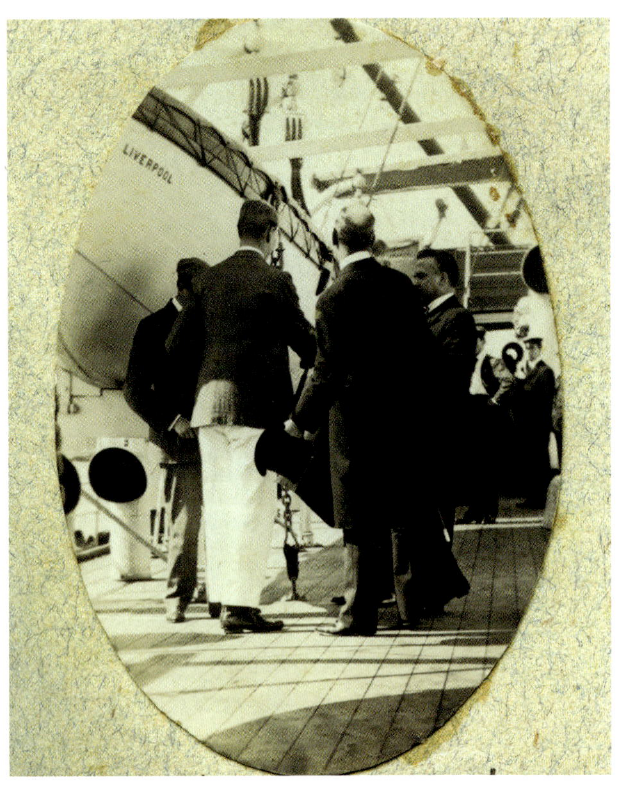

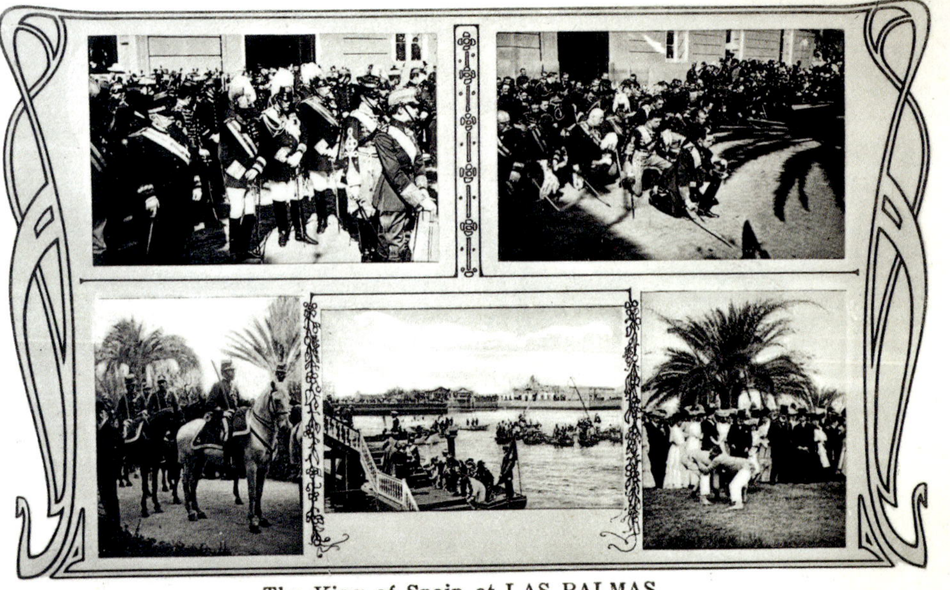

Imagen superior: CHARLES E. MEDRINGTON. El cónsul británico presenta a Hurtado de Mendoza, alcalde capitalino, ante el Infante Fernando. Gelatina bromuro. 1906. Imagen inferior: DESCONOCIDO. Tarjeta postal británica conmemorando la visita del Rey de España. Las Palmas de Gran Canaria. Archivo de fotografía histórica de Canarias. Cabildo de Gran Canaria. Fedac.

La Palma, con la publicación del periódico *Espartaco*, portavoz de la Federación de Trabajadores de La Palma.[25]

El puertofranquismo, desarrollado desde 1852, implementó una economía agroexportadora con el predominio de una exportación agrícola especulativa y el incremento de un sector comercial dependiente. Entre 1905 y 1930 la exportación de plátanos y tomates ascendió un 524% y 830% hasta alcanzar respectivamente las 226.298 y 105.772 toneladas al año.

El problema vino cuando en la década de los 30 el precio de las materias primas se desplomó como consecuencia de la crisis global iniciada con el *Crack* del 29. El precio del plátano en los mercados europeos cayó desde las 0.50 pesetas/kilo de 1929 a las 0.276 pesetas/kilo en 1935. La repercusión socioeconómica en la isla fue inmediata, entre 1930 y 1936 el índice de huelgas laborales se incrementa en cerca del 80%.[26]

En 1933, en medio de la crisis política, social y económica que recorre el Archipiélago, Guillermo Ascanio[27] sintetiza el conocimiento sobre la naturaleza de la sociedad canaria de parte del movimiento obrero canario en una serie de artículos publicados en Espartaco: «*Este es el planteamiento real de la situación canaria, con toda su vida económica en las manos de unos cuantos capitalistas, en su mayoría trust extranjeros al estilo de Fyffes, convertida en una semi colonia que explotan estos elementos al amparo de los poncios que nos envían de Madrid para gobernar a los pacíficos isleños./... Por eso todos los obreros canarios, ya sean anarquistas, comunistas o socialistas, tienen que tener en cuenta esa experiencia y dirigir su lucha decididamente contra la gran burguesía y contra los órganos del Estado español, conjuntamente*», lo que implica el «*Derecho de Canarias a la autodeterminación hasta la constitución de un estado independiente*».[28] Este constituyó un clímax en el conocimiento del movimiento obrero canario acerca de la naturaleza de la sociedad en que se desenvolvía.

---

25. *Espartaco* fue un semanario portavoz de la Federación de Trabajadores de La Palma que se editó entre 1931 y 1936. Su fundador fue un maestro, José Miguel Pérez, emigrado a Cuba y que en 1926 fue cofundador del Partido Comunista de Cuba, siendo elegido su primer Secretario General. La dictadura de Machado lo expulsó de Cuba y a su regreso a Canarias funda la Federación de trabajadores de La Palma en 1929 y el Partido Comunista de Canarias, del que será el primer Secretario General en La Palma, junto al comunista gomero Guillermo Ascanio.
26. SUÁREZ BOSA, Miguel: (1995): *Economía, sociedad y relaciones laborales en Canarias*, Universidad de Las Palmas de Gran Canaria, Las Palmas de Gran Canaria.
27. Guillermo Ascanio nació en La Gomera y se formó en Alemania como Ingeniero Industrial. A su regreso a Canarias dirigió el Partido Comunista junto a José Miguel Pérez. En la guerra de España defendió la República, siendo comandante del "Batallón Canarias" del Quinto Regimiento. Defendió Madrid hasta el último momento. Fue fusilado en 1941.
28. ASCANIO TOGORES, Guillermo (1933): "La crisis económica y el proletariado canario", en *Espartaco*, La Palma, 1933. Hemeroteca del Museo Canario.

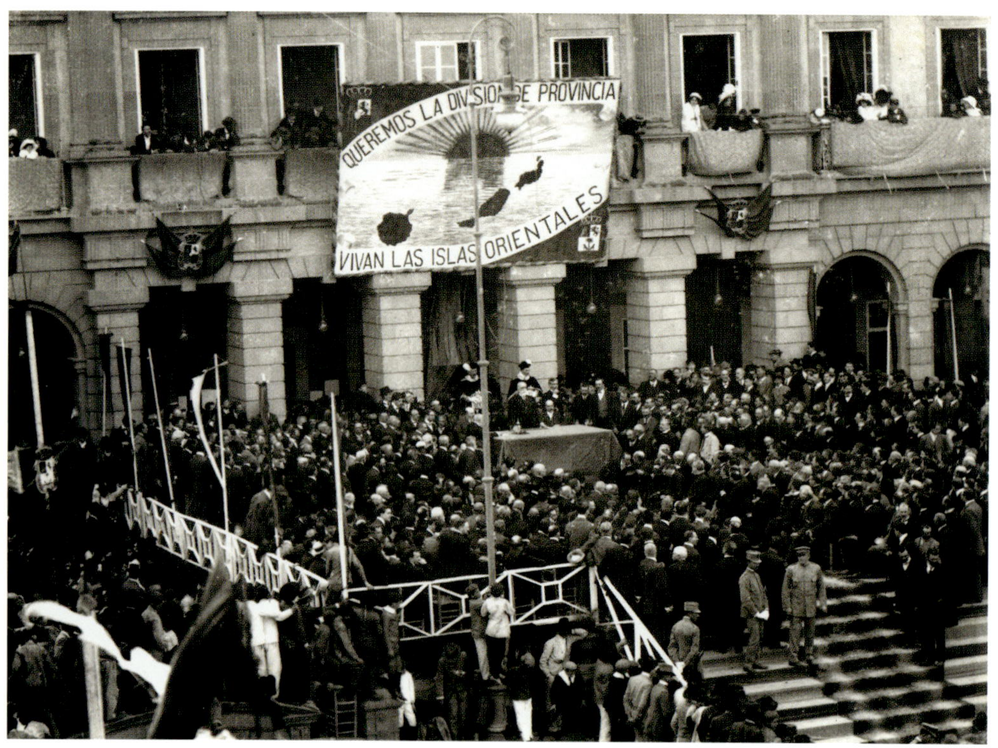

JOSÉ ALONSO GARCÍA. Acto pro división provincial en el Ayuntamiento de Las Palmas de Gran Canaria. Gelatina bromuro. 1911. Las Palmas de Gran Canaria. Archivo de fotografía histórica de Canarias. Cabildo de Gran Canaria. Fedac.

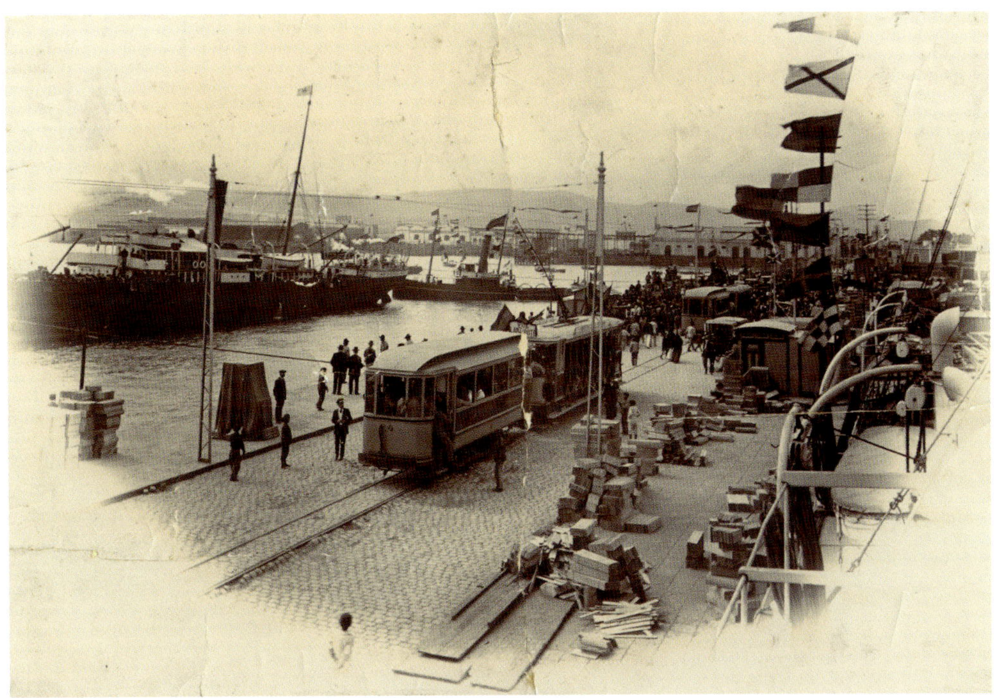

JOSÉ ALONSO GARCÍA. Llegada al muelle de Santa Catalina de la delegación de las Canarias orientales que fue a España buscando la división provincial y regresó con la que sería Ley de Cabildos de 1912. Gelatina bromuro. 1911. Las Palmas de Gran Canaria. Archivo de fotografía histórica de Canarias. Cabildo de Gran Canaria. Fedac.

PÁGINA SIGUIENTE ▸

TEODORO MAISCH. Visita del ministro Galo Ponte a La Aldea. Gelatina bromuro. 1927. La Aldea. Archivo de fotografía histórica de Canarias. Cabildo de Gran Canaria. Fedac.

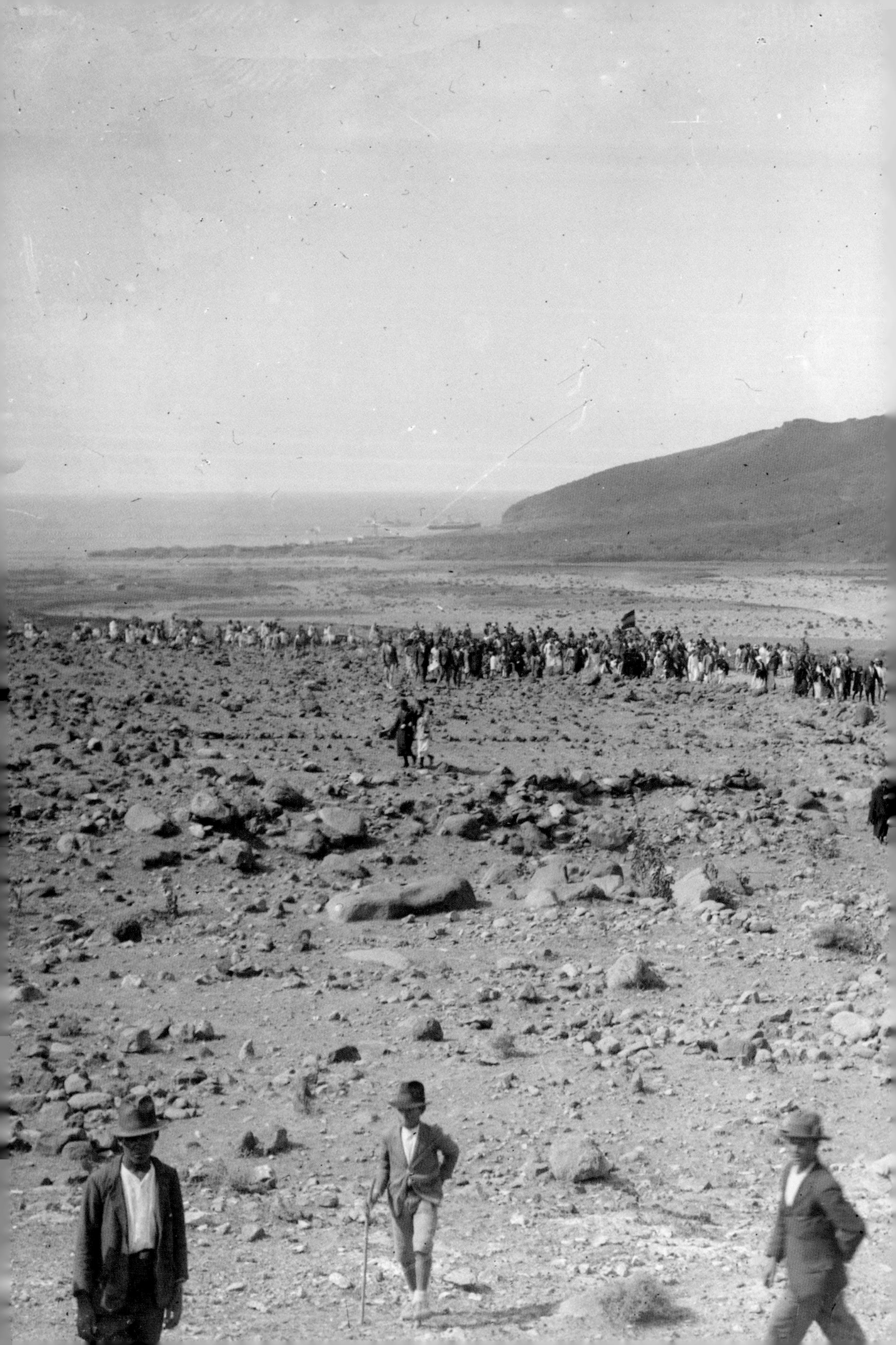

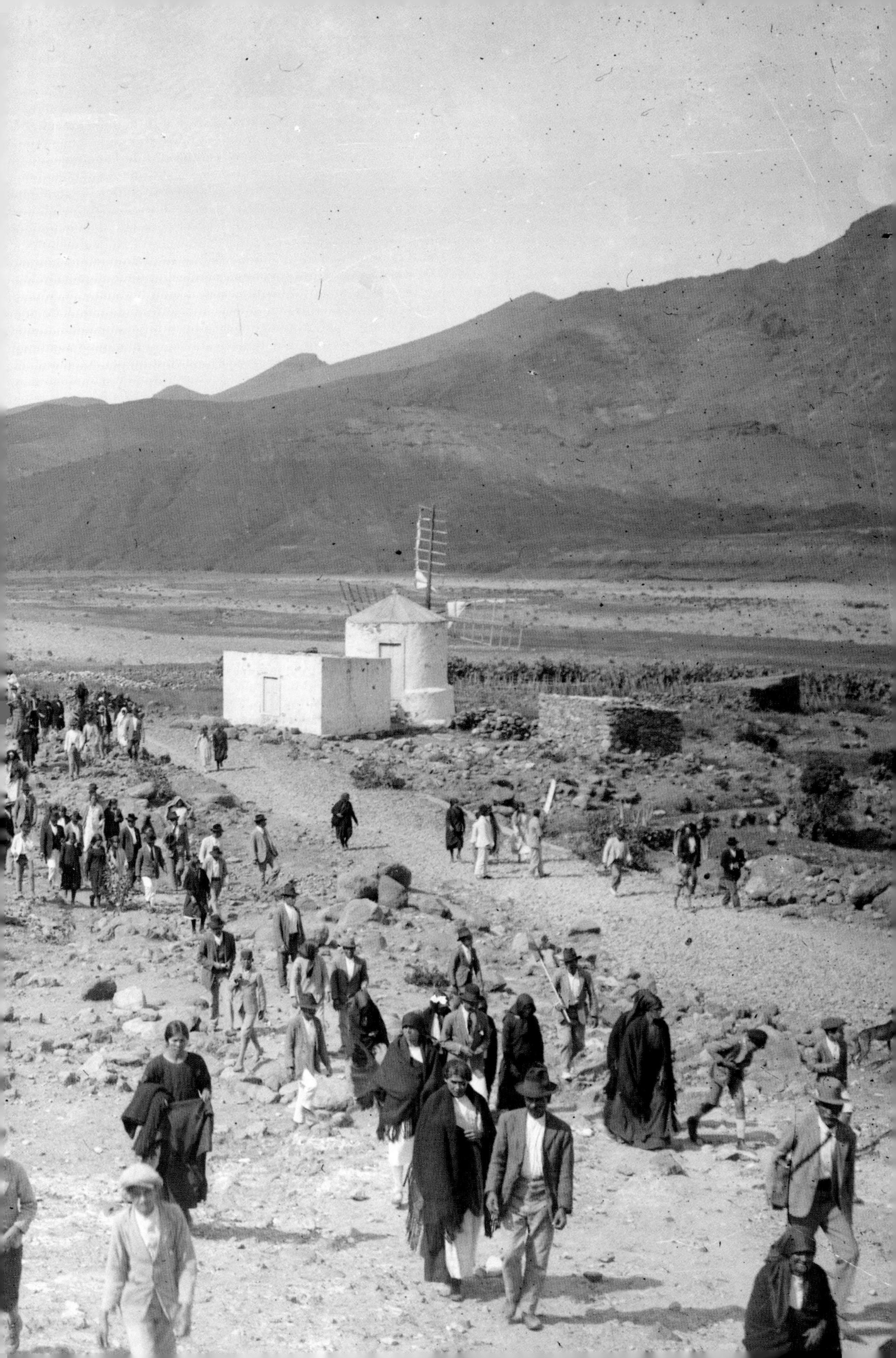

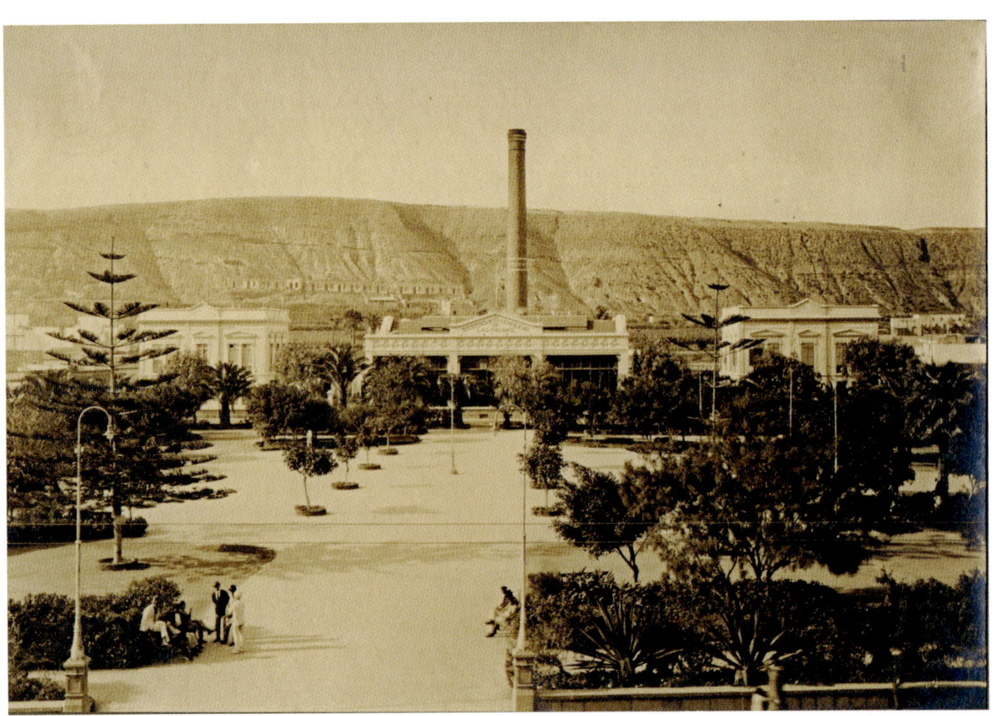

TEODORO MAISCH. Sociedad eléctrica de Las Palmas, empresa de capital belga que, junto a la británica *City of Las Palmas Water and Power Co. Ltd.*, controlaba el suministro eléctrico en Gran Canaria hasta ser desplazadas por la CICER el 1928. Gelatina bromuro. ca. 1926. Las Palmas de Gran Canaria. Archivo de fotografía histórica de Canarias. Cabildo de Gran Canaria. Fedac.

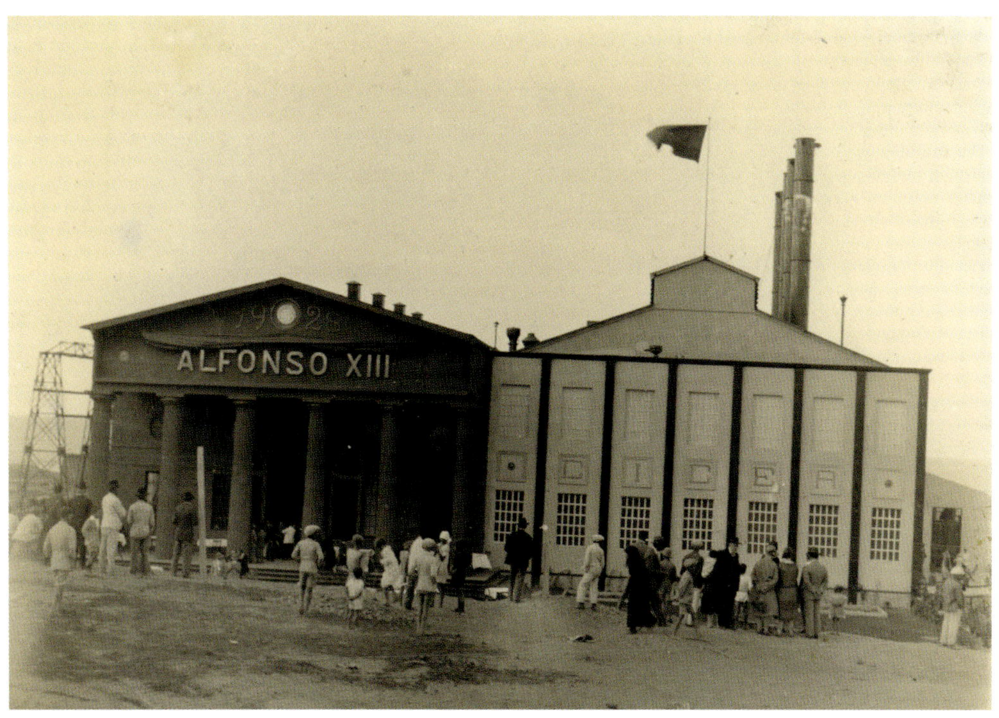

DESCONOCIDO. Compañía Insular Colonial de Electricidad y Riegos. C.IC.E.R. Inaugurada por Primo de Rivera en 1928. Gelatina bromuro. 1928. Las Palmas de Gran Canaria. Archivo de fotografía histórica de Canarias. Cabildo de Gran Canaria. Fedac.

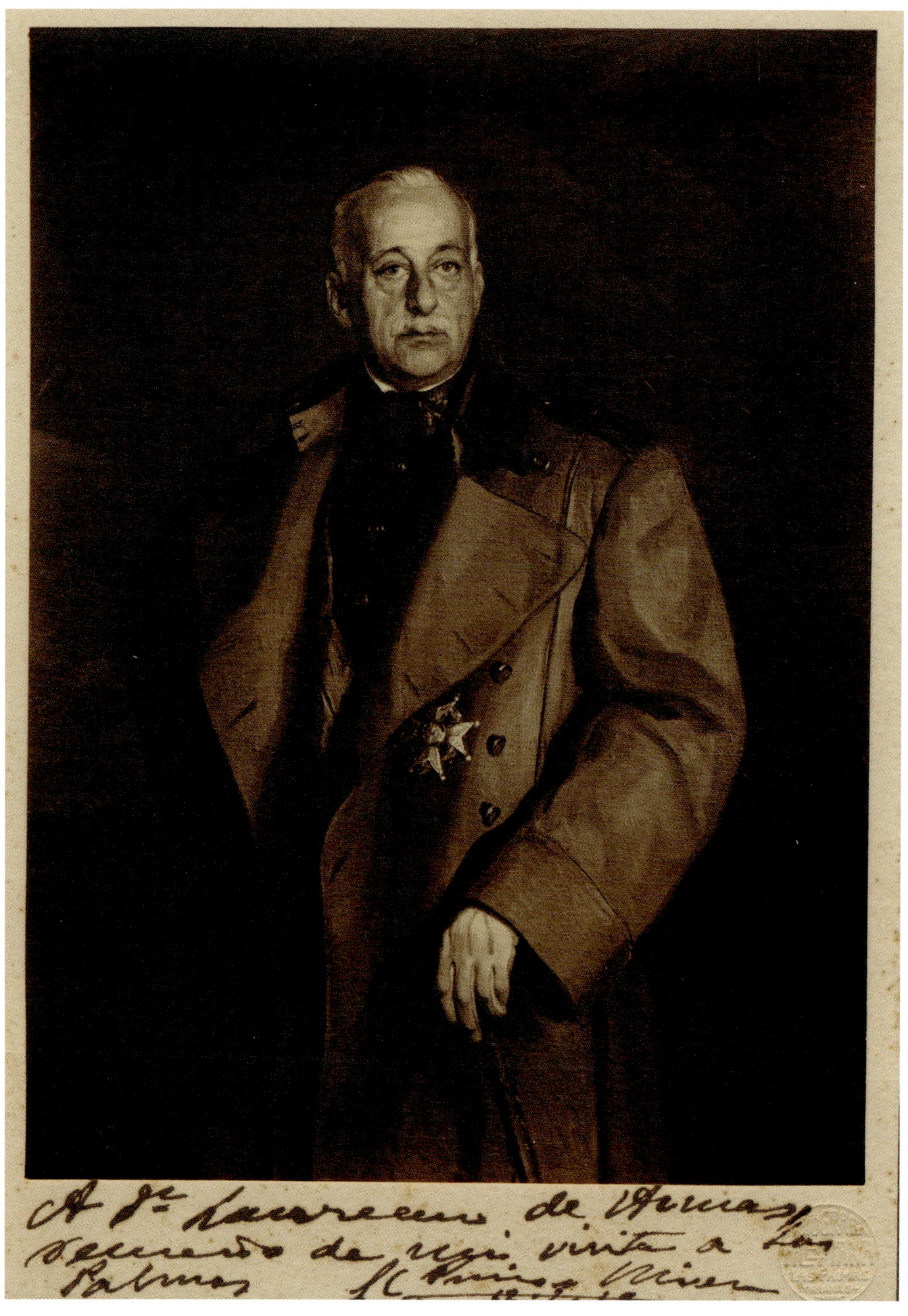

DESCONOCIDO. General Primo de Rivera, retrato dedicado a Laureano de Armas Gouiré. Presidente del Cabildo de Gran Canaria. Gelatina bromuro. 1928. Las Palmas de Gran Canaria. Archivo de fotografía histórica de Canarias. Cabildo de Gran Canaria. Fedac.

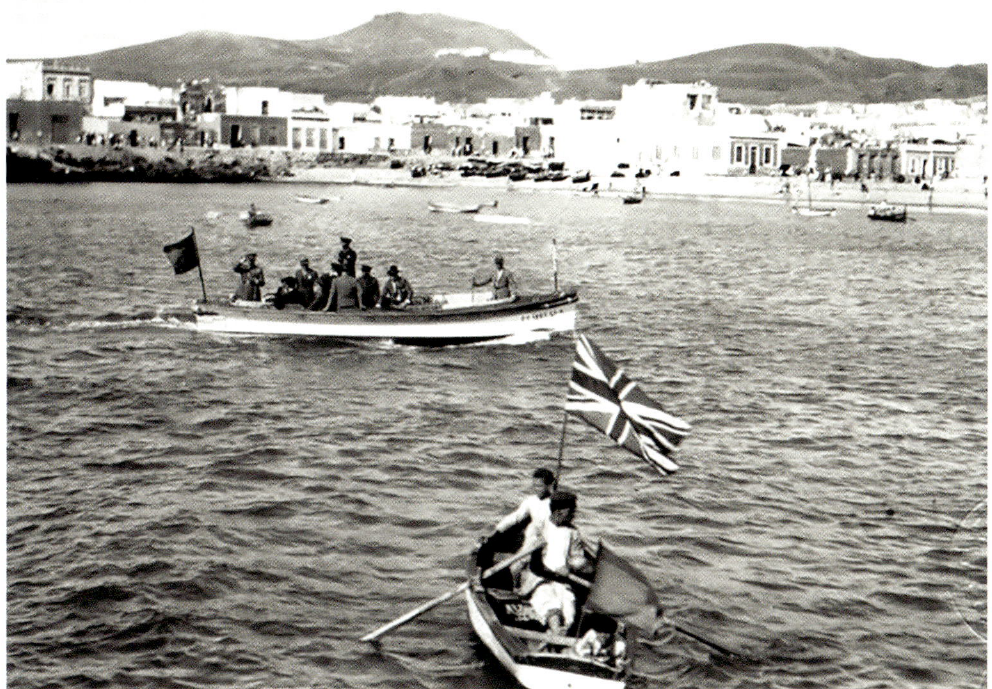

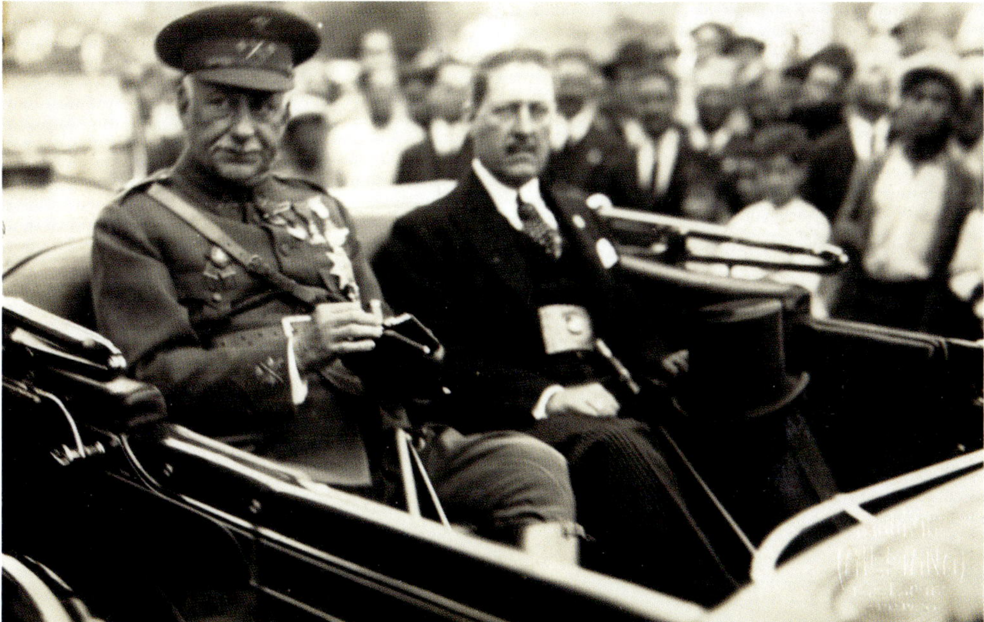

FRIEDRICH KURT HERRMANN. Imagen superior, recibimiento a Primo de Rivera en la playa de Las Canteras con banderas británicas. Imagen inferior, recorrido de Primo de Rivera por Las Palmas de Gran Canaria acompañado por Salvador Manrique de Lara y Massieu, alcalde capitalino. Gelatina bromuro. 1928. Las Palmas de Gran Canaria. Colección personal de Juan Medina Sanabria y Archivo de fotografía histórica de Canarias. Cabildo de Gran Canaria. Fedac.

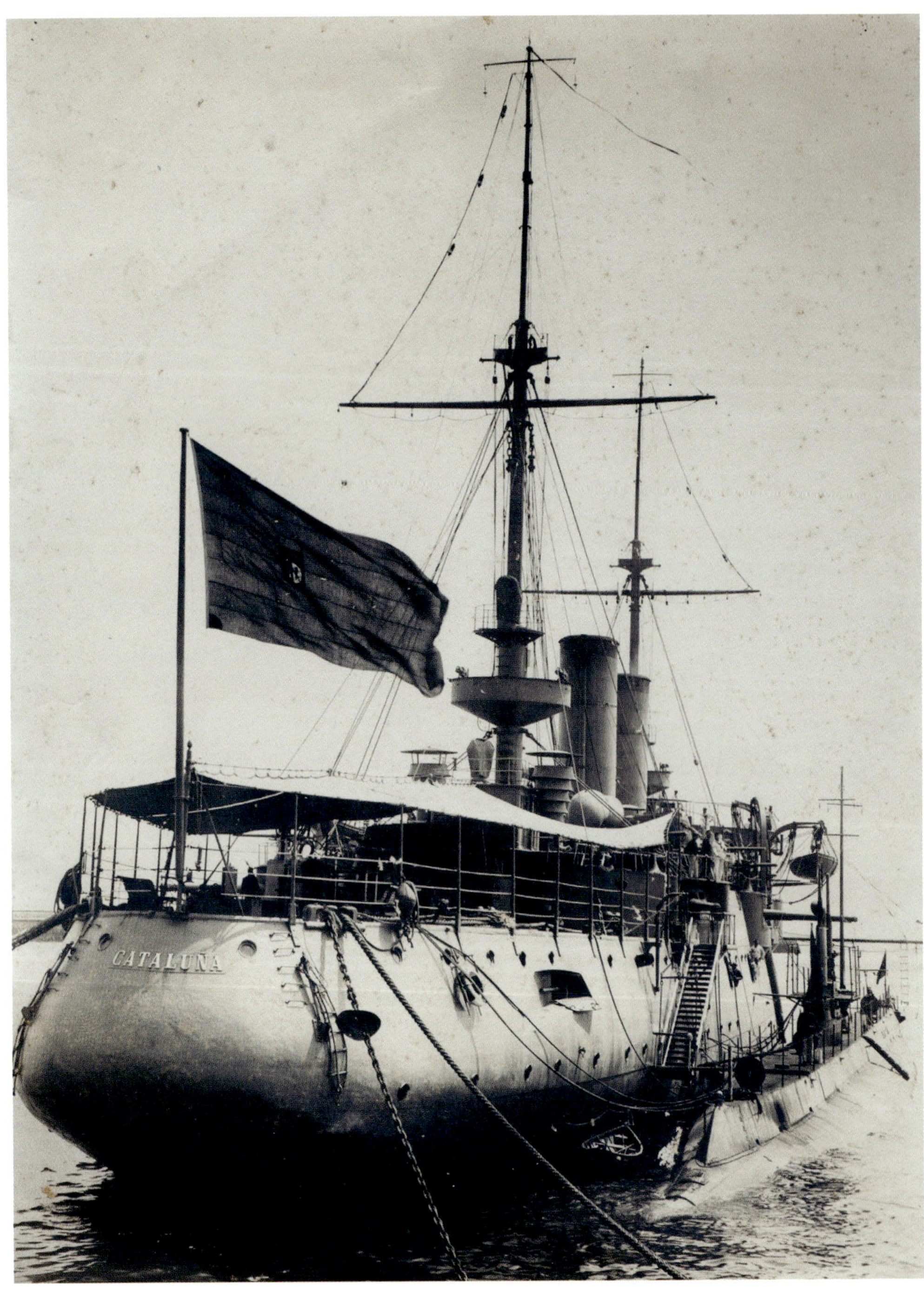

ELEUTERIO LÓPEZ BRAVO. Crucero Cataluña abarloado al submarino Isaac Peral en la bahía de la Luz. Gelatina bromuro 1917. Las Palmas de Gran Canaria. Archivo de fotografía histórica de Canarias. Cabildo de Gran Canaria. Fedac.

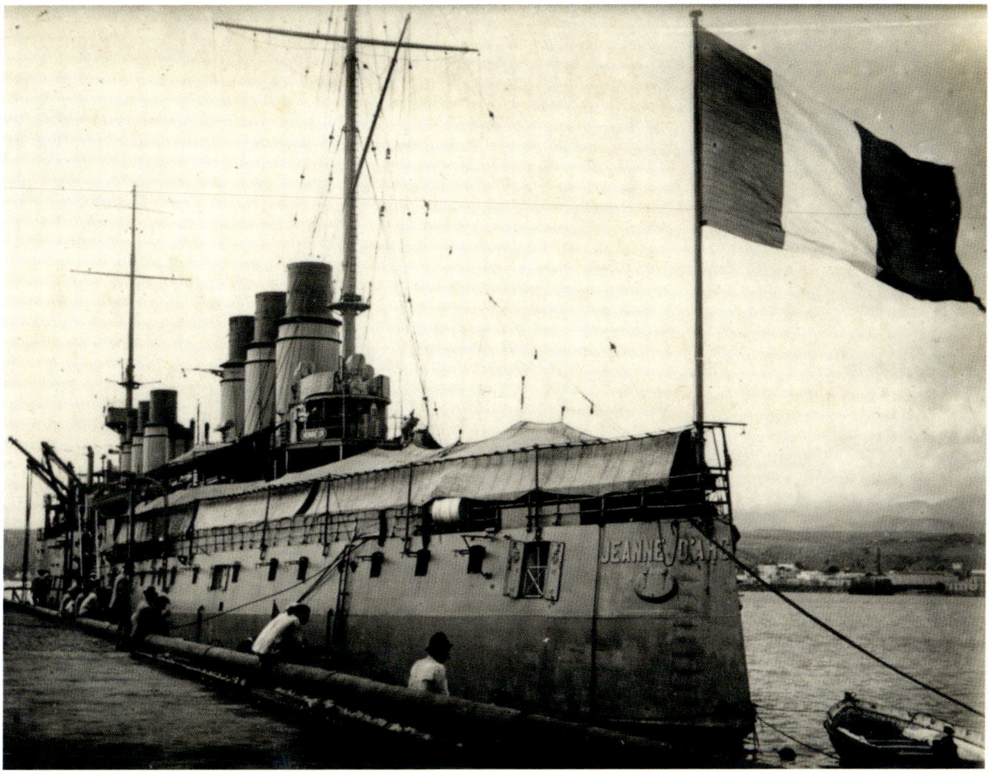

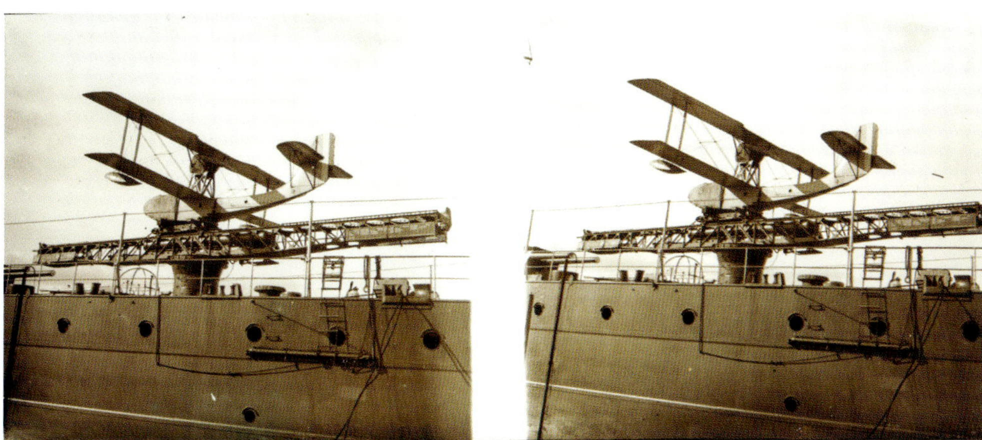

LEOPOLDO PRIETO. Imagen superior del buque escuela francés *Jeanne D'Arc*. Gelatina bromuro. Fotografía inferior de detalle del hidroavión de *El Primauget*, crucero ligero francés. Gelatina bromuro. *ca.* 1927. Las Palmas de Gran Canaria. Archivo de fotografía histórica de Canarias. Cabildo de Gran Canaria. Fedac.

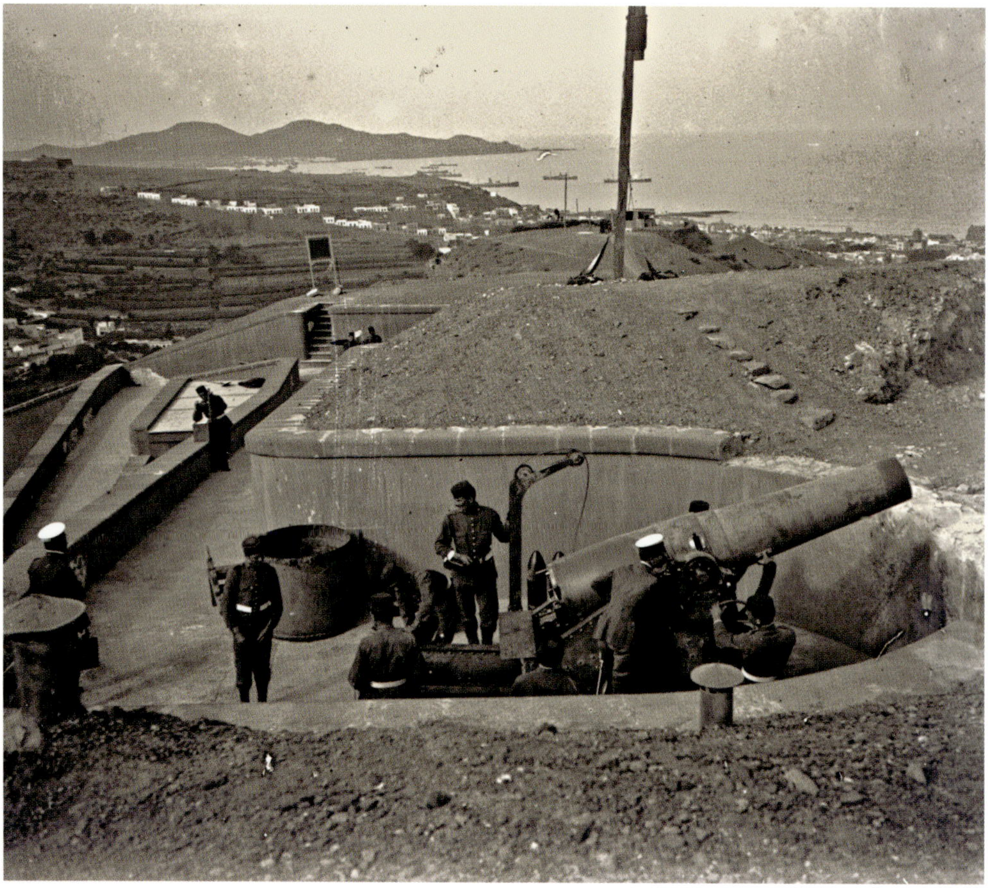

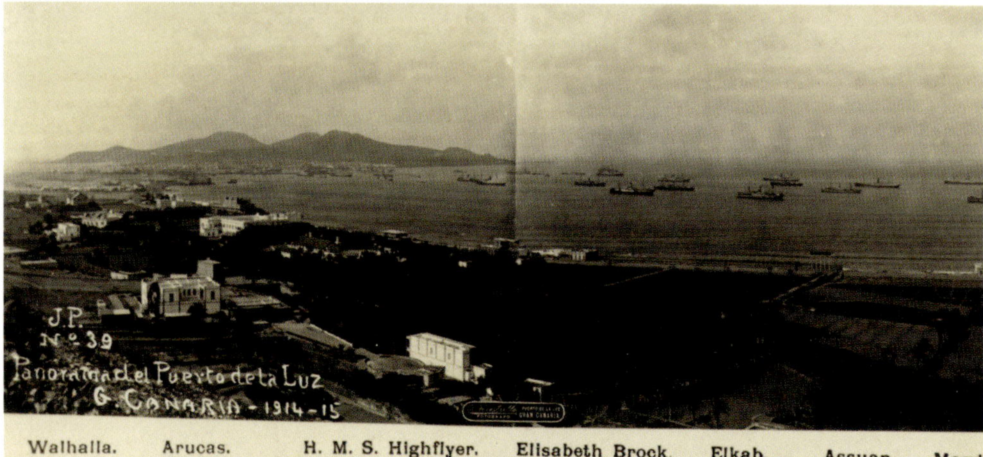

Imagen superior realizada por TOMÁS GÓMEZ BOSCH de la Batería de San Juan. Gelatina bromuro. 1915. Imagen inferior del fotógrafo JORDAO DA LUZ PERESTRELLO. Panorámica de la Bahía de la Luz durante la Primera Guerra Mundial. Tarjeta postal 1915. Las Palmas de Gran Canaria. Archivo de fotografía histórica de Canarias. Cabildo de Gran Canaria. Fedac.

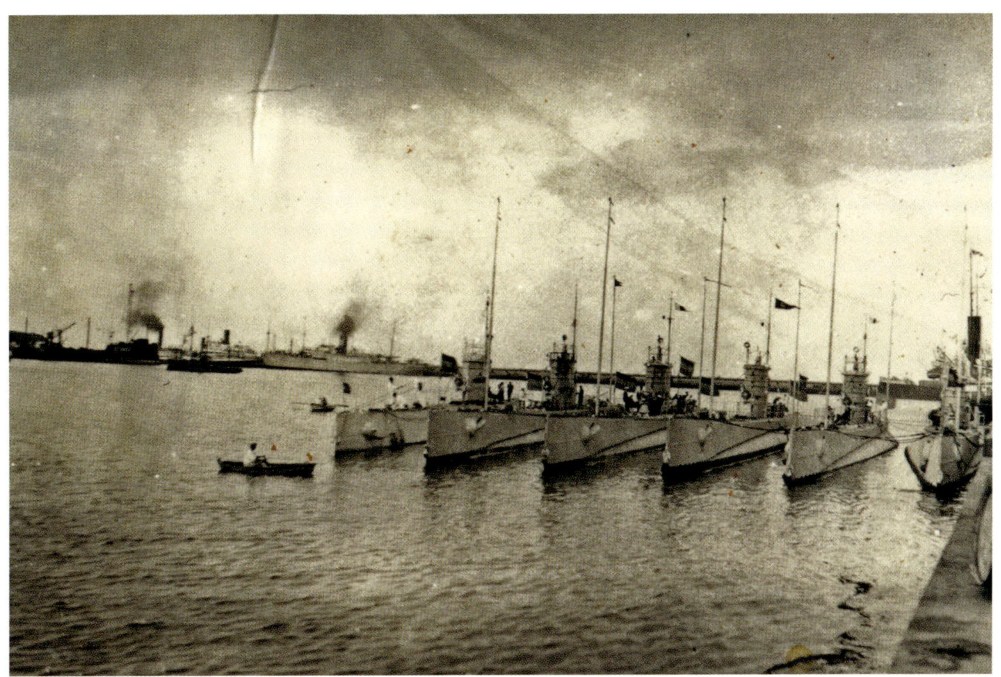

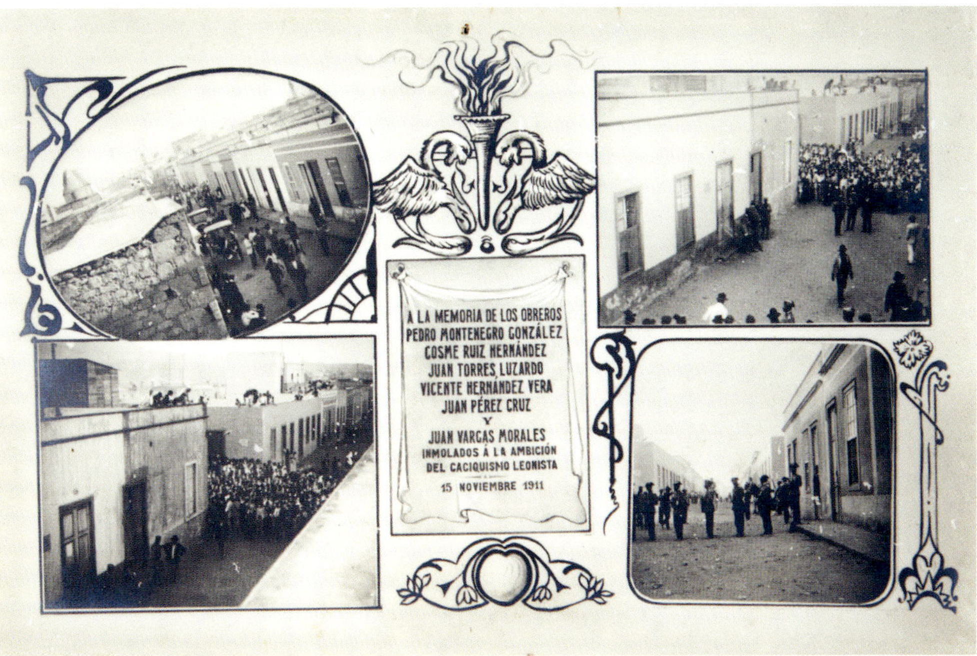

DESCONOCIDO. Imagen superior de la flotilla de submarinos de la 2ª República. Gelatina bromuro. *ca.* 1933. Imagen inferior, tarjeta conmemorativa a seis obreros muertos. El 15 de noviembre de 1911 se repetían las elecciones municipales en el colegio electoral de la calle la Marina en Molino de Viento, por el Puerto se difundió el rumor de que habían detenido a Franchy y Roca. Una concentración de obreros portuarios ante el colegio electoral pedía información, cuando la Guardia Civil, sin previo aviso, los tirotea. Murieron seis estibadores vecinos de La Isleta. Tarjeta postal. 1911. Las Palmas de Gran Canaria. Archivo de fotografía histórica de Canarias. Cabildo de Gran Canaria. Fedac.

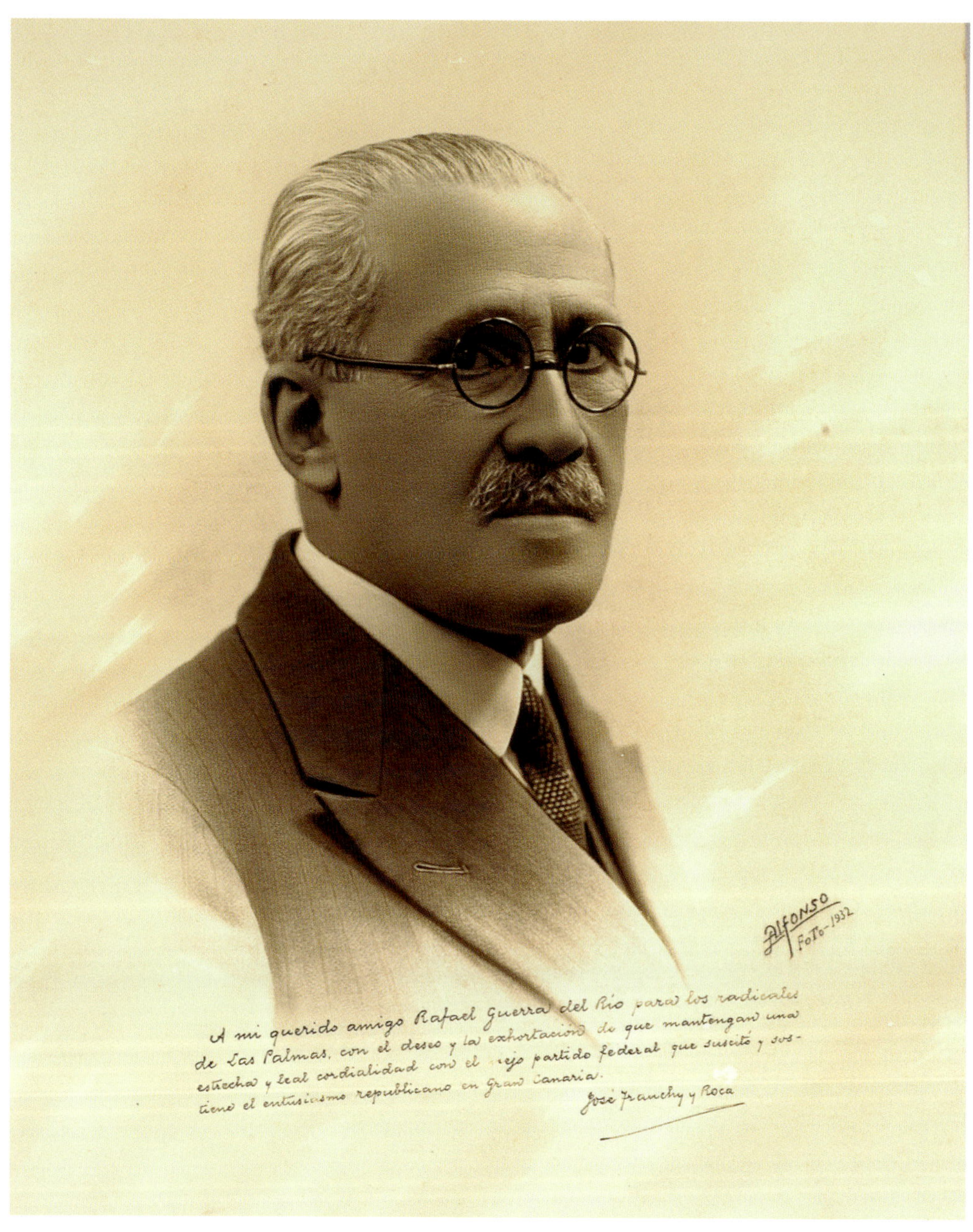

ALFONSO. José Franchy y Roca. Gelatina bromuro. 1932. Madrid. Archivo de fotografía histórica de Canarias. Cabildo de Gran Canaria. Fedac.

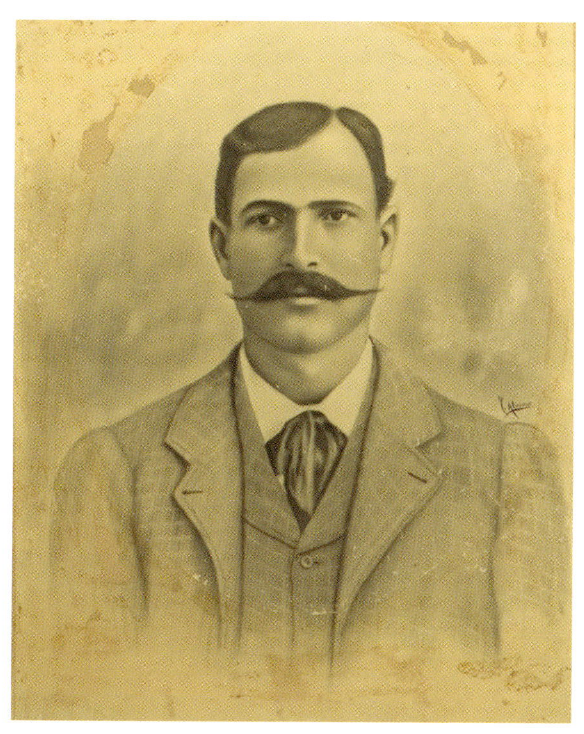

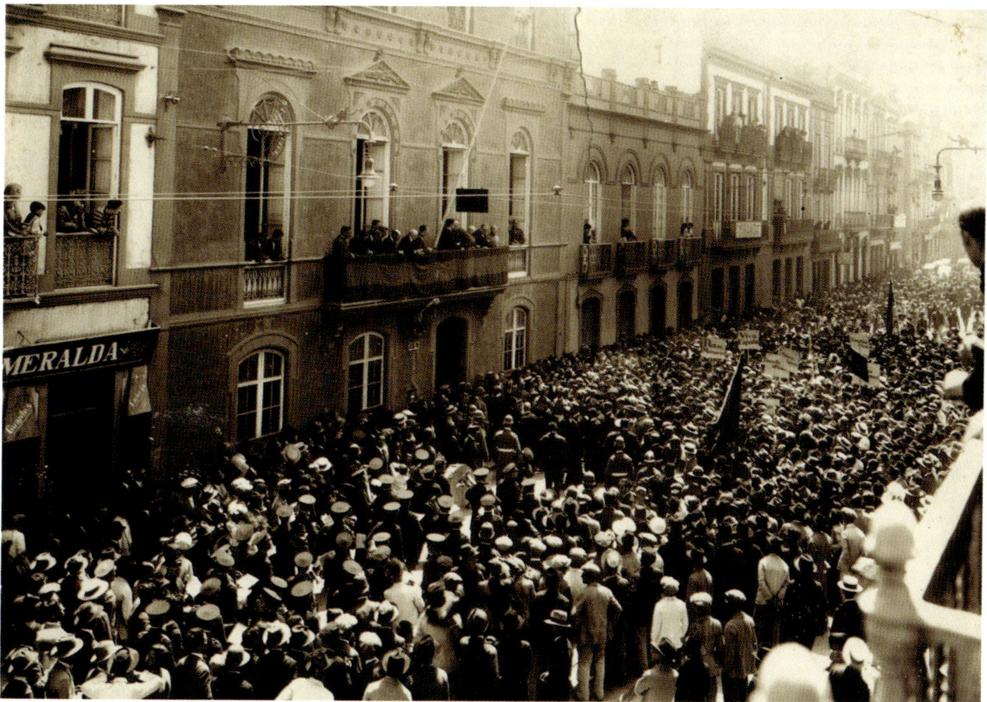

Imagen superior de JOSÉ ALONSO. Retrato de Pedro Montenegro González, obrero de La Isleta tiroteado en 1911. Gelatina bromuro. *ca.* 1910. Fotografía inferior de TEODORO MAISCH. Manifestación contra la guerra de Marruecos ante el Gobierno Civil. Gelatina bromuro. *ca.* 1926. Las Palmas de Gran Canaria. Archivo de fotografía histórica de Canarias. Cabildo de Gran Canaria. Fedac.

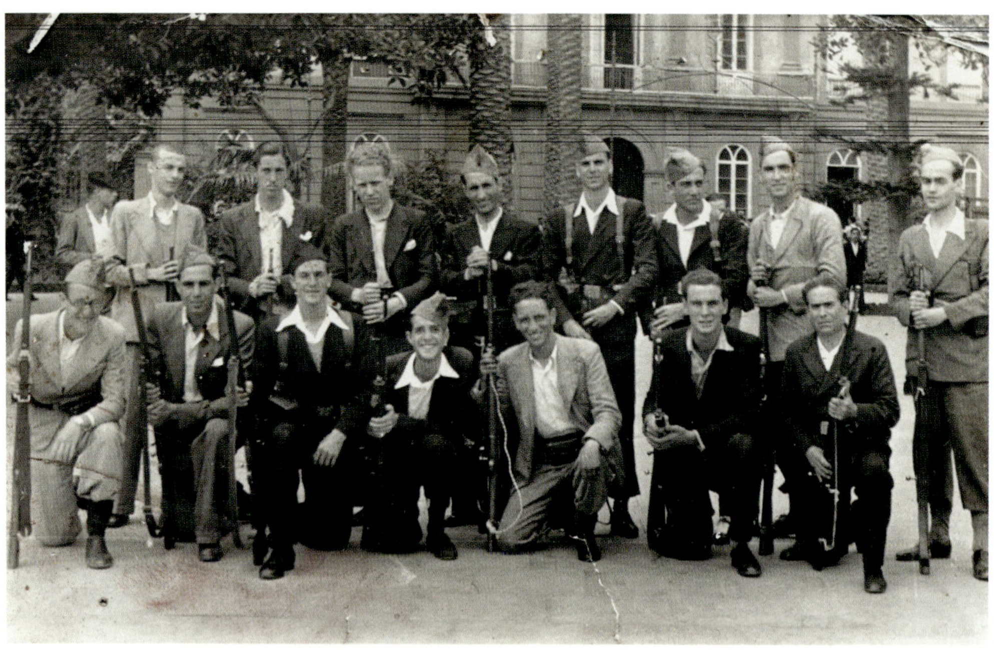

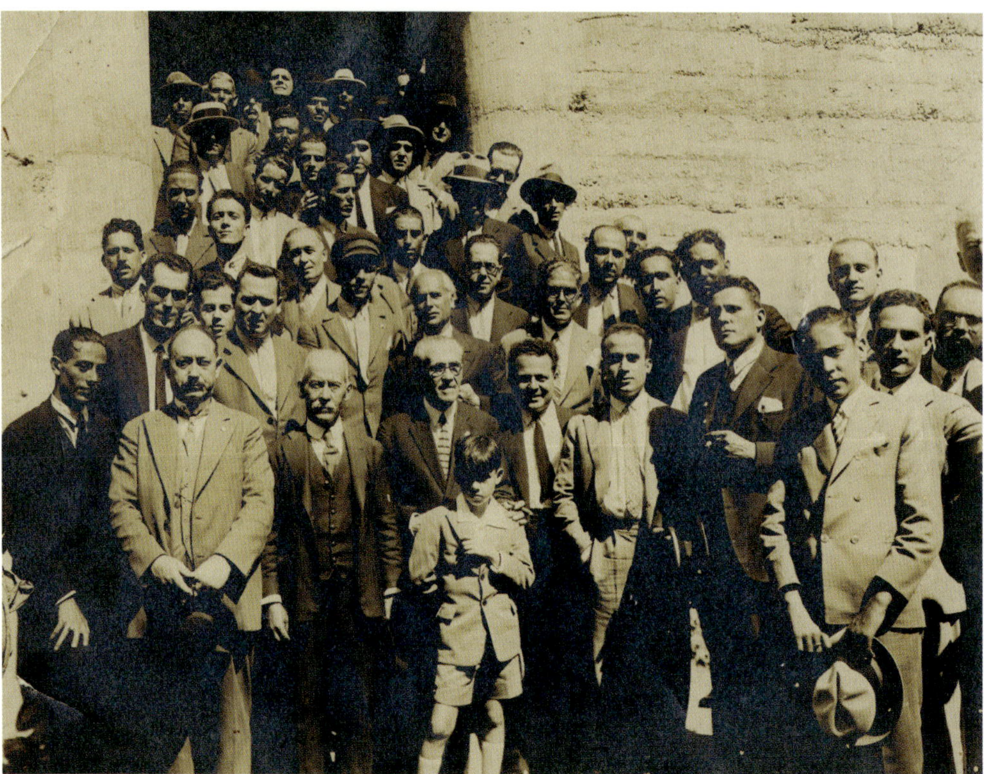

DESCONOCIDO. Imagen superior, civiles armados promueven el golpe de estado el 18 de julio ante el gobierno militar. Gelatina bromuro. 18/07/1936. Las Palmas de Gran Canaria. Archivo Municipal de Arucas. Fotografía inferior, reunión del Partido Republicano Federal. Gelatina bromuro. *ca.* 1933. Las Palmas de Gran Canaria. Archivo de fotografía histórica de Canarias. Cabildo de Gran Canaria. Fedac.

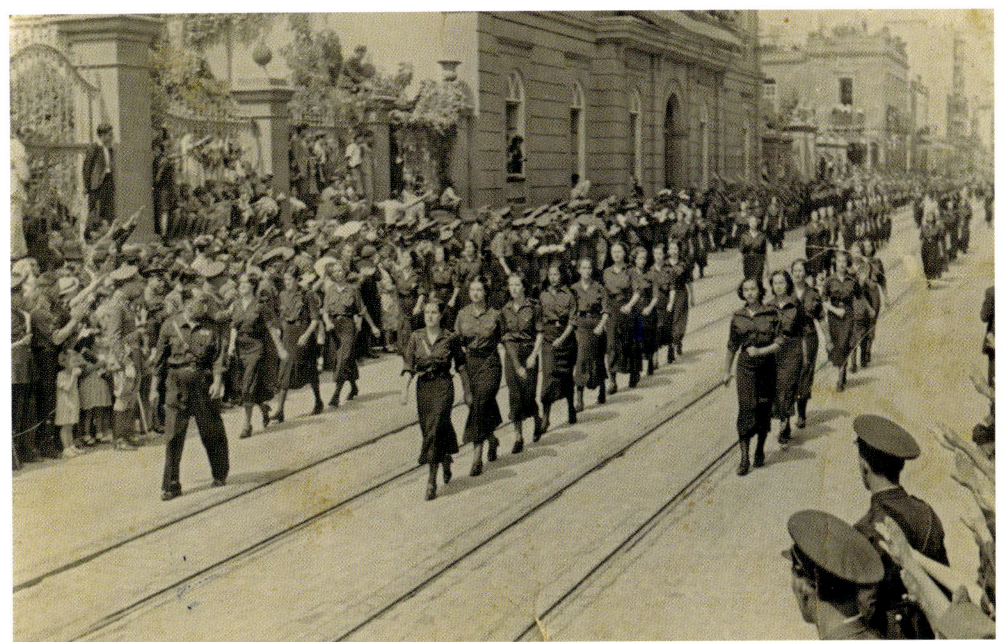

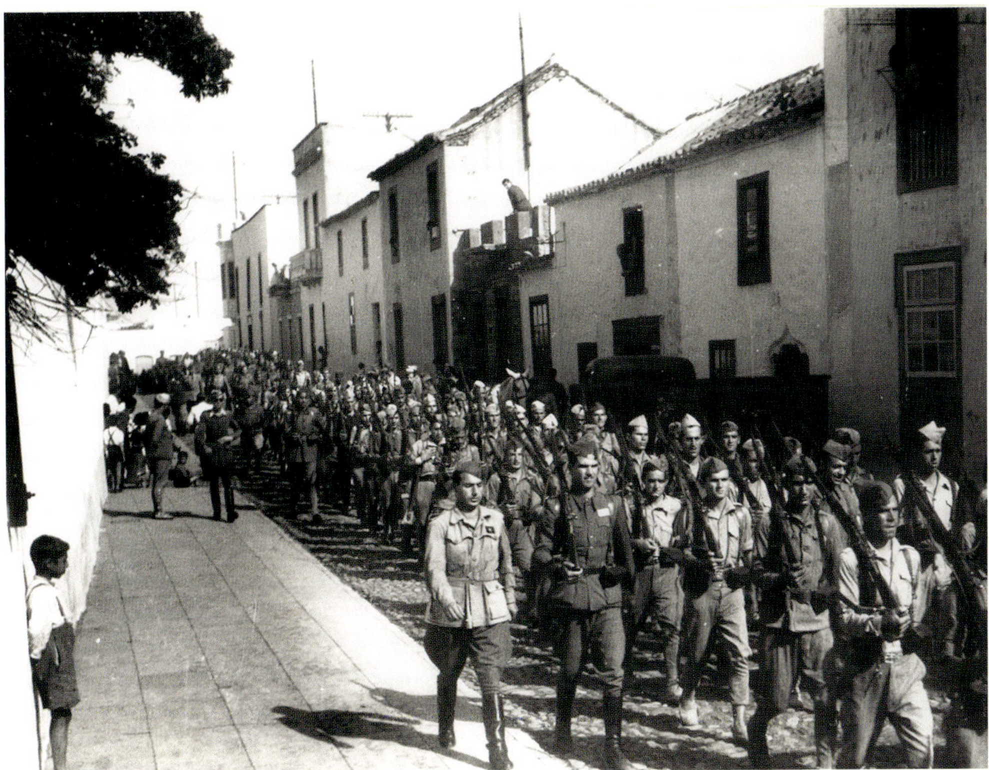

DESCONOCIDO. Imagen superior, desfile falangista por San Telmo. Gelatina bromuro. *ca.* 1940. Las Palmas de Gran Canaria. Fotografía inferior, desfile de tropas fascistas en Telde. Gelatina bromuro. 1939. Telde. Archivo de fotografía histórica de Canarias. Cabildo de Gran Canaria. Fedac.

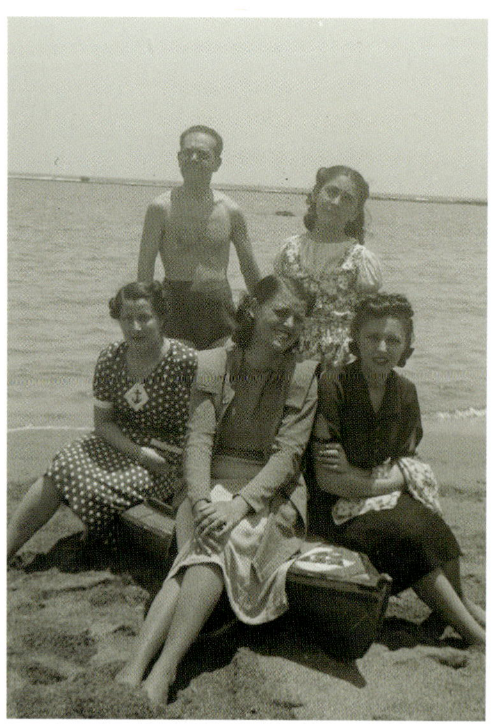

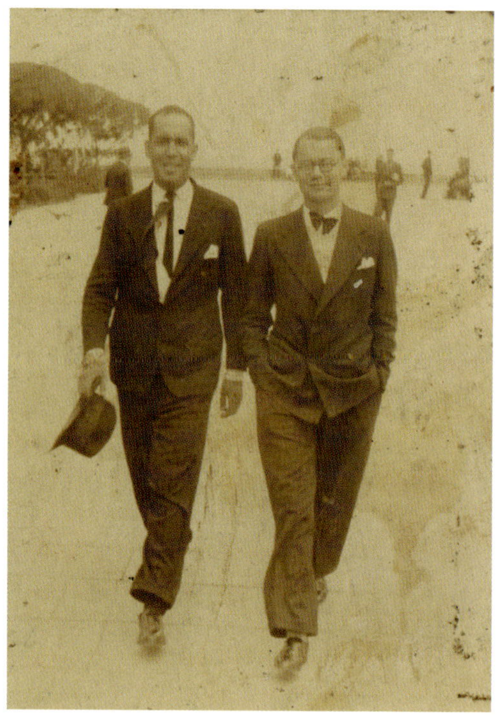

Imagen de la izquierda de CONCHA BARCELÓ RUIZ. Retrato familiar de los de la Torre Millares en Las Canteras. De luto aparece Margot Barceló Ruiz, viuda de Ángel Ortega, militar republicano fusilado en 1936. Gelatina bromuro. 1937. Fotografía de la derecha de fotógrafo DESCONOCIDO. En la parte derecha, Manuel Monasterio Mendoza. Fusilado en 1936. Gelatina bromuro. *ca.* 1930. Las Palmas de Gran Canaria. Archivo de fotografía histórica de Canarias. Cabildo de Gran Canaria. Fedac.

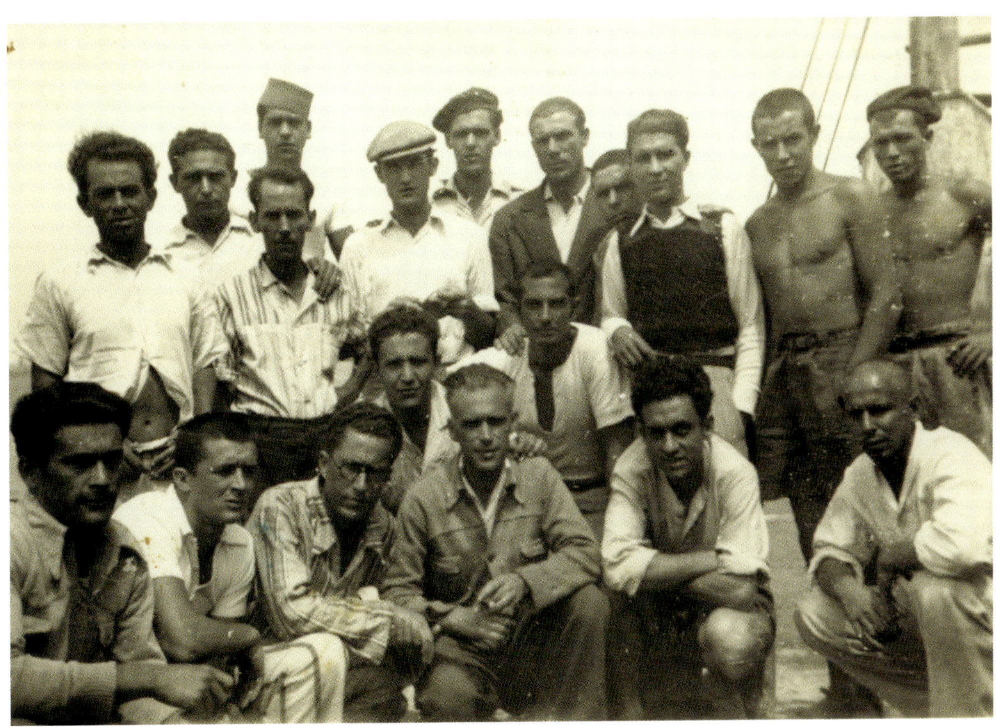

DESCONOCIDO. Presos políticos republicanos en la prisión flotante de Porto Pi. Muchos de los apresados en Porto Pi fueron fusilados, mientras otros fueron enviados al Campo de Concentración de Gando, en Gran Canaria. Una nota remitida desde la prisión de Fyffes a los presos de Porto Pi decía: «*Compañeros: vamos a morir, como mueren los hombres que han vivido para defender un ideal noble y generoso, libre e igualitario y han luchado por una sociedad nueva, donde el fascismo y los fusilamientos sean un vil recuerdo del pasado, moriremos de pie, sin vendas en los ojos, para verle la cara a los enemigos de la justicia, de la libertad y la paz de nuestro pueblo. Vamos a morir convencidos de que la luz de un nuevo amanecer brillará para todos les que hoy sufren bajo la oscura noche del fascismo. ¡Camaradas, la Victoria es nuestra! ¡Viva la República!*» Gelatina bromuro. 1938. Santa Cruz de Tenerife. Archivo de fotografía histórica de Canarias. Cabildo de Gran Canaria. Fedac.

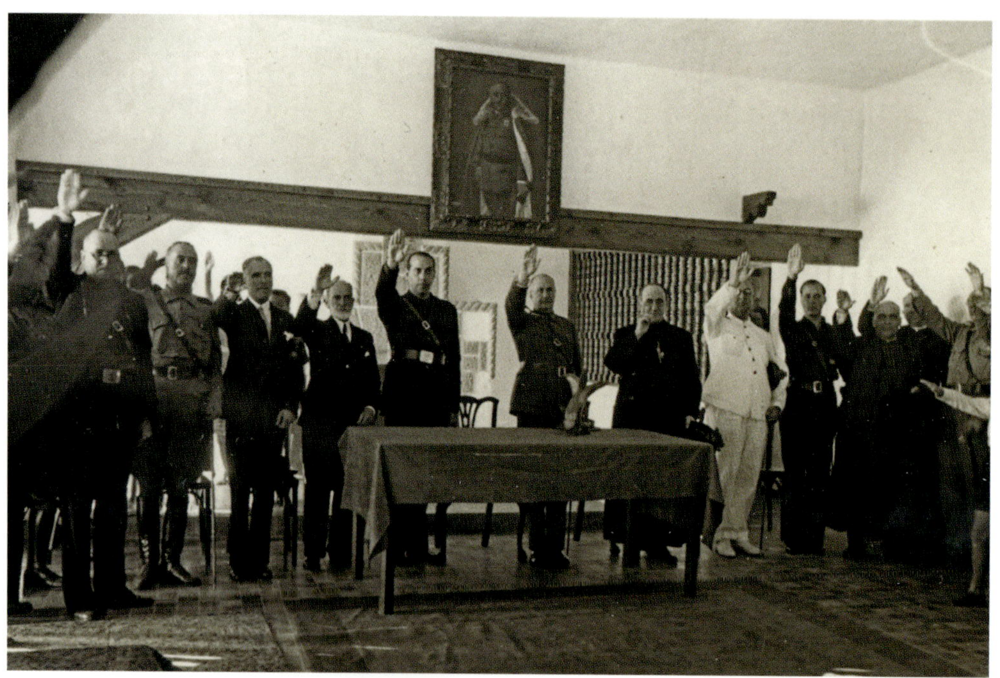

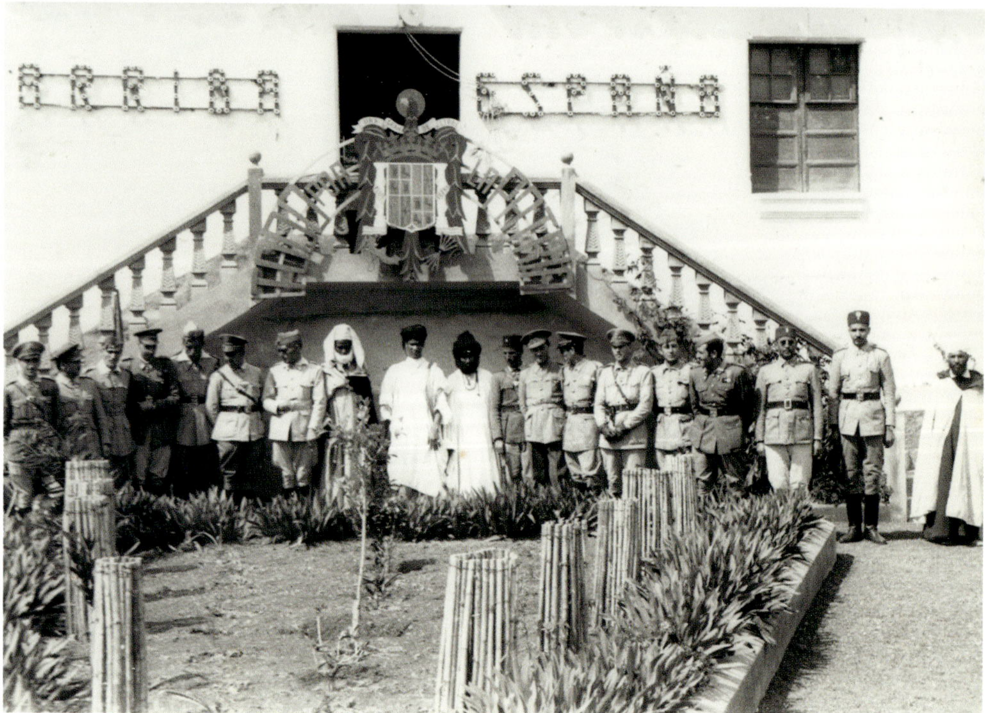

Fotógrafía superior de fotógrafo DESCONOCIDO. El presidente del Cabildo de Gran Canaria, Antonio Limiñana, en la inauguración del albergue de la Cruz de Tejeda. Entre otros personajes está el obispo Pildain. Gelatina bromuro. 1938. Tejeda. Fotografía inferior del cuartel del Tábor de tiradores regulares de Ifni en el Parque de los Moros. Gelatina bromuro. *ca.* 1943-1944. Agüimes. Archivo de fotografía histórica de Canarias. Cabildo de Gran Canaria. Fedac.

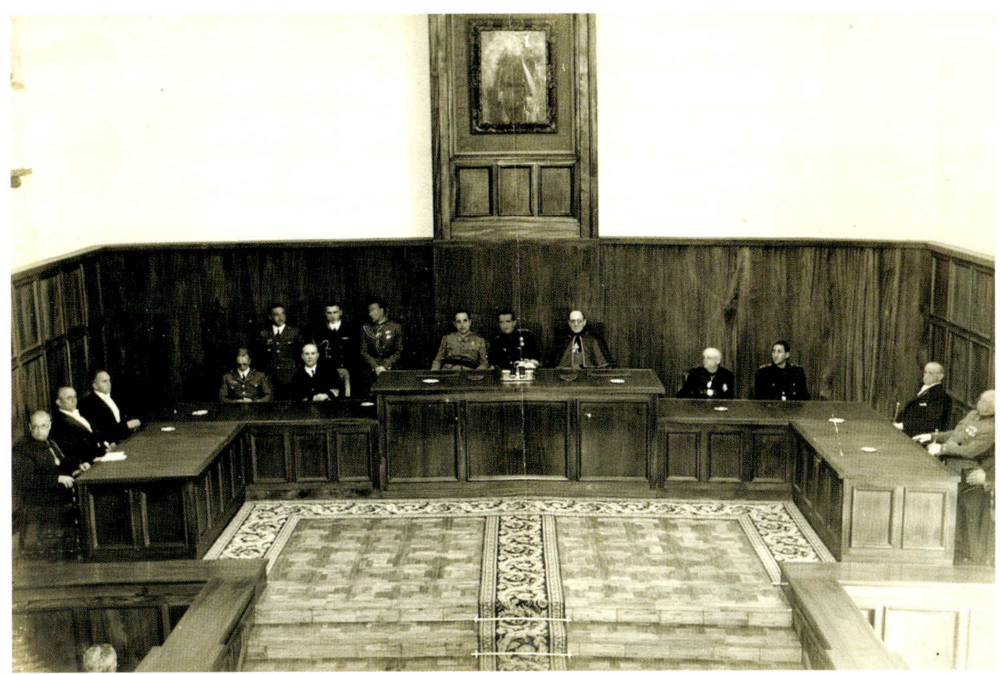

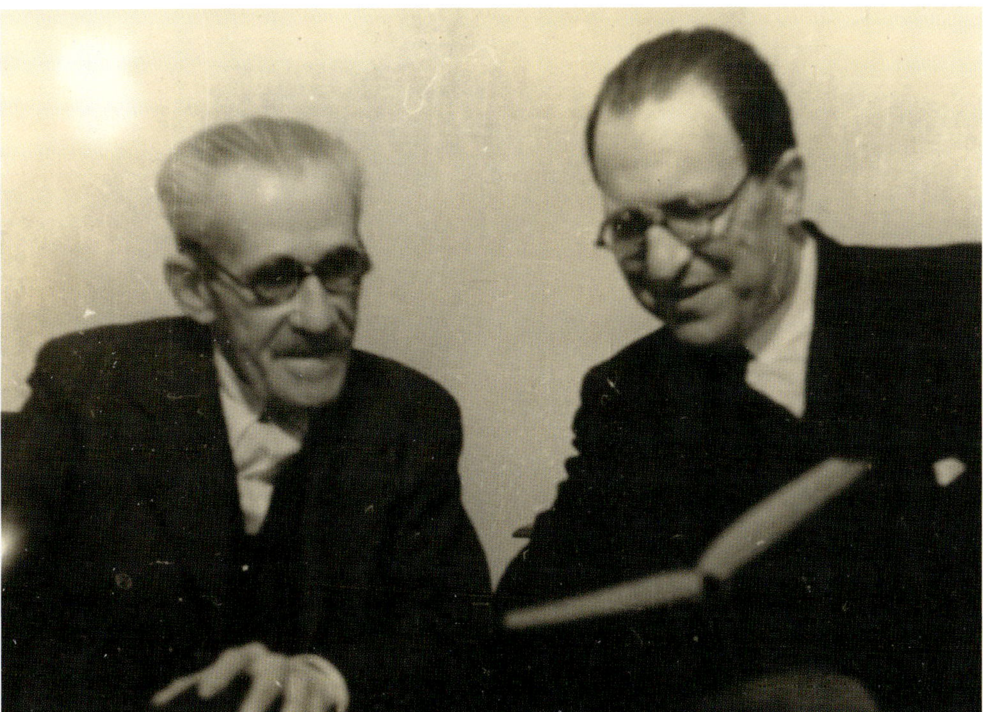

DESCONOCIDO. Imagen superior, inauguración de la Casa Palacio Insular de Gran Canaria. Gelatina bromuro. 1941. Las Palmas de Gran Canaria. Fotografía inferior, Franchy y Roca y Millares Carló exiliados en México. Gelatina bromuro. *ca.* 1939-1944. México. Archivo de fotografía histórica de Canarias. Cabildo de Gran Canaria. Fedac.

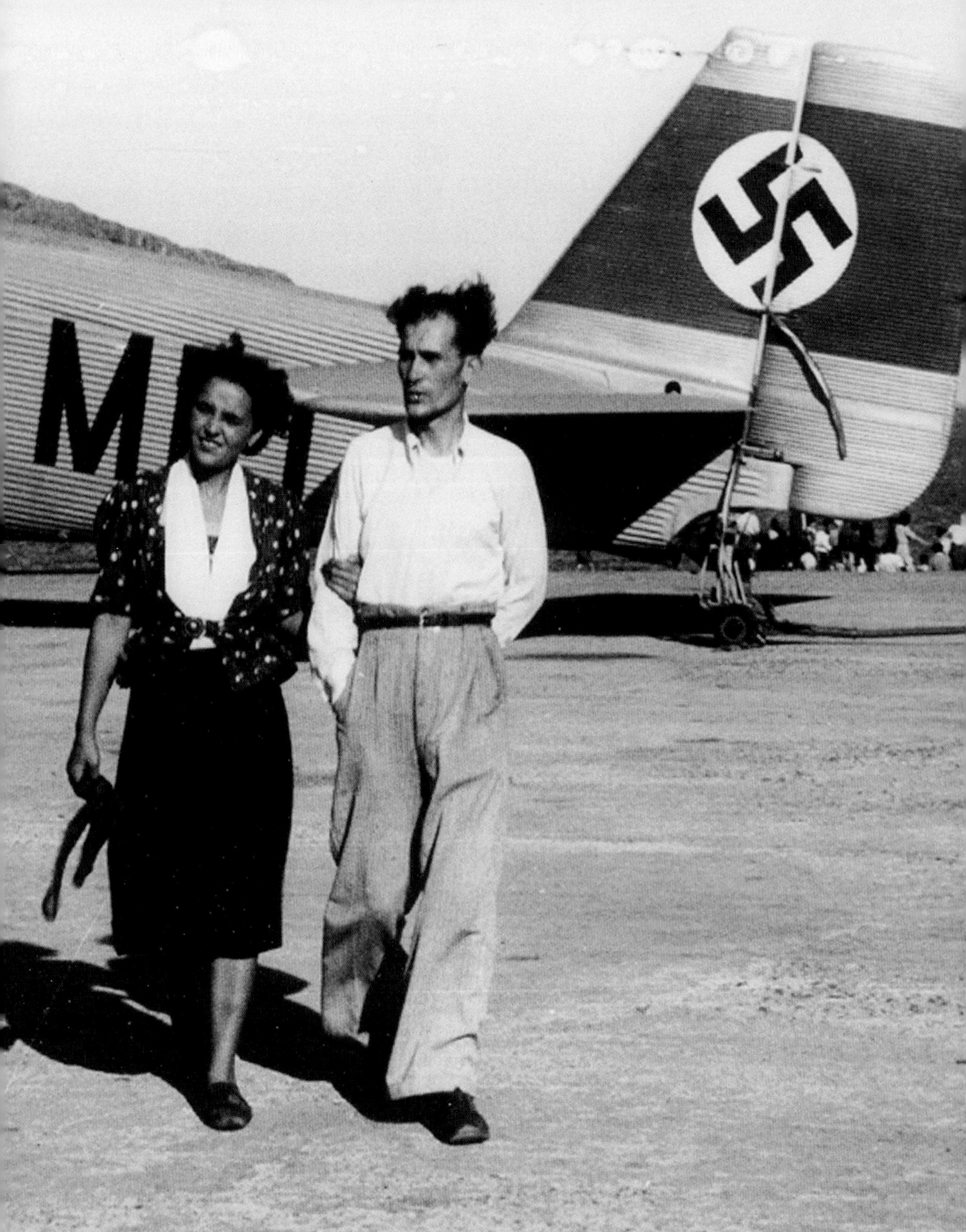

HERMANOS SUÁREZ ROBAINA. Aviación nazi en Gando. Gelatina bromuro, circa 1938 a 1940. Telde. Archivo de fotografía histórica de Canarias. Cabildo de Gran Canaria, Fedac.

5. EL ESPIONAJE FOTOGRÁFICO

En estos convulsos años de la historia grancanaria que estamos examinando a través de la documentación fotográfica, y mientras la dictadura fascista se consolidaba y extendía su manto sobre todos los rincones de la vida social insular, en la isla se estaba librando una dura batalla entre espías alemanes y británicos, quienes periódicamente reportaban informes a Berlín y Londres. La presencia de estos espías, normalmente vinculados a las empresas alemanas y británicas instaladas en Gran Canaria, era habitual desde los años de la 1ª Guerra Mundial, pero se incrementó notablemente en el contexto de la 2ª Guerra Mundial, y más específicamente del lado germano, tras el triunfo del fascismo en la guerra de España en 1939, que en Canarias en realidad se había producido desde 1936. Con frecuencia, estos espías británicos y alemanes emplearon la fotografía como un medio más para documentar sus informes.

Los intereses alemanes fueron representados por fotógrafos como Friedrich Kurt Herrmann —jefe del partido Nacional Socialista en la isla en 1937 y muy bien relacionado con la burguesía insular— y Adolf Zitt.

Friedrich Kurt Herrmann nació en Alemania en 1885 y en 1910 emigró a Gran Canaria con su familia. En 1911 abrió su estudio fotográfico en la calle Triana con el nombre de 'Fotografía Alemana-Las Palmas'. Su actividad fotográfica fue variada y prolongada en el tiempo, pues sólo dejará el negocio pocos años antes de su muerte, en 1966. Entre sus trabajos destacaron los retratos y reportajes fotográficos a diversas familias de la burguesía insular, paisajes icónicos de Gran Canaria, escenas callejeras de la actividad comercial y portuaria de Las Palmas de Gran Canaria y el reportaje político social en general. Con frecuencia viajó a Alemania donde, además de informar de los progresos nazis en Gran Canaria, adquiría material fotográfico de la casa Agfa.[29]

Desde 1936, Herrmann incrementó su actividad política y su presencia social, particularmente en actos festivos honrando al *Führer* y documentando fotográficamente las actividades del *Deutsche Schule* de Las Palmas de Gran Canaria. En 1937 participa en el primer encuentro de hermanamiento entre las milicias juveniles de la Falange Española Tradicionalista y de las JONS, conocidas como 'Flechas' y desde 1940 como Frente de Juventudes, y las Juventudes Hitlerianas dirigidas por Walter Helger, profesor del *Deutsche Schule*. El acto

29. MANUEL AZNAR, Luis (1989): "Archivo fotográfico de Friedrich Kurt Herrmann" en *Fotografía en Canarias, Historia 1*, Instituto de Estudios Hispánicos de Canarias y Filmoteca Canaria, Santa Cruz de Tenerife.

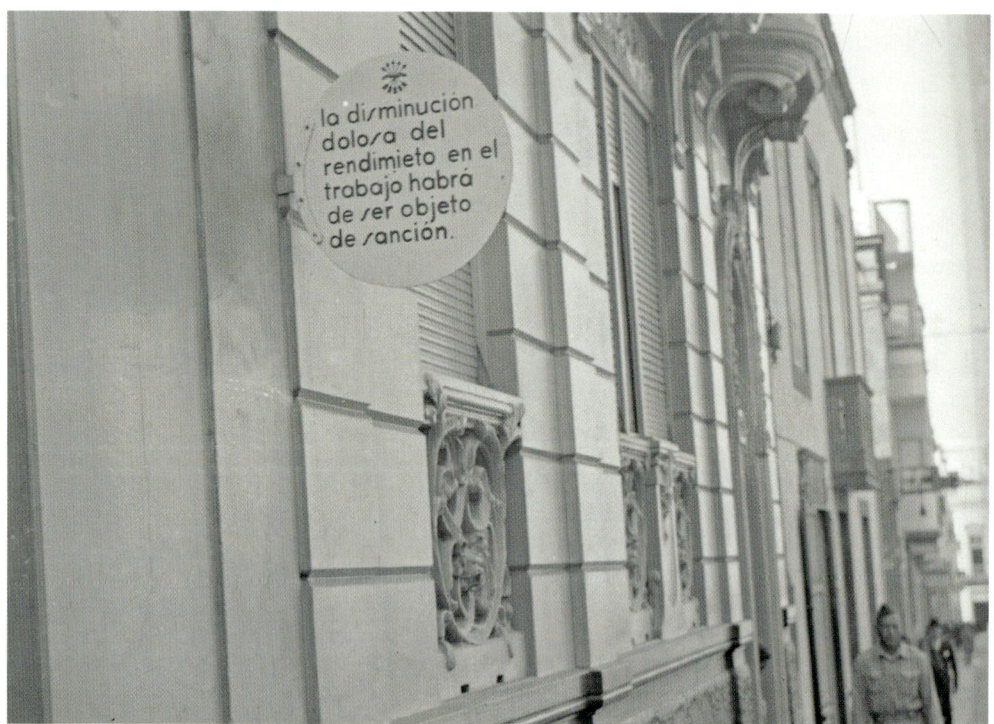

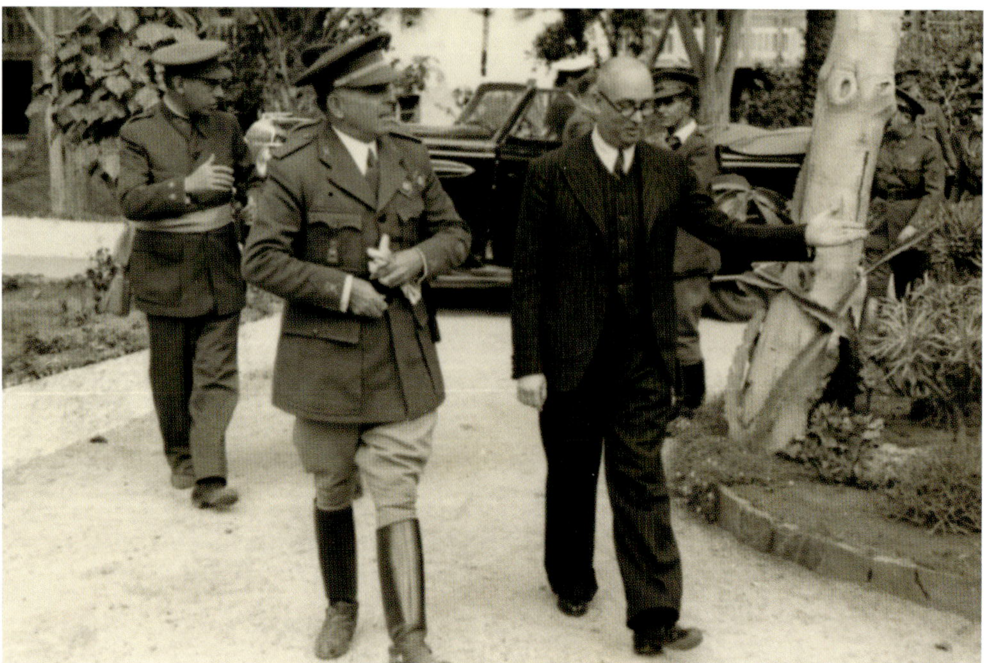

Fotografía superior de FRIEDRICH KURT HERRMANN. La productividad del fascismo. Propaganda falangista en las calles de Las Palmas de Gran Canaria. Gelatina bromuro. *ca.* 1940. Fotografía inferior de fotógrafo DESCONOCIDO. Antonio Limiñana, presidente del Cabildo de Gran Canaria, anfitrión del general Valera, ministro del Ejército. Gelatina bromuro. *ca.* 1941. Las Palmas de Gran Canaria. Archivo de fotografía histórica de Canarias. Cabildo de Gran Canaria. Fedac.

se celebró en el mes de julio en el edificio de la Woermann Linie, despidiendo a los miembros de las juventudes hitlerianas que se trasladaban a Alemania a los campamentos de verano. Meses después, en otro acto de confraternización entre los falangistas y las juventudes hitlerianas, el propio Herrmann tomó la palabra y refiriéndose al curso de la guerra de España dijo: «*Camaradas, al usar la palabra 'camaradas' lo hago con pleno conocimiento del alcance de la misma. En mi patria los camaradas suelen hablarse mediante un apretón de manos, el cual los compromete a pasar fatigas y las penas de vida unidos, pero también a gozar juntos de sus alegrías.*»[30]

Adolf Zitt era miembro del servicio de espionaje del alto mando alemán, la *Abwehr*, vecino del jefe local del Movimiento, Manolo Abreu, y regente del Bar Alemán en el Monte Lentiscal. Desde 1943, cuando el Cabildo de Gran Canaria le arrendó el mirador del Pico de Bandama, mientras sus comensales bebían y comían en la terraza del mirador, él utilizaba su emisora secreta instalada en el sótano para enviar mensajes a la flota de *U-Boot*[31] alemana que surcaba las aguas del Atlántico, con indicaciones de coordenadas para reabastecerse de combustible en los alrededores del Puerto de La Luz y/o de dónde atacar a los buques aliados que suministraban al Reino Unido.

Otros ejemplo de espía era Edmond Niemann, conocido como Pedro García, quien reportaba a Berlín los pasos que daba Franco en Gran Canaria en los días previos al golpe de estado de 1936 y que, a partir de 1941, fue el responsable de ejecutar las operaciones de la *Etappedienst*[32] en la isla bajo la dirección del cónsul honorario alemán, el empresario Walter Sauermann.

También había empresarios recién instalados a principios de los años 30 en la isla, como Walter Jablonowsky, quien abrió 'Electro Moderno' en Triana y estaba estrechamente vinculado con los elementos más destacados de la burguesía insular y los representantes del capital alemán en Gran Canaria (Walter Vogel, encargado de la Woermann o Leo Court de la Deutsche Lufthansa en Las Palmas de Gran Canaria), Jablonowsky enviaba a Berlín sus reportajes fotográficos que obtenía en sus excursiones aparentemente familiares por la isla.[33] Muchos de estos nombres figuraron en la lista de colaboradores nazis de las posesiones españolas a los que el Departamento de Estado de los Estados Unidos bloqueó sus negocios en julio de 1941.[34]

---

30. ALMEIDA AGUIAR, Antonio (2018): "El adoctrinamiento nacionalsocialista de la juventud en los Deustchen Schulen. El caso de las Islas Canarias" en *La historia de la educación entre Europa y América*, Editorial Dykinson, Madrid.
31. Submarinos.
32. Nombre en alemán de la red operativa de suministro de buques de la armada del Tercer Reich
33. ALMEIDA AGUIAR, Antonio: *Opus cit.*
El espía alemán que ayudó a Franco, en *ABC*. 27.12.18 Disponible en www.abc.es.
Espías alemanes en El Monte, en *La Provincia*, 08.07.18 Disponible en https://bit.ly/39zndl3. Consultas de 20 de enero de 2020.
34. *The Proclaimed List of Certain Blocked Nationals*. Departamento de Estado. USA. Julio 1941. Google Books. Disponible en https://bit.ly/3cGAxWT. Consulta de 7 de febrero de 2020.

Los intereses británicos fueron defendidos por personas vinculadas a la *Miller & Co.* En particular por Gerald Miller, su hijo Basil y su ayudante en la *Miller & Co.* Ian Kendall Park, entre otros. Estamos en 1941 y Canarias estaba en el punto de mira de las potencias europeas enfrentadas en la 2ª guerra mundial: Inglaterra y Alemania. Los intereses alemanes en Canarias, reforzados tras el triunfo del fascismo también en España desde 1939, chocaban frontalmente con los intereses británicos: en lo económico, lo político y social, y también en lo militar. Los estados mayores de los ejércitos alemán y británico diseñaron diversos planes que incluían hacerse con el control de las islas y asegurarse la navegación en el Atlántico. Los alemanes planearon la 'Operación Félix', luego reconvertida en 'Operación Seeräuberd', en la cual hacían del Puerto de la Luz una estación de abastecimiento de las cuadrillas de U-Bott que bloqueaban la navegación aliada en el Atlántico.[35] Los británicos también idearon la 'Operación Warden', en 1941, con el objetivo de desactivar el abastecimiento de combustible y víveres a los submarinos nazis y la 'Operación Pilgrim', para tomar el control de la isla de Gran Canaria en 1942. Tras la requisa por parte del ejército español de su remolcador 'España II', en julio de 1936, para trasladar a Franco desde Las Palmas de Gran Canaria al aeropuerto de Gando en Telde, los Miller desempeñaron un importante papel en el espionaje británico contra las actividades nazis en Gran Canaria. Particularmente el joven grancanario Basil Miller. Nacido en la isla en 1920, Basil participó en la elaboración del álbum fotográfico que facilitó al servicio secreto británico la preparación de la 'Operación Pilgrim'. En 1941 escapó de la isla disfrazado de marinero de cubierta en el mercante sueco 'Scania' con destino Londres. Allí ingresó en el Royal Naval College de Greenwich para recibir instrucción militar y luego trabajar en la NID (División de Inteligencia Naval), donde desempeñó un papel fundamental asesorando al almirante Mountbatten y al asistente personal de John Godfrey (Director de la Inteligencia Naval) en los últimos preparativos de las operaciones 'Warden' y 'Pilgrim'.[36]

En esta coyuntura histórica, la respuesta de las autoridades españolas, además de fortificar nuestras costas, asesorados por agentes alemanes, fue instaurar el Mando Económico de Canarias poniendo la economía, la política, la sociedad y la cultura de las islas bajo el control directo del ejército español entre 1941 y 1945.

---

35. La "operación Seeräuberde" de Hitler en Canarias, en *ABC* 03.04.19. Disponible en www.abc.es. Consulta de 7 de febrero de 2020.

36. MILLER, William (2020): *Forward Journal of Miller History*, Nº 80, Enero, Archivo de la Casa Miller, Londres.

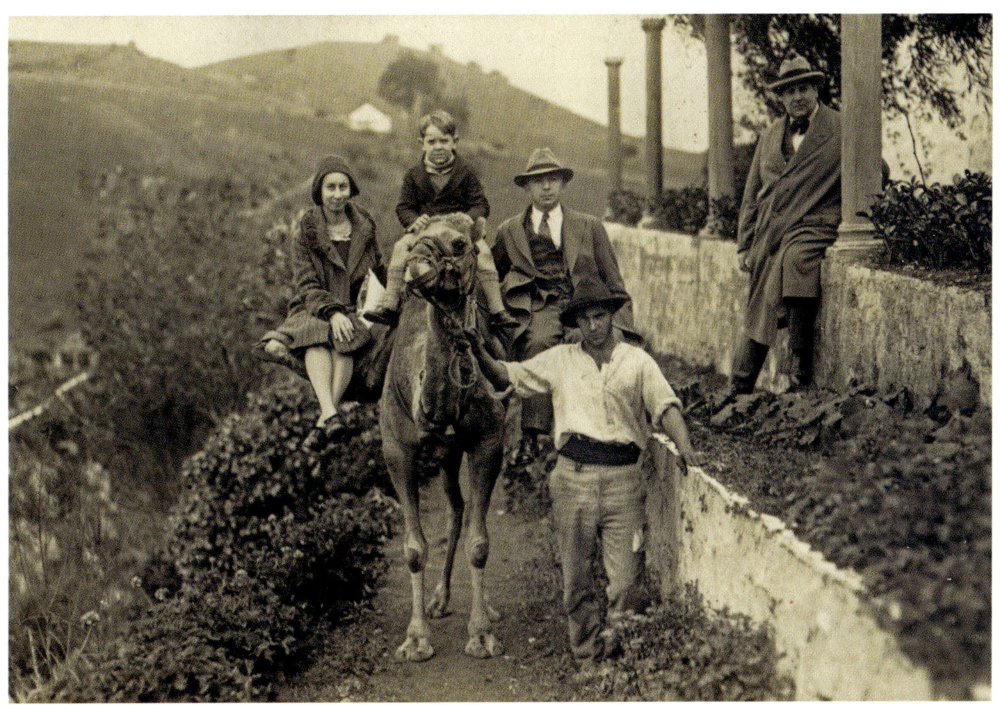

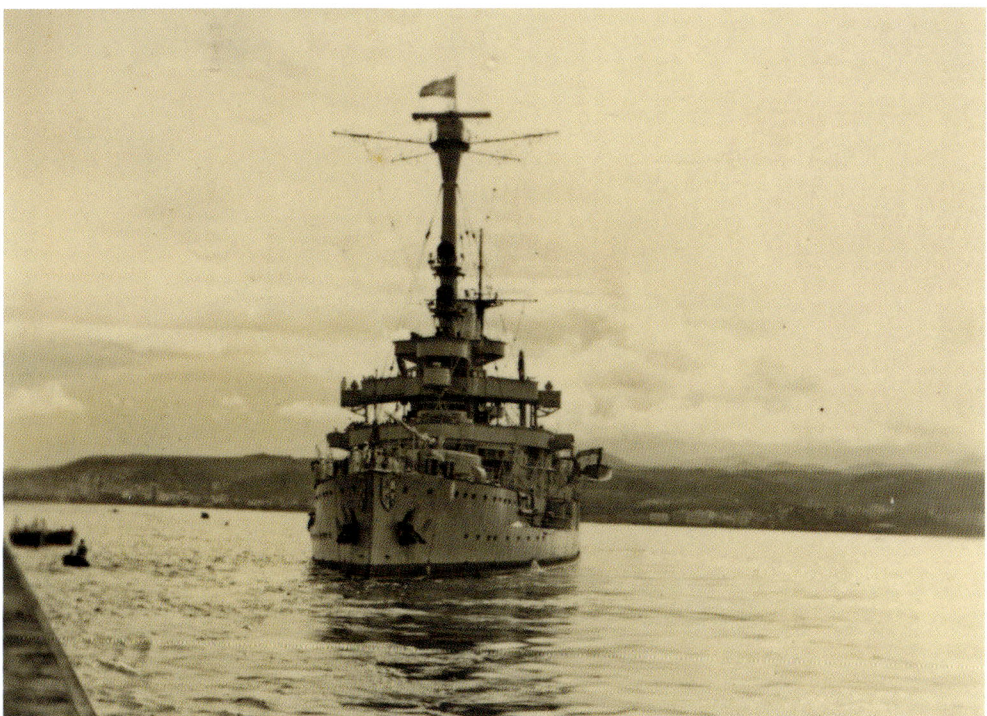

Fotografía superior de FRIEDRICH KURT HERRMANN. Juan Luz Santana, camellero en la finca de los Pérez Galdós en los Lirios. Gelatina bromuro. *ca.* 1935. Imagen inferior de WALTER JABLONOWSKY. El *Leipzig* atracando en el Puerto de la Luz. Gelatina bromuro. 1936. Las Palmas de Gran Canaria. Archivo de fotografía histórica de Canarias. Cabildo de Gran Canaria. Fedac

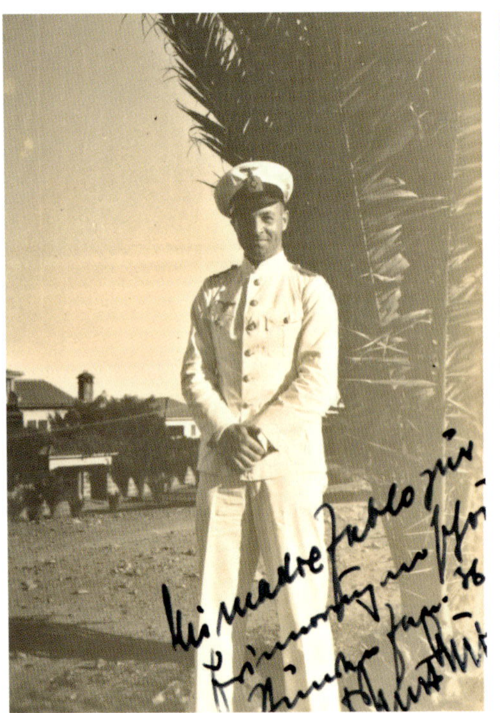

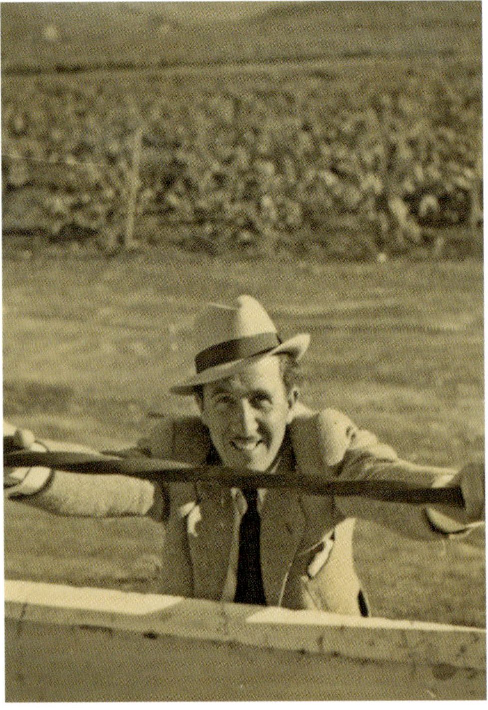

WALTER JABLONOWSKY. A la izquierda, oficial alemán de excursión a Tafira. Gelatina bromuro. 1936. A la derecha, viñas de Antonio Sintes en Tafira. Gelatina bromuro. 1936. Las Palmas de Gran Canaria. Archivo de fotografía histórica de Canarias. Cabildo de Gran Canaria. Fedac

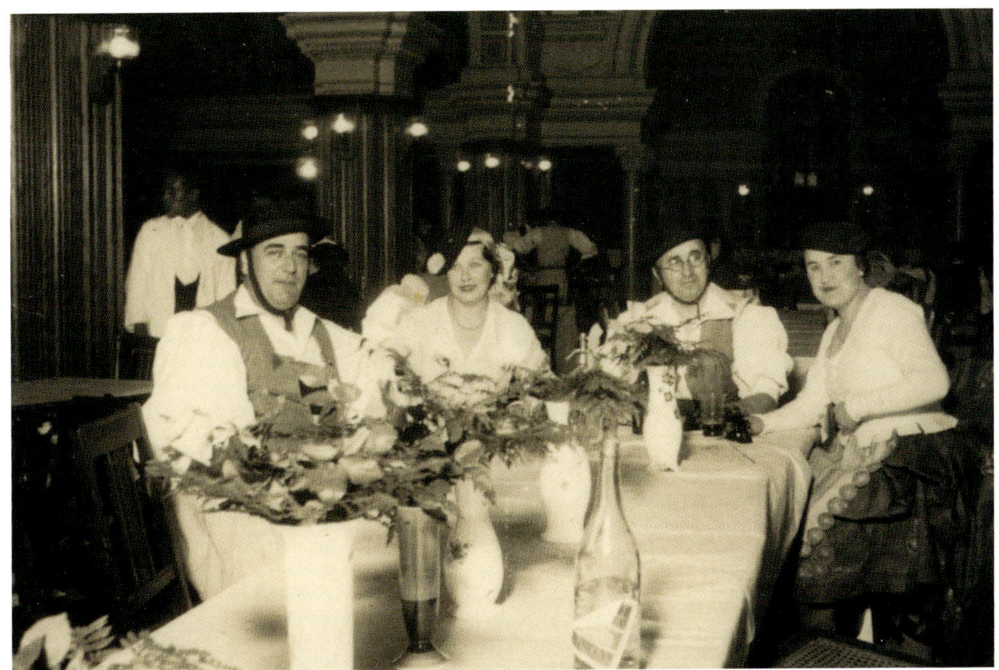

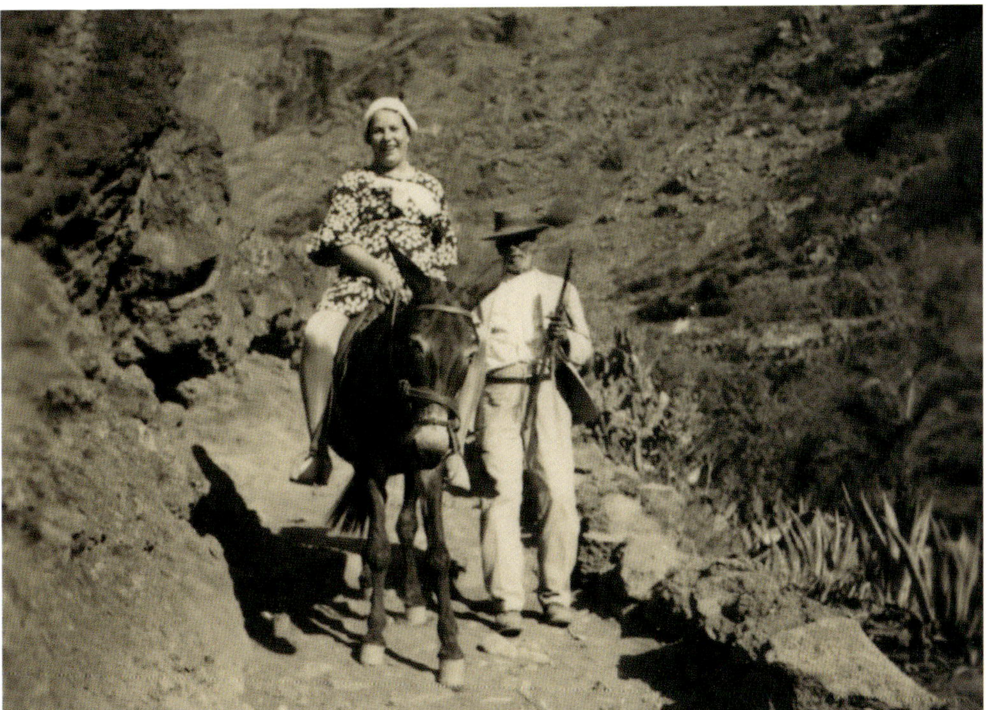

WALTER JABLONOWSKY. Fotografía superior, Else Margaret Jablonowsky en la presentación del traje de Néstor Martín Fernández de la Torre en el Teatro Pérez Galdós. Gelatina bromuro. 1934. Las Palmas de Gran Canaria. Fotografía inferior, Else Margaret Jablonowsky en el valle de Agaete. Gelatina bromuro. *ca.* 1935. Agaete. Archivo de fotografía histórica de Canarias. Cabildo de Gran Canaria. Fedac.

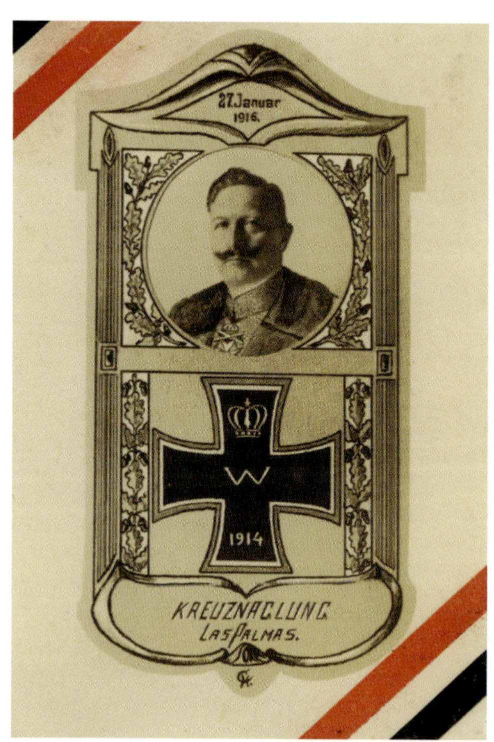

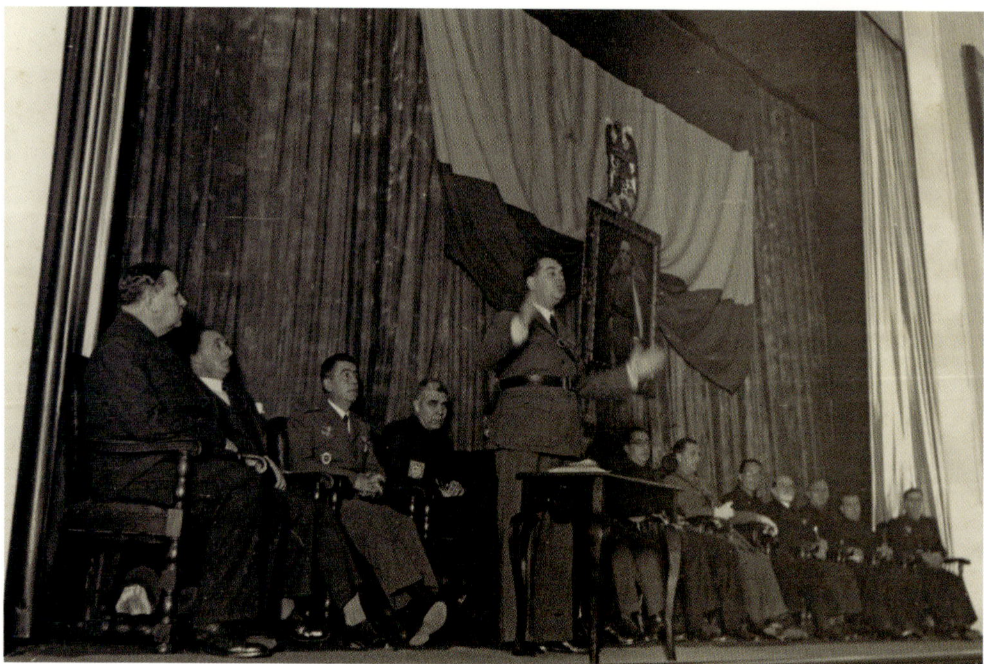

FRIEDRICH KURT HERRMANN. Imagen superior, homenaje al *Kaiser*. Tarjeta Postal. 1919. Fotografía inferior, discursos militares ante la cúpula de las nuevas autoridades fascistas de la isla. Gelatina bromuro. *ca.* 1937-1938. Las Palmas de Gran Canaria. Archivo de fotografía histórica de Canarias. Cabildo de Gran Canaria. Fedac.

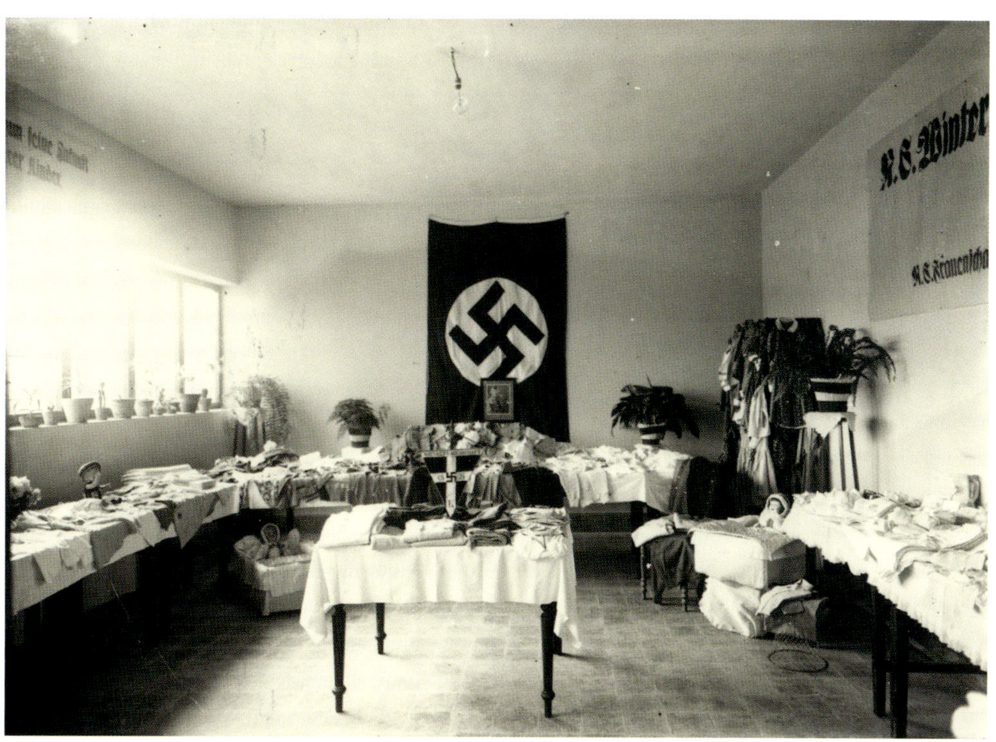

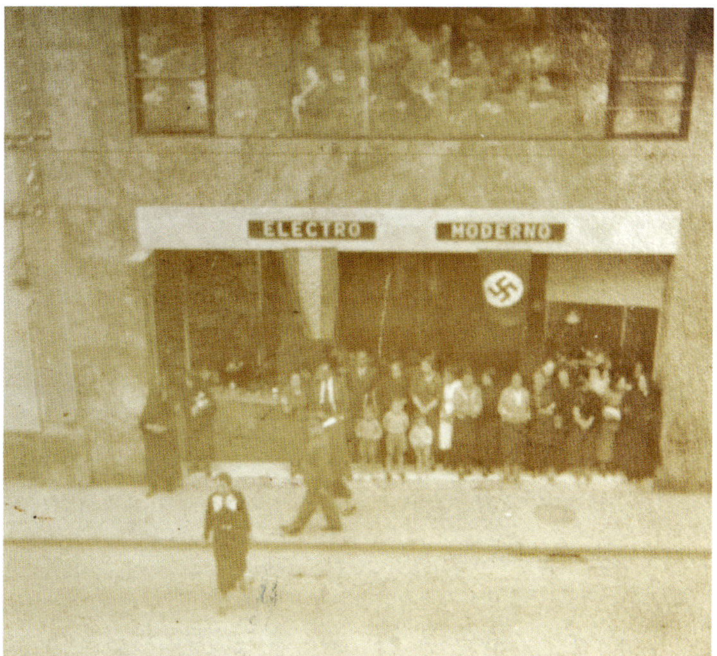

Fotografía superior de FRIEDRICH KURT HERRMANN. Exposición de manualidades en el *Deutsche Schule*. Gelatina bromuro. 1936. Imagen inferior tomada por WALTER JABLONOWSKY. Manifestación del fascismo por la calle Triana y la cruz gamada en la fachada de la tienda 'Electro Moderno'. Gelatina bromuro. 1937.Las Palmas de Gran Canaria. Archivo de fotografía histórica de Canarias. Cabildo de Gran Canaria. Fedac.

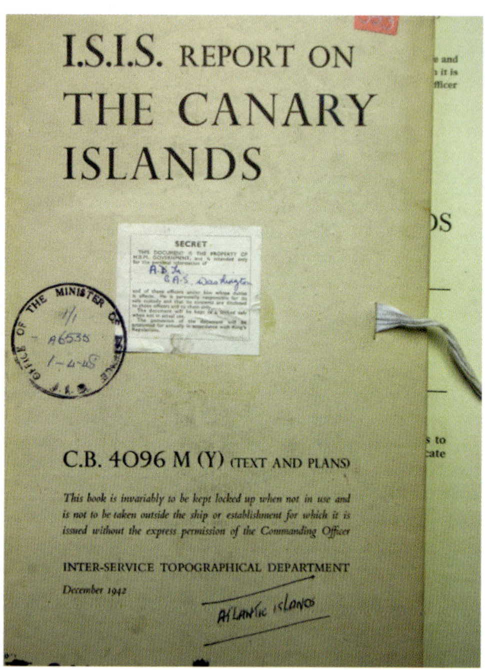

I.S.I.S. REPORT ON THE CANARY ISLANDS

SECRET

C.B. 4096 M (Y) (TEXT AND PLANS)

This book is invariably to be kept locked up when not in use and is not to be taken outside the ship or establishment for which it is issued without the express permission of the Commanding Officer

INTER-SERVICE TOPOGRAPHICAL DEPARTMENT

December 1942

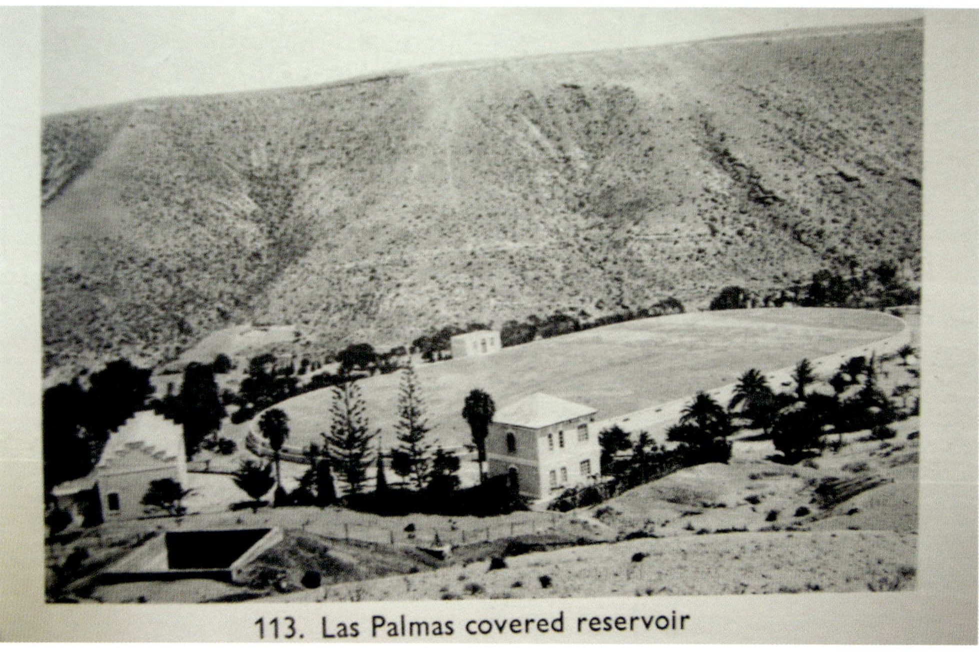

Imagen superior, portada del informe secreto "*The Canary Islands*", con planes de operaciones británicas en Gran Canaria. El informe es un folleto de más de 30 páginas conteniendo 83 fotografías de Gran Canaria. Las fotografías fueron en su mayor parte obtenidas y/o recopiladas por miembros de la Casa Miller, particularmente Gerald y Basil Miller. Las imágenes muestran las mejores bahías para el desembarco, el Puerto de La Luz, el aeropuerto de Gando, carreteras e infraestructuras estratégicas como depósitos de agua de la ciudad, la central eléctrica... Fotografía inferior, depósito de agua de lomo del Llano de las Brujas. Archivos Nacionales Británicos. Kew, cercanías de Londres. Documentos facilitados por William Miller, archivero de la Casa Miller.

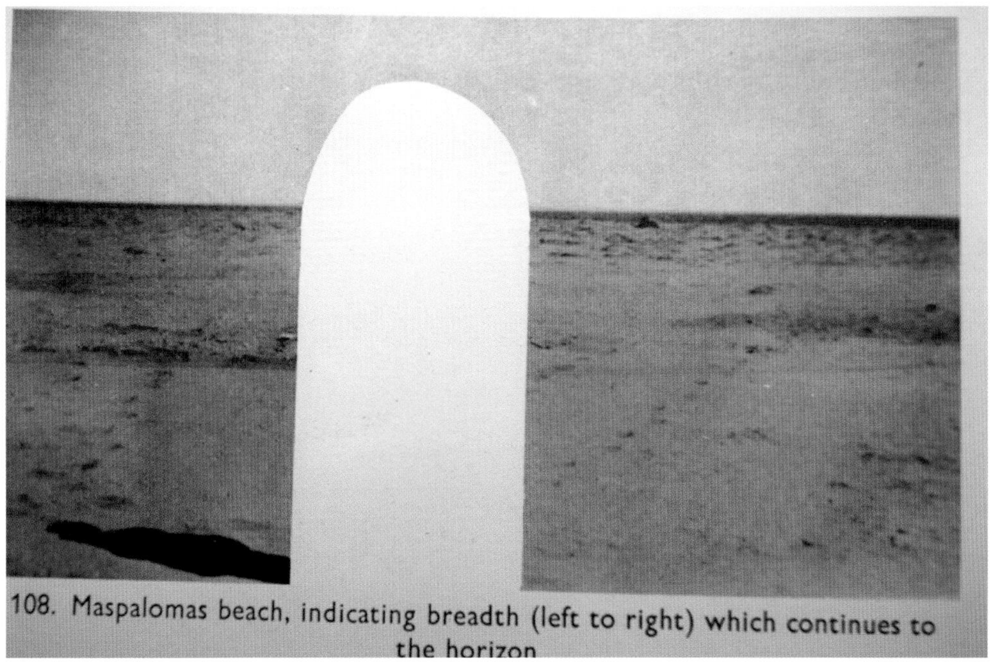

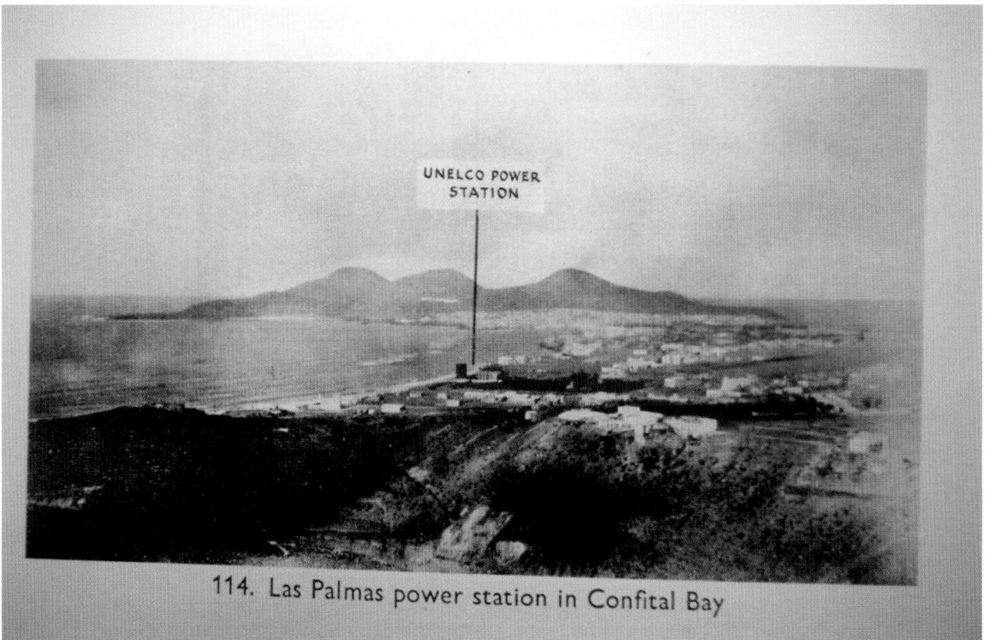

Imagen superior de Maspalomas. Con la figura del espía recortada. Fotografía inferior, señalamiento de la estación eléctrica de Unelco en la Cicer.

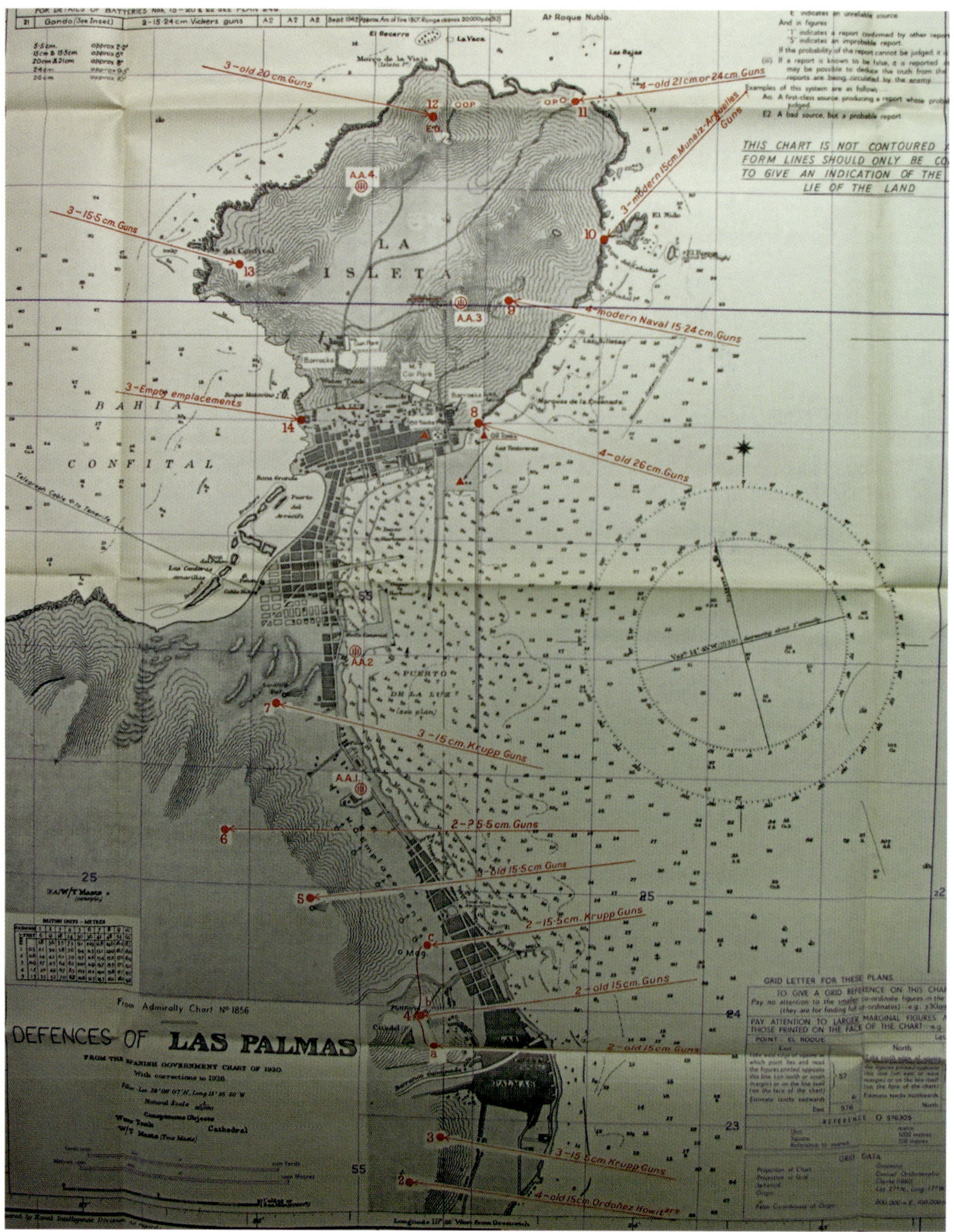

Mapa de Las Palmas de Gran Canaria para la captura de la capital que se incluía en el informe de la 'Operación Pilgrim'.

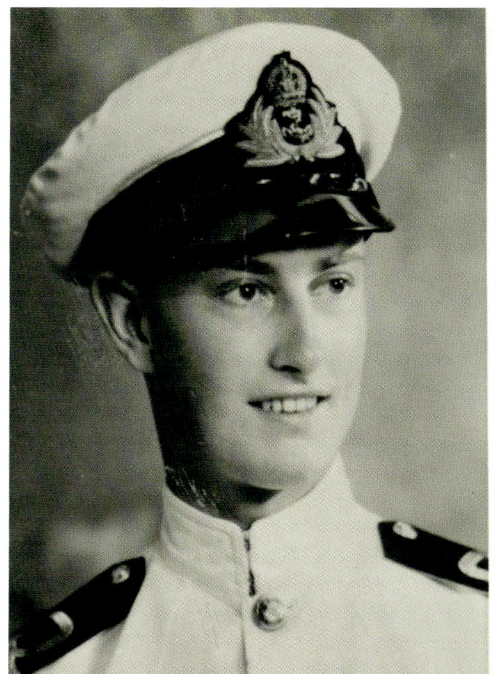

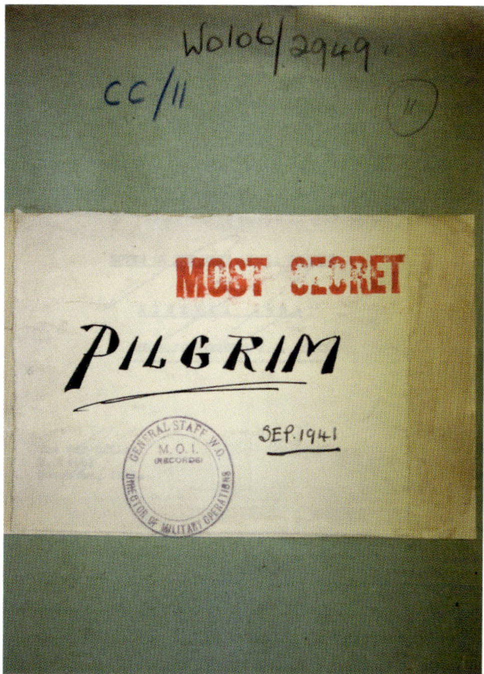

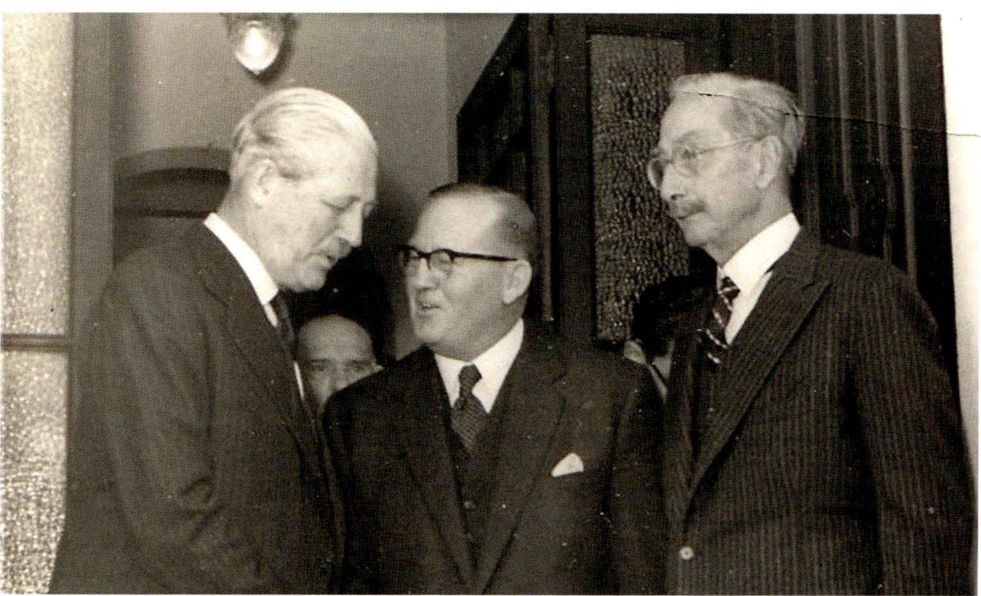

Arriba a la izquierda, retrato de Basil Miller tomado por un fotógrafo DESCONOCIDO. Gelatina bromuro. *ca.* 1941. Londres. Archivo de la Casa Miller. Archivero William Miller. Arriba a la derecha, expediente 'Operación Pilgrim'. Londres 1941. El informe consta de mapas y gráficos de la isla y de su capital Las Palmas de Gran Canaria con diversas anotaciones para conquistar la isla. Su elaboración fue asesorada por Basil Miller. Archivos Nacionales Británicos. Kew, cercanías de Londres. Documentos facilitados por William Miller, archivero de la Casa Miller. Abajo, imagen tomada por fotógrafo DESCONOCIDO de Gerald Miller e Ian Kendall Park, los líderes de la inteligencia británica en Canarias durante la 2ª Guerra Mundial, saludando al *Premier* Harold MacMillan en la entrada del British Club. Gelatina bromuro. 1960. Las Palmas de Gran Canaria. Archivo de la Casa Miller. William Miller. Londres.

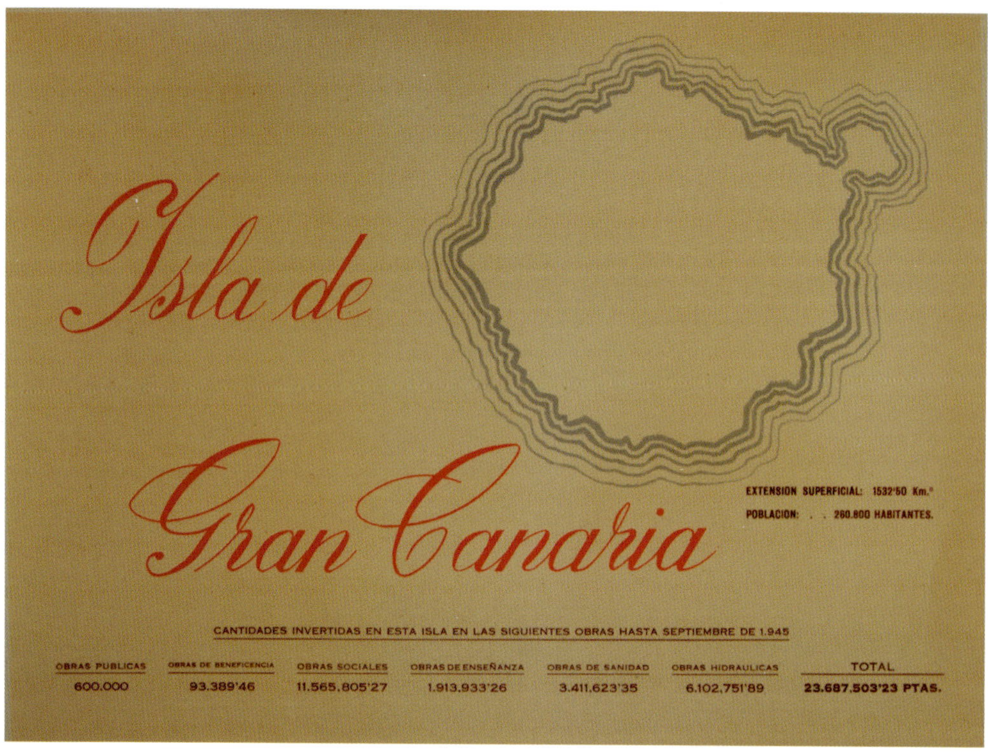

Página dedicada a Gran Canaria del álbum fotográfico del Mando Económico del Archipiélago Canario. El Mando Económico del Archipiélago Canario fue un organismo creado por el Gobierno de España que ponía toda la vida económica, política, social y cultural de las islas bajo el mando directo de los militares. Cuando concluyó su misión elevó los correspondientes informes a Madrid acompañados por un álbum fotográfico con muestras de las obras realizadas bajo dirección militar. El álbum mide 90x45 centímetros, tiene 15 centímetros de grosor y pesa 10 kilos. En él se repasan de forma minuciosa, isla a isla, las obras de infraestructura ejecutadas en Canarias bajo el mando militar español. Se hicieron de él tres copias; una para el Gobierno Militar de Las Palmas, otra para la Capitanía tinerfeña, y una tercera para Franco. En el Archivo Militar de Almeida en Tenerife se conservan dos, por lo que no es de extrañar que la custodiada en la Casa de Colón de Las Palmas de Gran Canaria fuese un álbum para Franco. Las Palmas de Gran Canaria. 1945. Archivo de fotografía histórica de Canarias. Cabildo de Gran Canaria. Fedac.

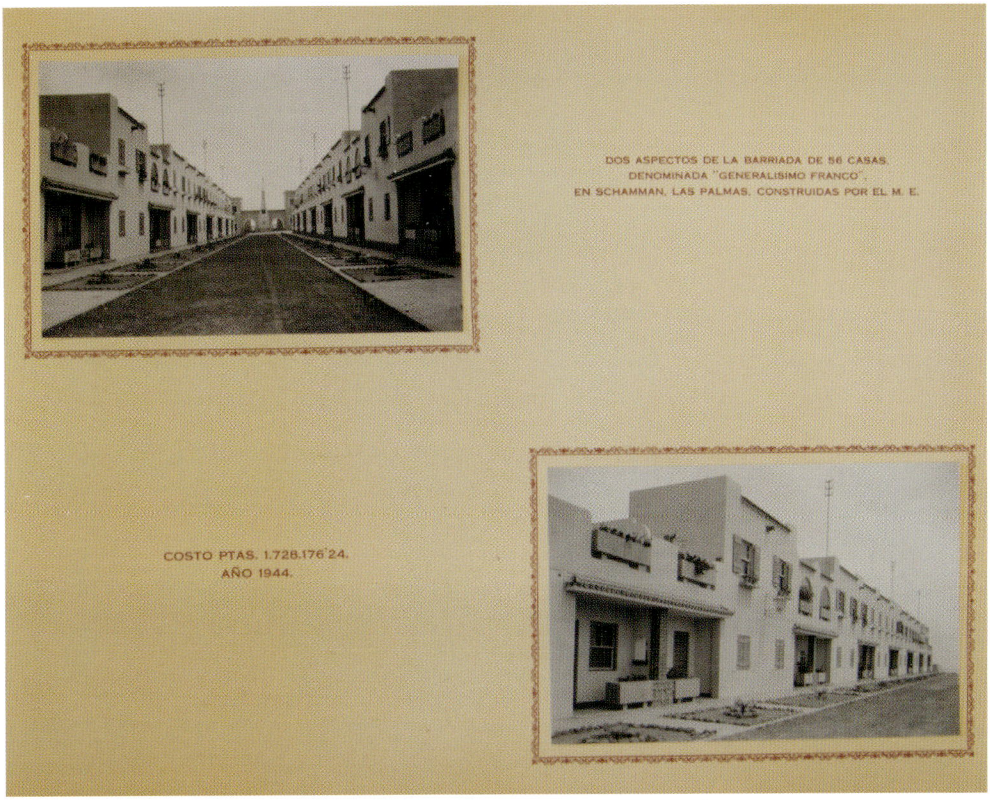

DOS ASPECTOS DE LA BARRIADA DE 56 CASAS.
DENOMINADA "GENERALISIMO FRANCO".
EN SCHAMMAN. LAS PALMAS. CONSTRUIDAS POR EL M. E.

COSTO PTAS. 1.728.176'24.
AÑO 1944.

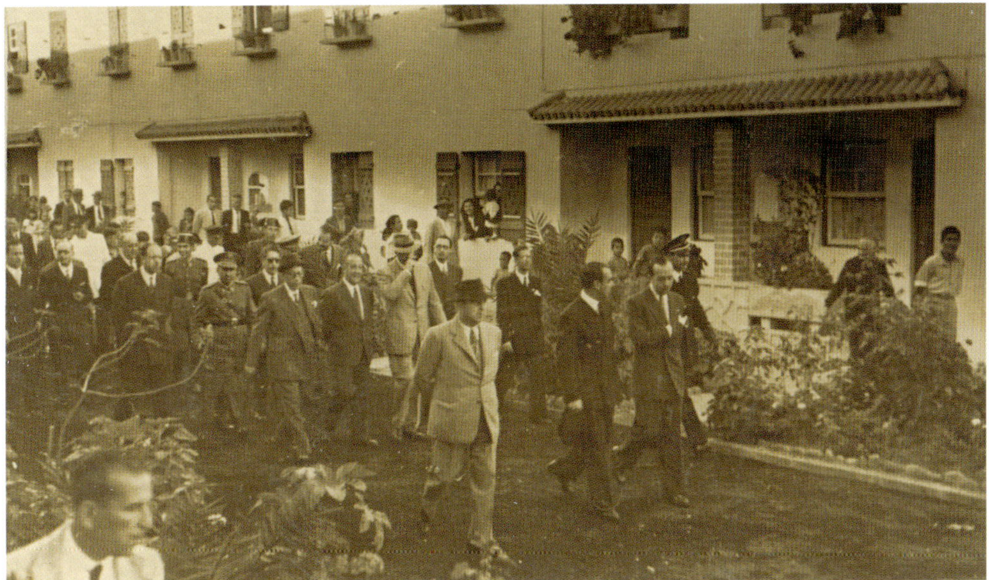

Imagen superior, página del álbum sobre la barriada denominada Generalísimo Franco. Fotografía inferior de fotógrafo DESCONOCIDO de Matías Vega Guerra, presidente del Cabildo de Gran Canaria y Carrero Blanco, Subsecretario de la Presidencia del Gobierno de España, inaugurando las viviendas del grupo 'Generalísimo Franco' en Schamann. Gelatina bromuro. 1947. Las Palmas de Gran Canaria. Archivo de fotografía histórica de Canarias. Fedac/Cabildo de Gran Canaria.

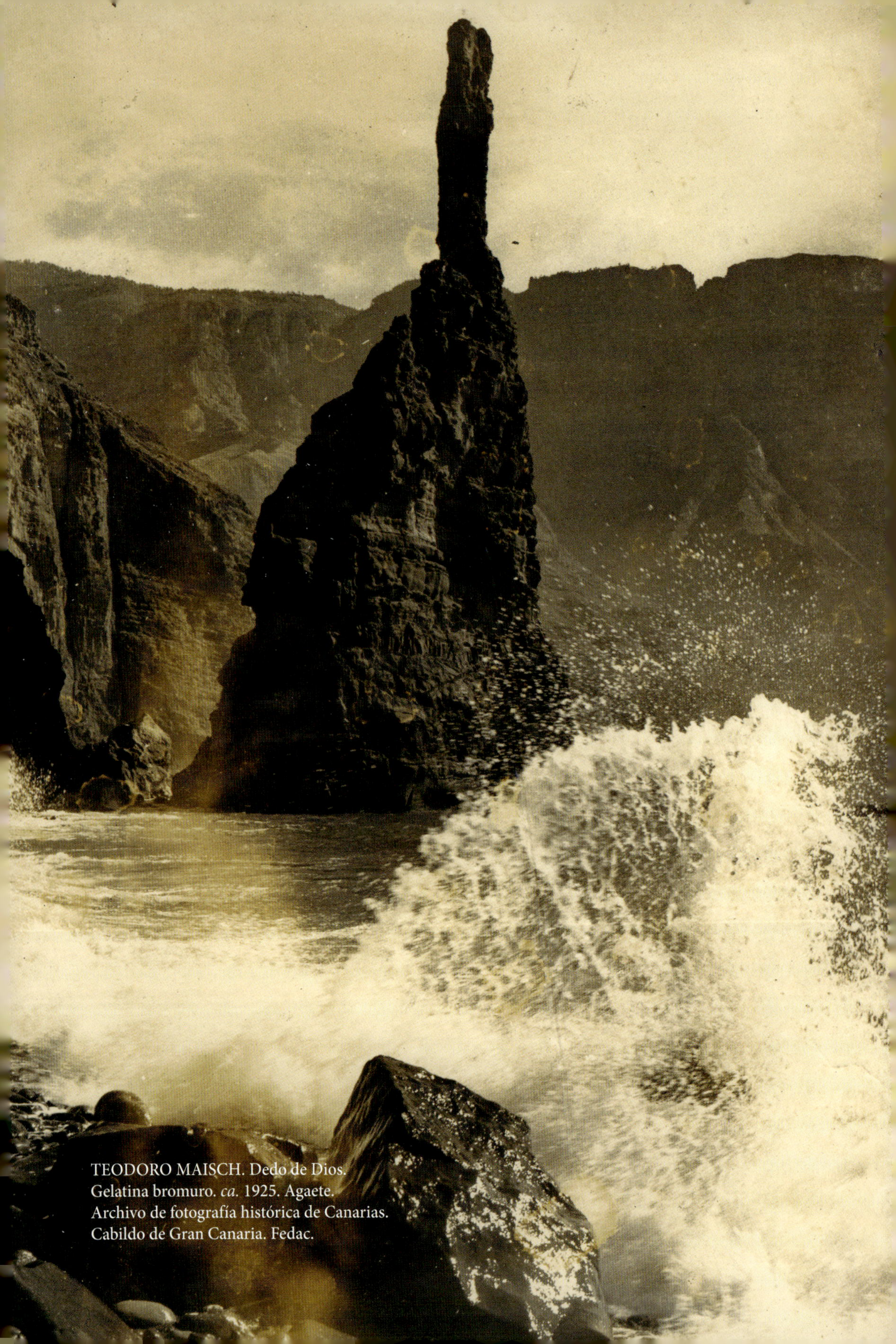

TEODORO MAISCH. Dedo de Dios.
Gelatina bromuro. *ca.* 1925. Agaete.
Archivo de fotografía histórica de Canarias.
Cabildo de Gran Canaria. Fedac.

6. TEODORO MAISCH Y LA IDENTIDAD CANARIA

La fotografía alemana estaba presente en Canarias desde fines del s. XIX[37], en particular desde la instalación del establecimiento fotográfico de Maximiliano Lohr en Santa Cruz de Tenerife en 1894. Lohr prolongó su actividad durante las primeras décadas del siglo XX, especializándose en retratos, fundamentalmente infantiles, lo que le dio la suficiente fama como para ser uno de los fotógrafos más relevantes del momento. Además, Lohr, junto a otros autores, se implicó en la comercialización de tarjetas postales con paisajes (denominadas 'vistas'), dentro de la tendencia surgida en ese período, dando a conocer lugares y peculiaridades típicas de Canarias. Su estudio ('Fotografía Alemana-Tenerife') tuvo, desde sus inicios, una especial acogida con las ampliaciones fotográficas y, a pesar del incendio sufrido al año de establecerse, pudo seguir su actividad hasta los años veinte, cuando pasó a representar e importar máquinas fotográficas y de escribir.

También sabemos desde que 1888 el Bazar Alemán ya estaba instalado en Gran Canaria, difundiendo 'vistas' de las islas en formato postal, tal cual nos indican algunas de las fotografías que vimos en capítulos anteriores. Además, como acabamos de ver, ya conocemos las andanzas de Friedrich Kurt Herrmann y su 'Fotografía Alemana-Las Palmas' desde 1911 a 1940. Otros fotógrafos alemanes como Adolf Jessen también realizaron trabajos esporádicos tomando vistas urbanas de Las Palmas de Gran Canaria para el Bazar Alemán de la calle Triana. La principal característica en común que tenían estos estos fotógrafos, más que sus técnicas y enfoques fotográficos, fue su nacionalidad. Esta diversidad de la fotografía hecha en Gran Canaria por autores alemanes se vio corroborada por la llegada a la isla de Teodoro Maisch en la década de 1920.

Maisch, nacido en la ciudad alemana de Karlsruhe el 19 de marzo de 1885, se instaló en Gran Canaria hacia 1920 con 35 años, estableciendo su domicilio en el número 30 de la calle Alonso Alvarado, para poco después abrir su estudio fotográfico en la calle León y Castillo. Su trabajo revolucionó la fotografía insular, tanto en su perspectiva respecto al paisajismo, contribuyendo a la creación de la iconografía insular, como, sobre todo, a su punto de vista respecto del paisanaje, ya que centró su objetivo en el mundo del trabajo y eligió como protagonistas de sus encuadres a obreros, campesinas, jornaleros y trabajadores.

37. VEGA DE LA ROSA, Carmelo (2002): *Derroteros de la fotografía en Canarias (1839-2000)*, Caja de ahorros de Canarias, Santa Cruz de Tenerife.

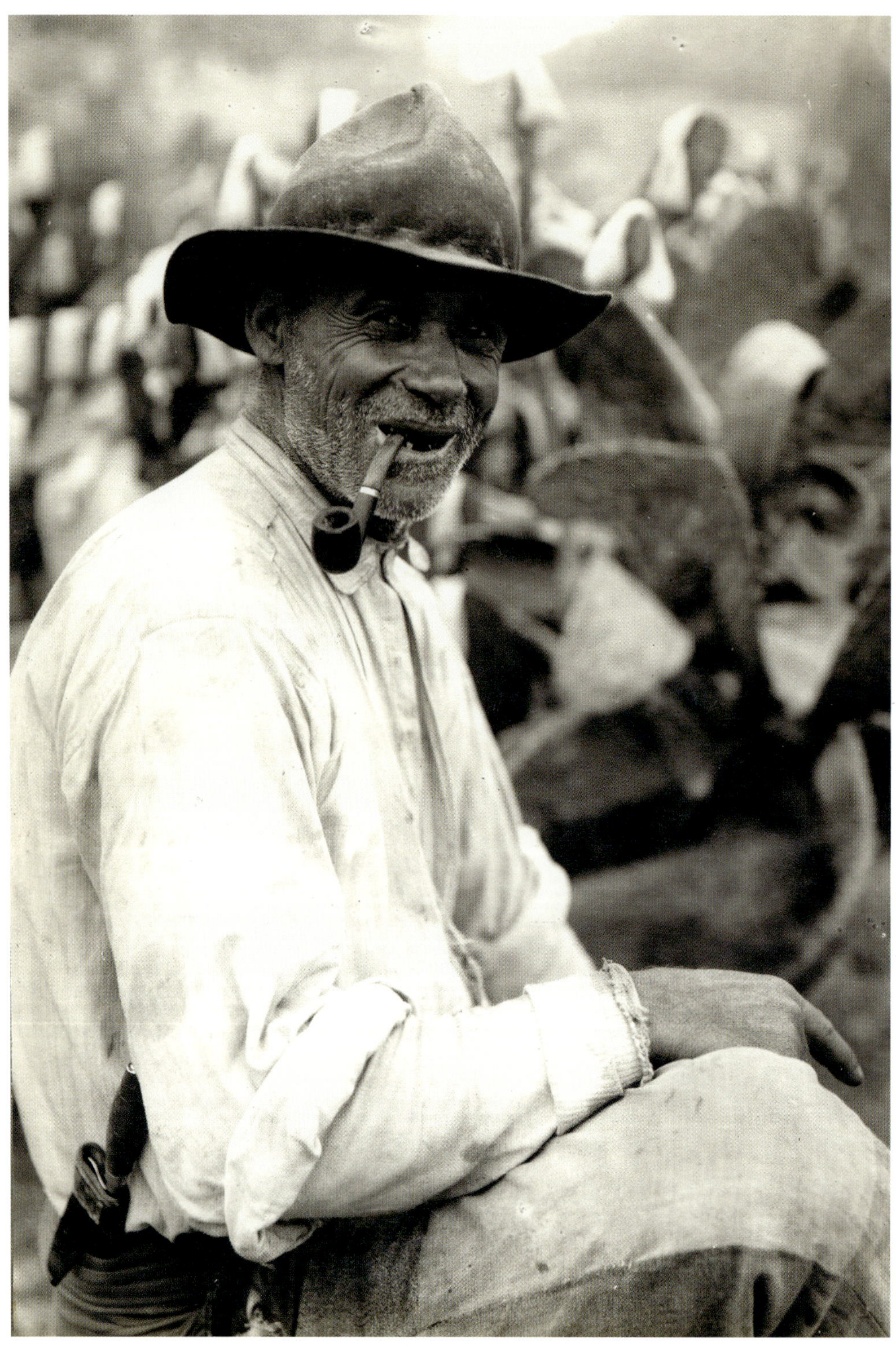

TEODORO MAISCH. Jornalero de la cochinilla. Gelatina bromuro. *ca.* 1920. Arucas. Archivo de fotografía histórica de Canarias. Cabildo de Gran Canaria. Fedac.

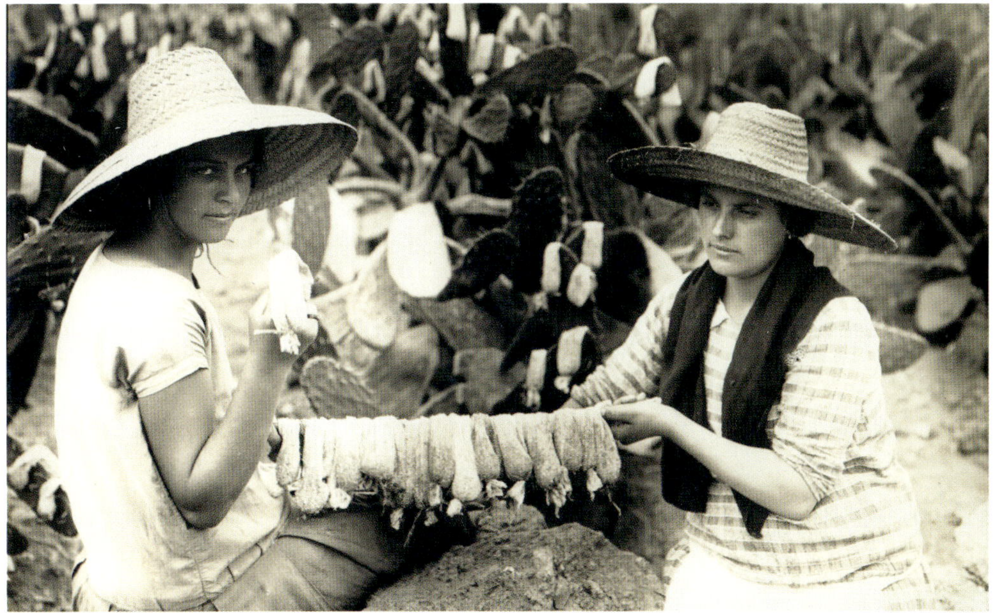

TEODORO MAISCH. Trabajadoras de la cochinilla. Gelatina bromuro. *ca.* 1920. Arucas. Archivo de fotografía histórica de Canarias. Cabildo de Gran Canaria. Fedac.

Maisch se trasladó a Gran Canaria después del fracaso de la insurrección espartaquista en enero de 1919 y en su formación fotográfica recibió influencias del ambiente político y social de la Alemania prerrevolucionaria. Fueron especialmente fuertes los influjos de los círculos de fotografía obrera (un movimiento que se denominaba '*La fotografía desde abajo*'), que empezaron a extenderse en Alemania desde 1917 y que alcanzaron su mayor desarrollo con la publicación de las revistas *Arbeiter Illustrierte Zeitung* y *Der Arbeiter-Fotograf*[38] en la década de 1920[39]. En Gran Canaria, Maisch desarrolló una intensa vida social vinculada a la intelectualidad y cultura isleña, estableciendo relaciones con el Museo Canario y la Escuela Luján Pérez para quienes realizó gran cantidad de trabajos fotográficos, así como con artistas como Jesús Arencibia, el pintor de Tamaraceite, y con el joven Juan Ismael al que, cuando llegó a Gran Canaria en 1927, no sólo contrató como ayudante en su estudio fotográfico, sino que también lo alojó en su propio domicilio[40]. Sus trabajos fotográficos fueron pu-

38. *Revista ilustrada de los obreros* y *El fotógrafo obrero.*
39. VV.AA. (2011): *El movimiento de la fotografía obrera (1926-1939)*, Museo Nacional Centro de Arte Reina Sofía, Madrid.
40. VV.AA.: *Informazioa bilduz. Documentándonos sobre Juan Ismael*, Arte Garaikideko Euskal Zentro-Museoa, Centro Museo Vasco de Arte Contemporáneo, Vitoria-Gasteiz. Disponible en http:/www.artium.eus/es/. Consulta de 6 de marzo 2019. CARREÑO CORBELLA, Pilar (2014): "Juan Ismael en tiempos de vanguardia", en *Anuario del Instituto de Estudios Canarios LVIII*, Instituto de Estudios Canarios, Tenerife.

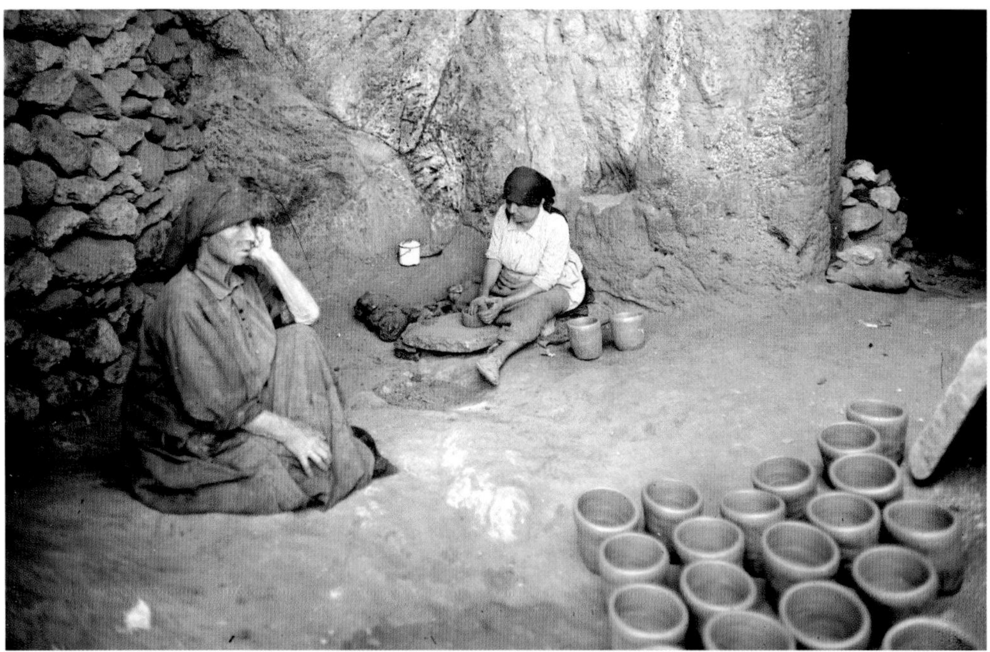

TEODORO MAISCH. Alfareras de La Atalaya. Placa negativa a la gelatina bromuro. *ca.* 1925. Santa Brígida. Archivo de fotografía histórica de Canarias. Cabildo de Gran Canaria. Fedac.

blicados en diversas revistas insulares como *Hespérides, Canarias Turista* o *Isla* y en publicaciones nacionales como *Foto*, de Barcelona[41].

Bajo la influencia de Maisch, Juan Ismael le acompañó en su incorporación a la logia masónica Andamana en 1929. Teodoro Maisch adoptó el nombre simbólico de *Lafere* y en diciembre de 1931 fue nombrado maestro de ceremonias en grado 3º. Dos años después, con motivo de la visita a Gran Canaria de la logia Añaza de Santa Cruz de Tenerife, Maisch le regaló a esta organización un álbum fotográfico recordatorio de las excursiones que realizaron por la isla.

En los primeros meses de 1940 Maisch fue denunciado por masón ante el Tribunal para la Represión de la Masonería y el Comunismo. El 30 de mayo de ese año fue interrogado por dicho tribunal, retractándose, sin delatar a nadie, de su pertenencia a la logia. El Tribunal Superior de Madrid no creyó en la sinceridad de la retractación de Maisch y todavía en 1945 instó a la Comisaría de Las Palmas a que lo detuviera. Sin embargo, no había nadie a quien detener, la salud de Teodoro Maisch no pudo superar los rigores del interrogatorio fascista y murió 14 días después de haber comparecido ante el Tribunal en 1940.[42]

41. VEGA DE LA ROSA, Carmelo: Opus cit.
42. Centro Documental de la Memoria Histórica. EXP2347, B_C622, EXP11702. Salamanca. España.

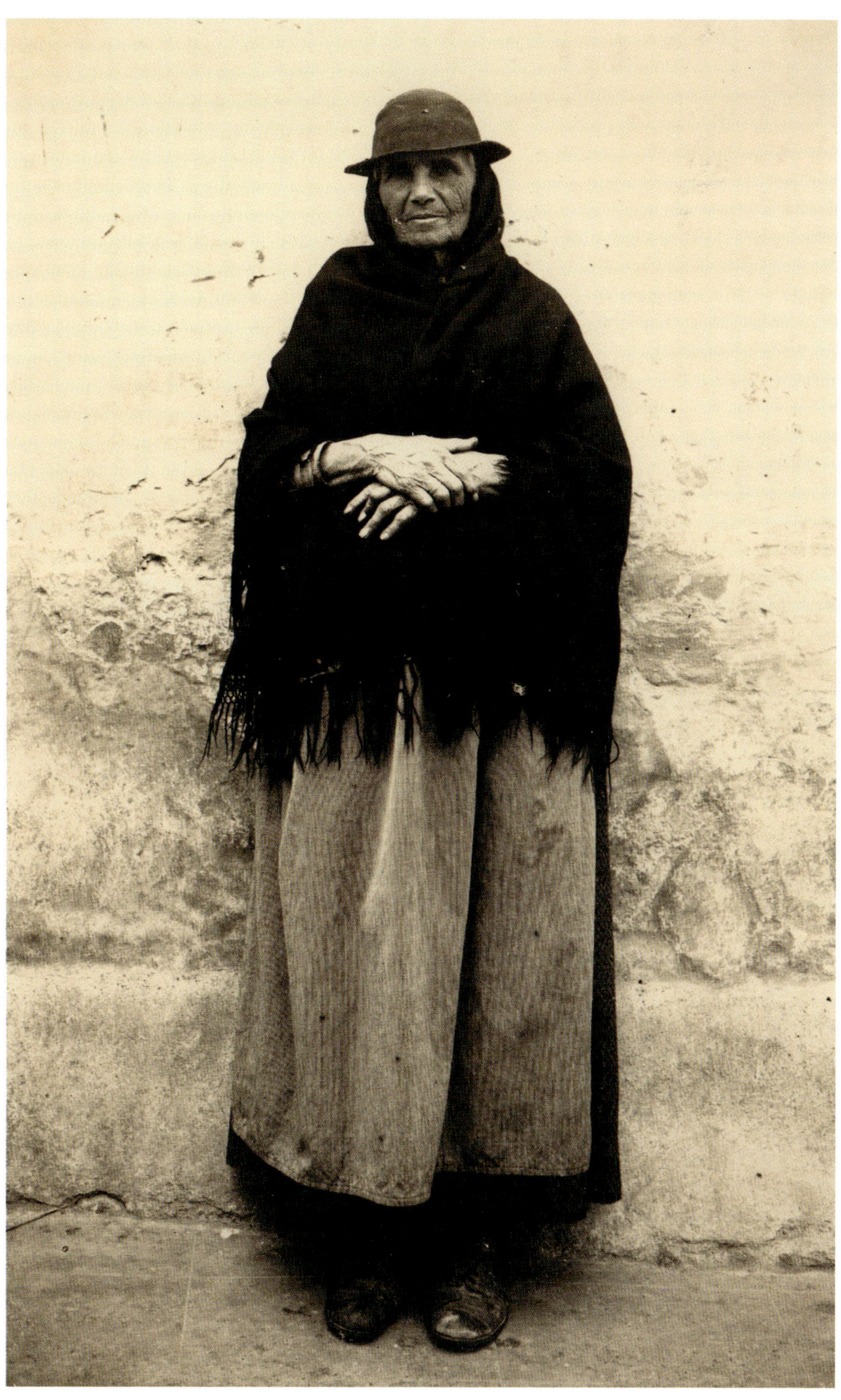

TEODORO MAISCH. Campesina canaria. Gelatina bromuro. *ca.* 1920. Arucas. Archivo de fotografía histórica de Canarias. Cabildo de Gran Canaria. Fedac.

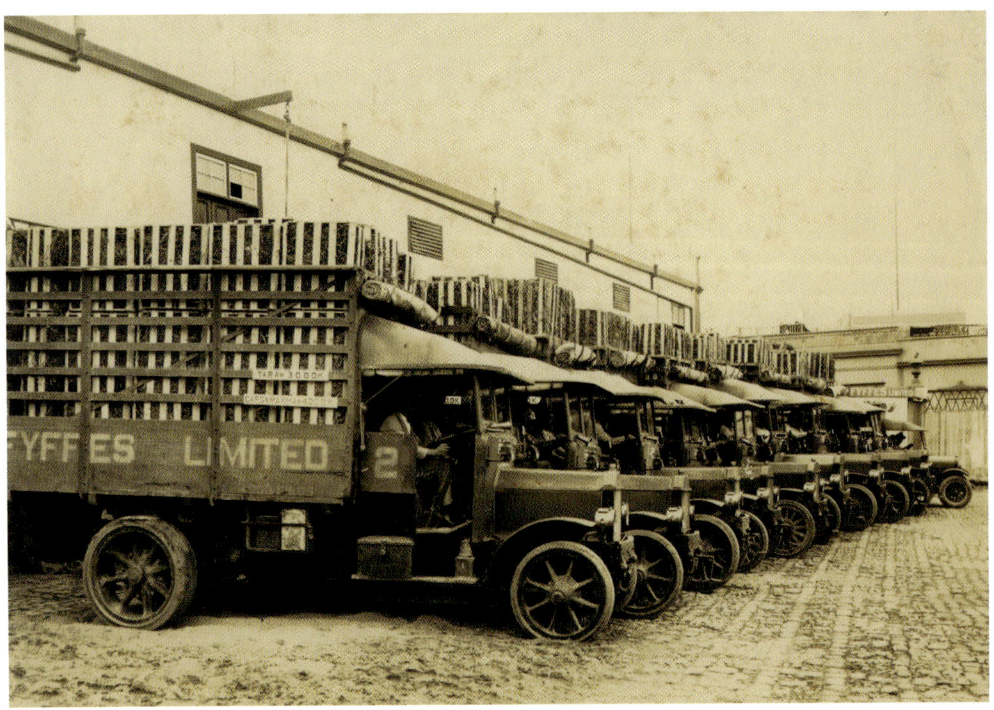

TEODORO MAISCH. Camiones de *Fyffes Limited.* Gelatina bromuro. *ca.* 1923. Las Palmas de Gran Canaria. Archivo de fotografía histórica de Canarias. Cabildo de Gran Canaria. Fedac.

> «*Carromatos tardos y ágiles camiones*
> *Transportan al puerto tu riqueza agraria*»

Esta versión fotográfica del poema de Tomás Morales, incluida en su libro *Las Rosas de Hércules* y publicado en 1922, nos muestra el profundo conocimiento que tenía Maisch sobre la cultura que se estaba creando en la Gran Canaria de los años 20.

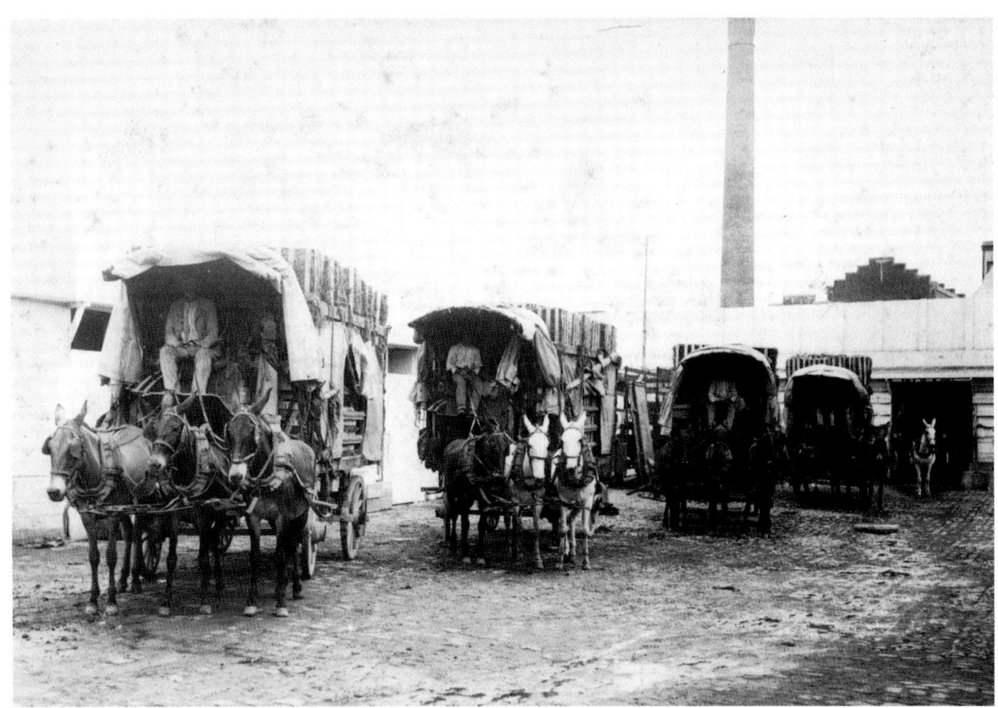

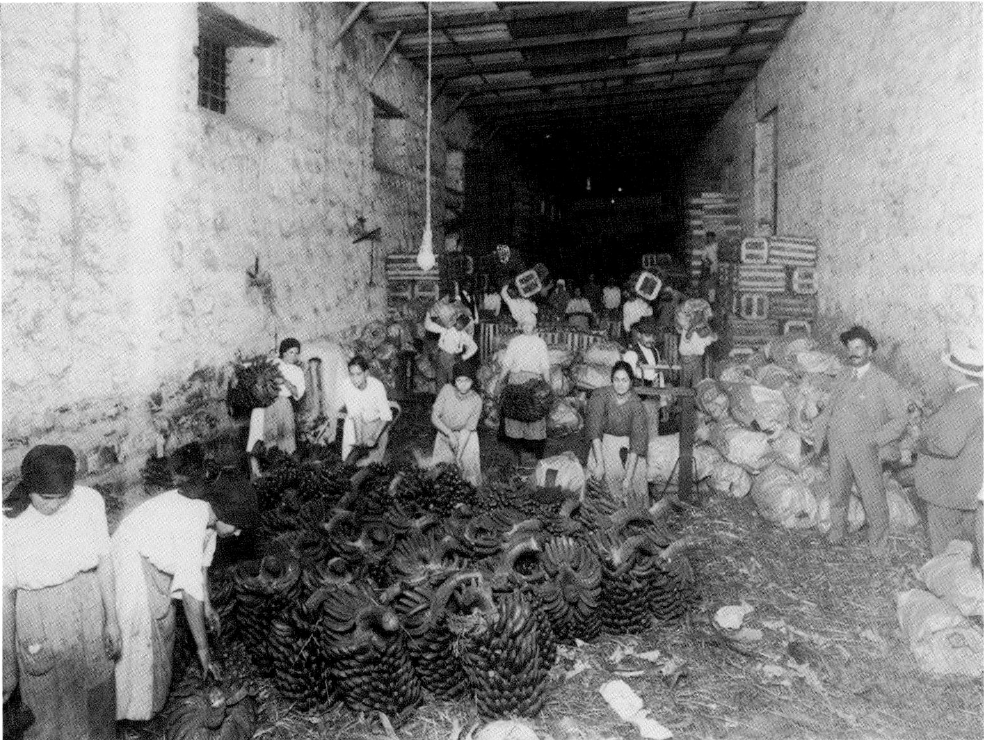

TEODORO MAISCH. Imagen superior, almacenes de la Elder junto a la Industria Mecánica. Gelatina bromuro. *ca.* 1923. Fotografía inferior: almacén de empaquetado de plátanos. Gelatina bromuro. 1928. Las Palmas de Gran Canaria. Archivo de fotografía histórica de Canarias. Cabildo de Gran Canaria. Fedac.

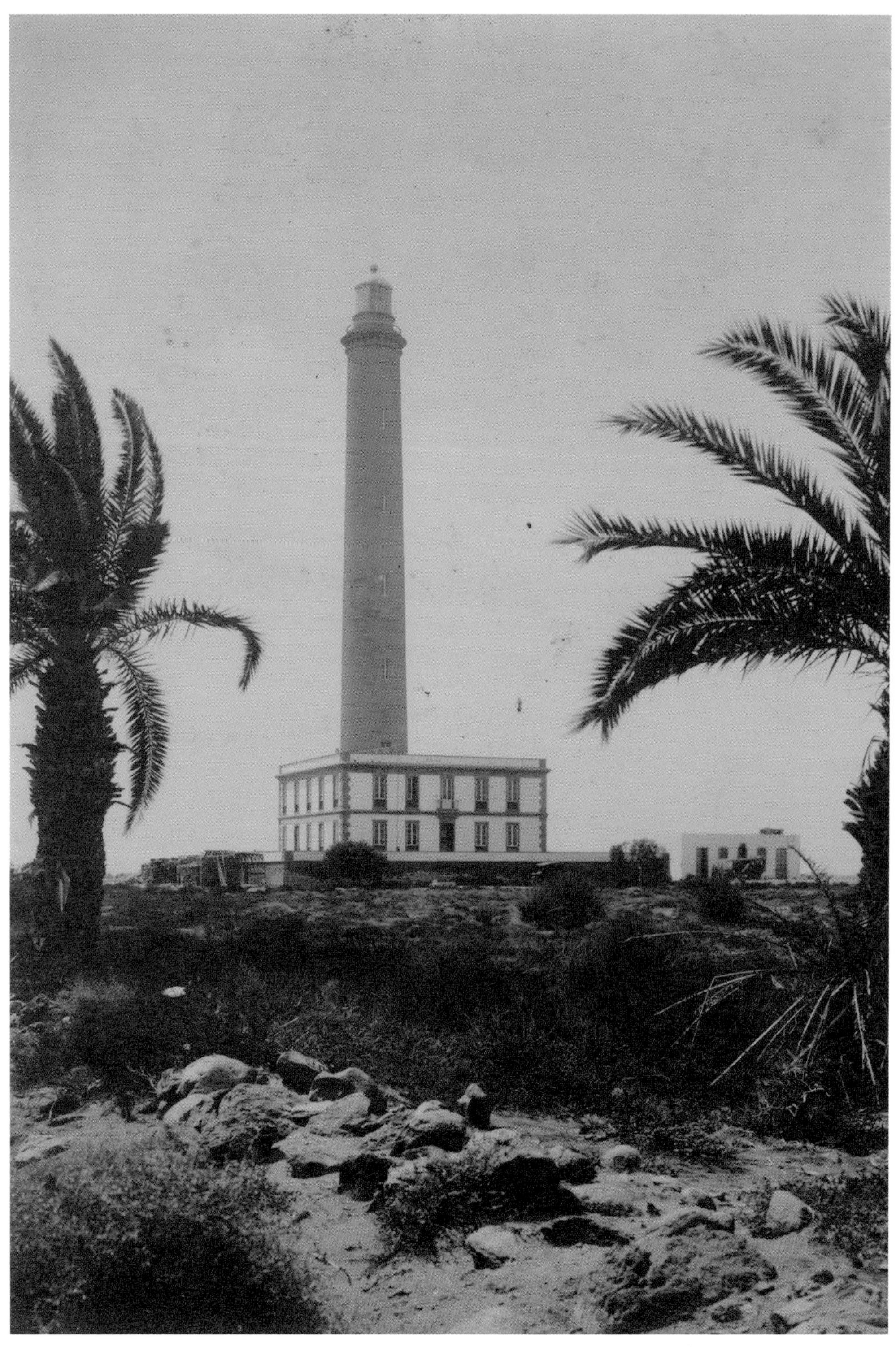

TEODORO MAISCH. Faro de Maspalomas. Gelatina bromuro. *ca.* 1925. San Bartolomé de Tirajana. Archivo de fotografía histórica de Canarias. Cabildo de Gran Canaria. Fedac.

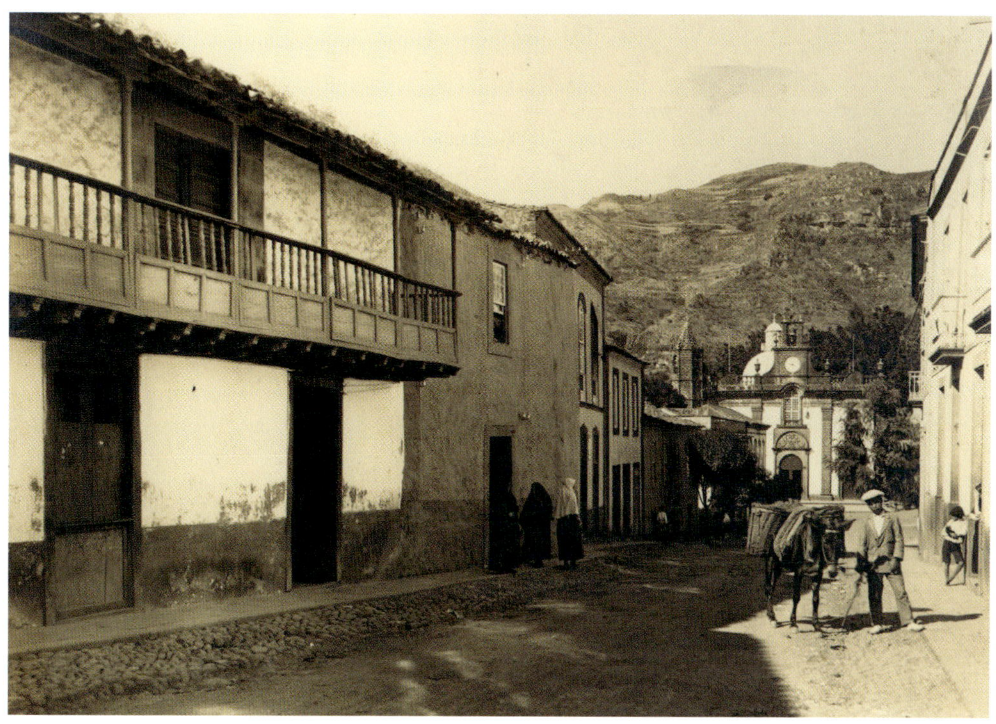

TEODORO MAISCH. Calle Real de Teror. Gelatina bromuro. *ca.* 1926. Las Palmas de Gran Canaria. Archivo de fotografía histórica de Canarias. Cabildo de Gran Canaria. Fedac.

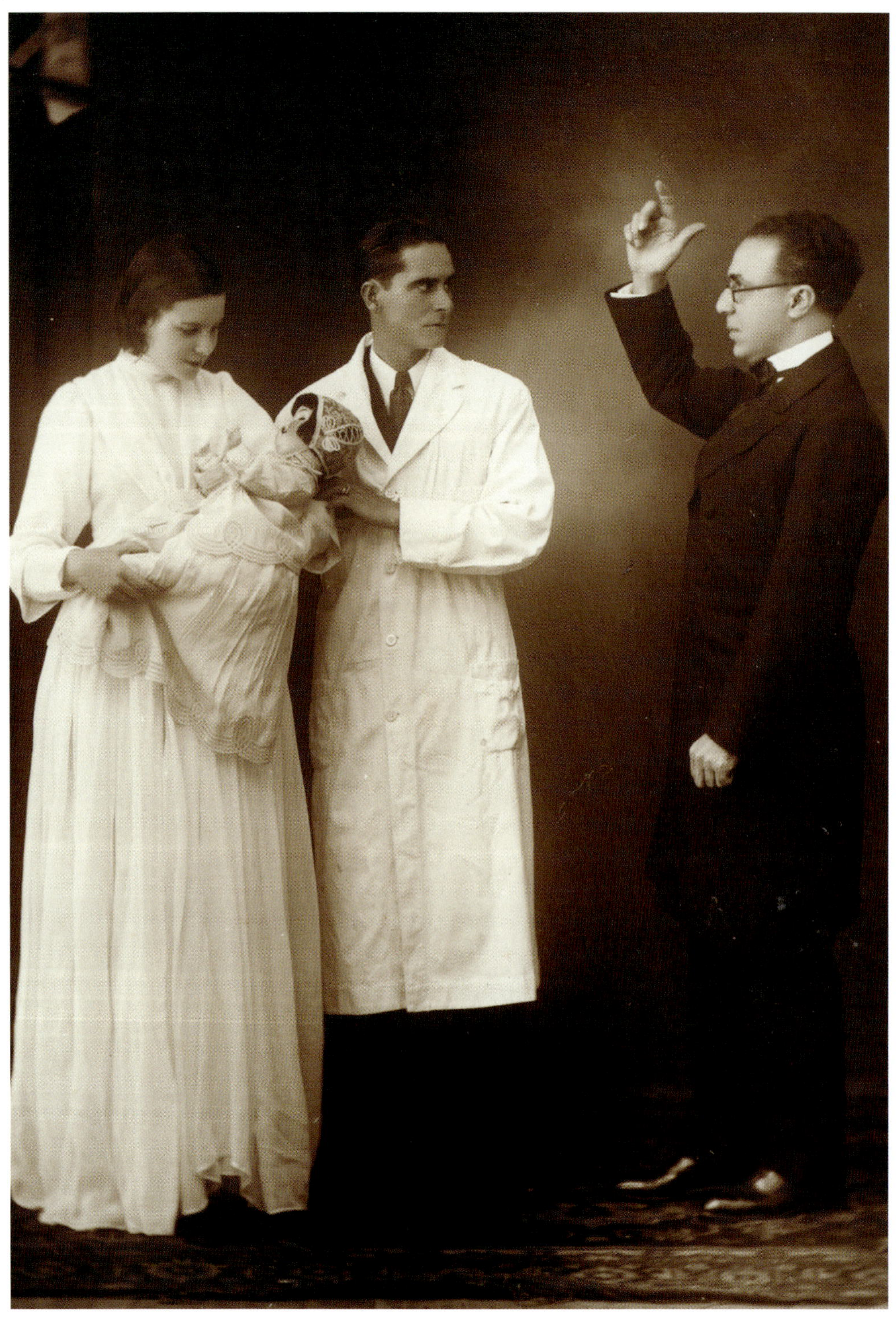

TEODORO MAISCH. Recreación de una escena de la obra teatral *Electra*. Gelatina bromuro. *ca.* 1925-1930. Las Palmas de Gran Canaria. Archivo de fotografía histórica de Canarias. Cabildo de Gran Canaria. Fedac.

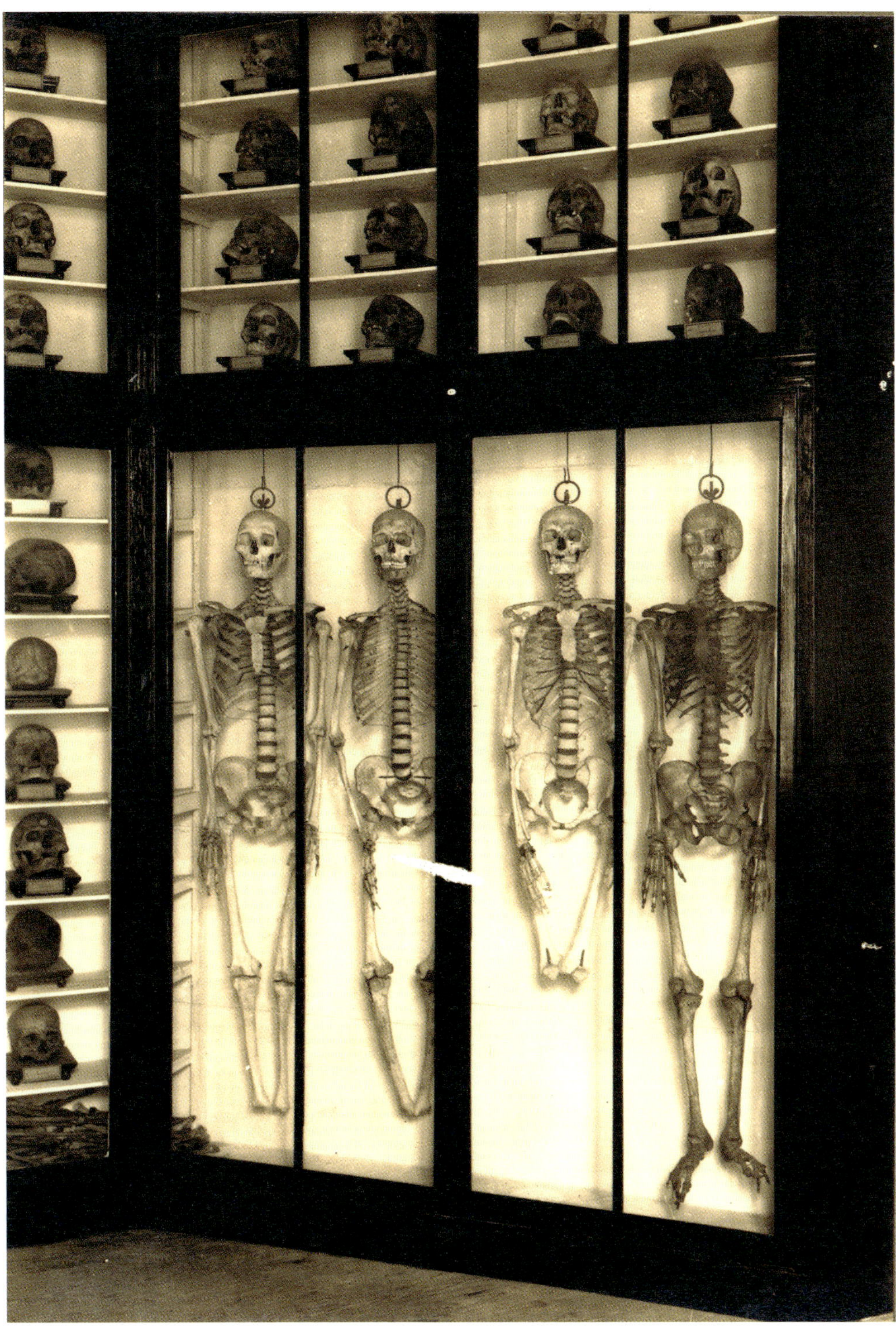

TEODORO MAISCH. Salas del Museo Canario. Gelatina bromuro. *ca.* 1930-1935. Las Palmas de Gran Canaria. Archivo de fotografía histórica de Canarias. Cabildo de Gran Canaria. Fedac.

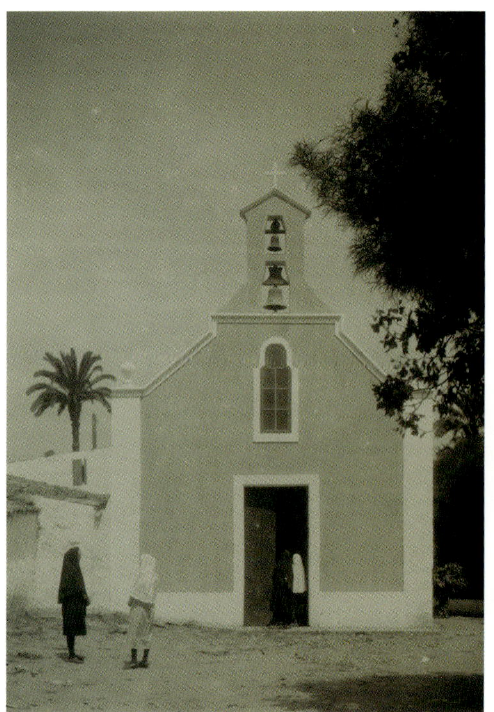

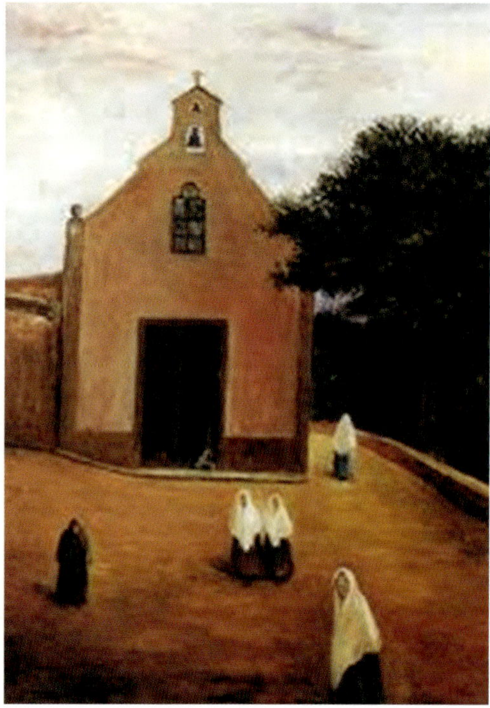

A la izquierda, detalle de fotografia realizada por TEODORO MAISCH. Ermita de San Antonio Abad en la Mayordomía de Tamaraceite. Gelatina bromuro. 1928. Las Palmas de Gran Canaria. Archivo de fotografía histórica de Canarias. Cabildo de Gran Canaria. Fedac. A la derecha, Óleo sobre lienzo realizado por JESÚS ARENCIBIA. Mayordomía de Tamaraceite. 1928. Reproducción facilitada por familiares de Jesús Arencibia.

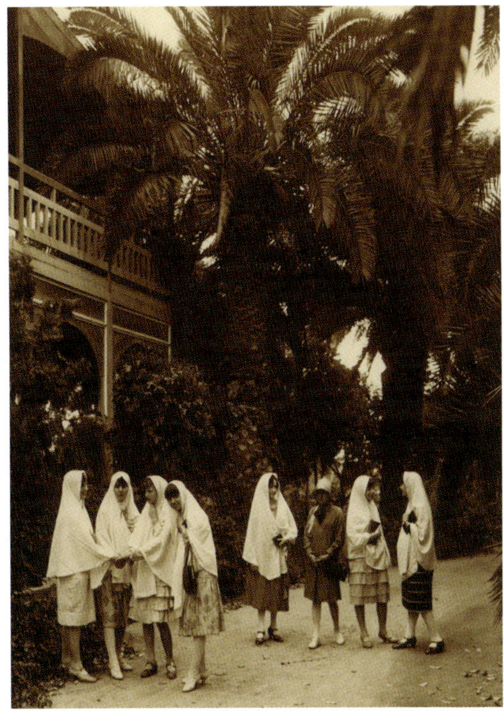
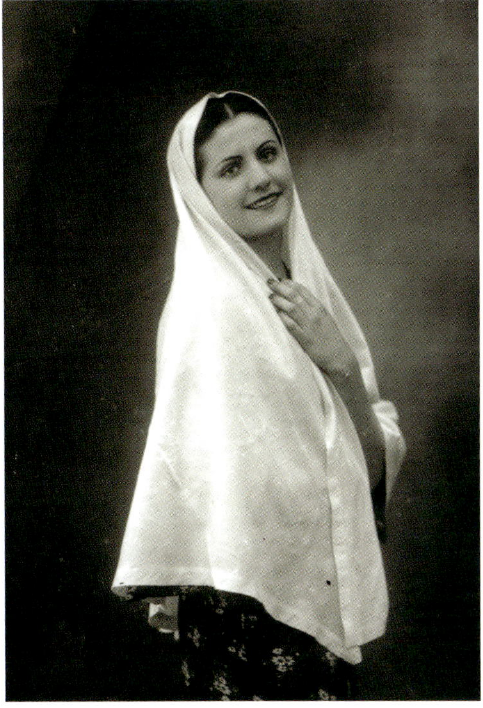

TEODORO MAISCH. A la izquierda: mujeres con mantilla en los jardínes del Hotel Santa Catalina. Gelatina bromuro. *ca.* 1927-1930. A la derecha: retrato de Maruca Penichet. Miss Gran Canaria tocada con mantilla. Placa negativa a la gelatina bromuro. 1930. Las Palmas de Gran Canaria. Archivo de fotografía histórica de Canarias. Cabildo de Gran Canaria. Fedac.

PÁGINA SIGUIENTE ▸

TEODORO MAISCH. Excursión de la Escuela Luján Pérez a la cumbre. Gelatina bromuro. 1930. Tejeda. Archivo de fotografía histórica de Canarias. Cabildo de Gran Canaria. Fedac.

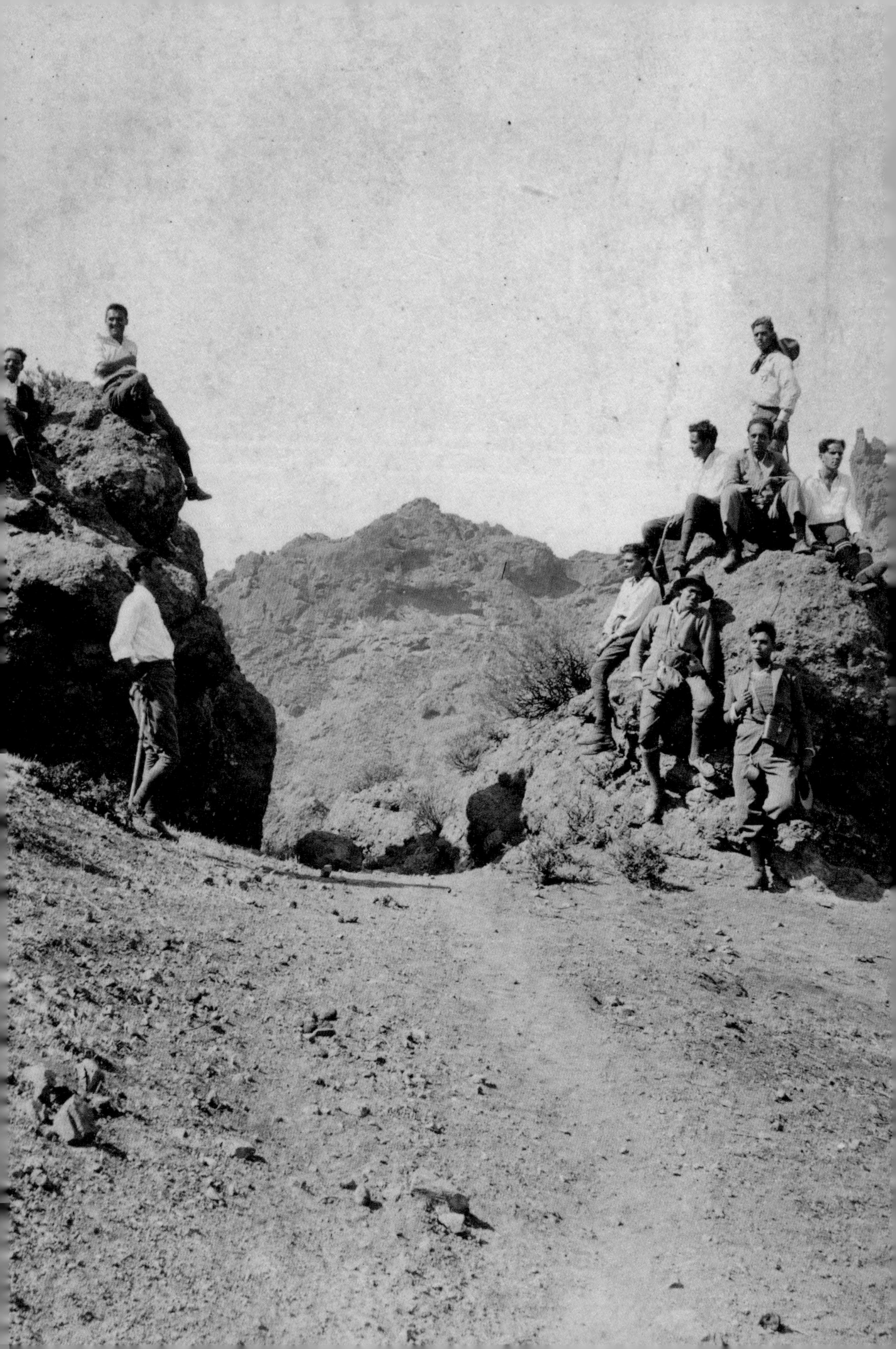

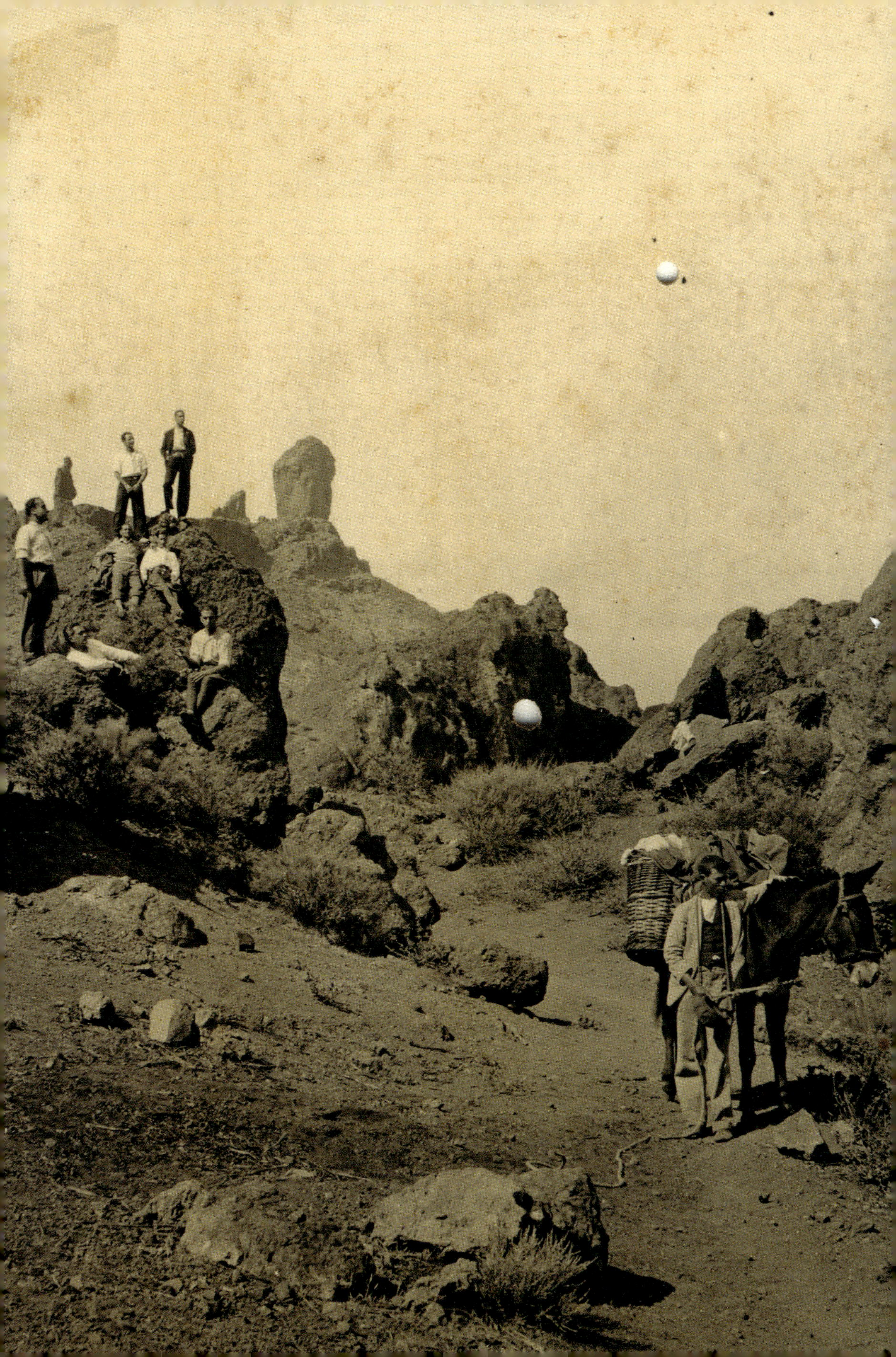

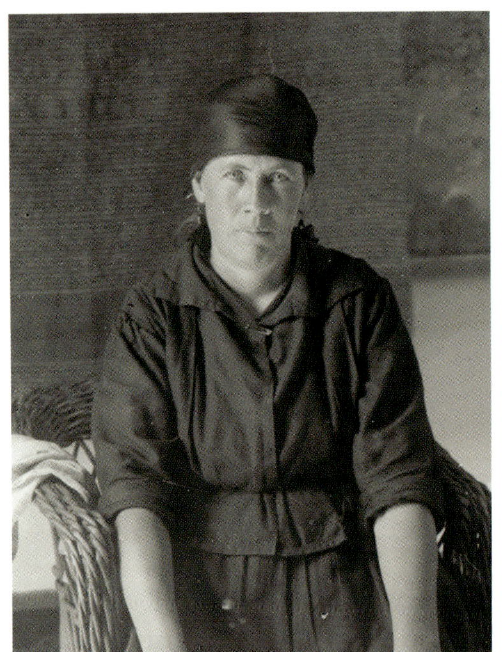
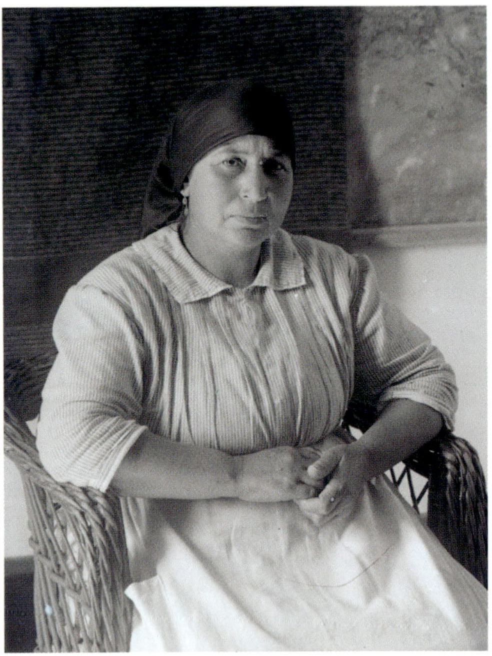
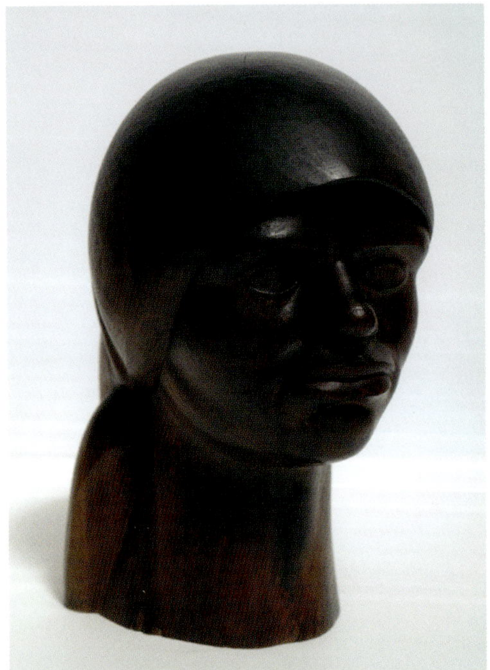
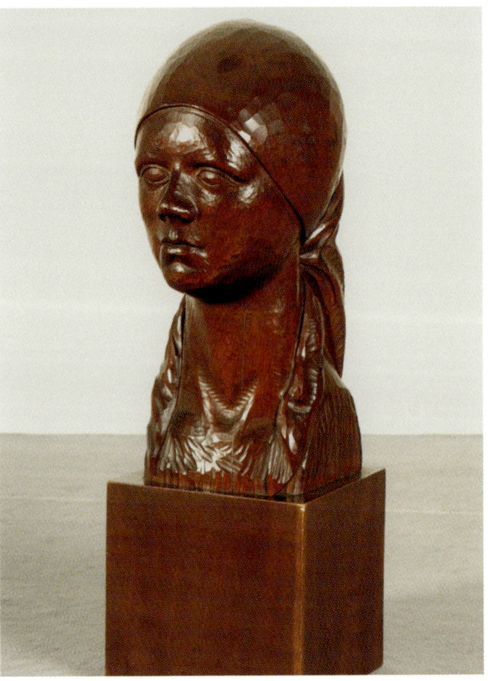

Arriba: fotografias realizadas por TEODORO MAISCH. Retratos de mujeres trabajadoras. Placa negativa a la gelatina bromuro. *ca.* 1927-1930. Las Palmas de Gran Canaria. Archivo de fotografía histórica de Canarias. Cabildo de Gran Canaria. Fedac. Abajo a la izquierda: Escultura realizada por PLÁCIDO FLEITAS Cabeza de mujer, ca. 1936. Talla en madera de caoba, 31,5 x 25 x 18 cm. Colección Gabinete Literario de Las Palmas de Gran Canaria. Foto: Nacho González. Abajo a la derecha: escultura de Eduardo Gregorio. Talayera, 1929. Talla en madera. 60 x 20 x 18 cm. Ayuntamiento de Las Palmas de Gran Canaria. Foto: Héctor Vera

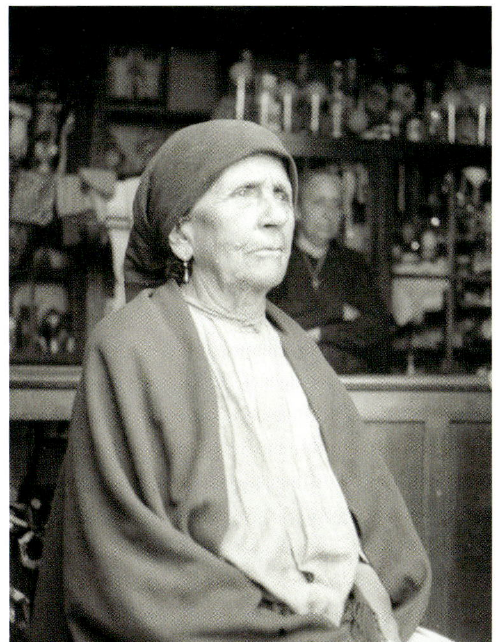

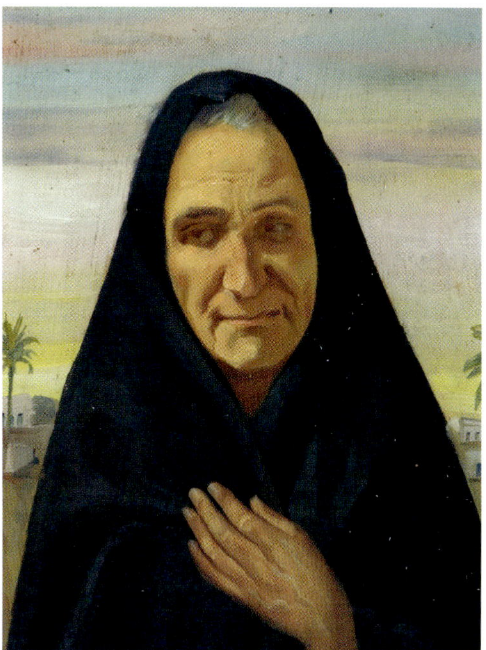

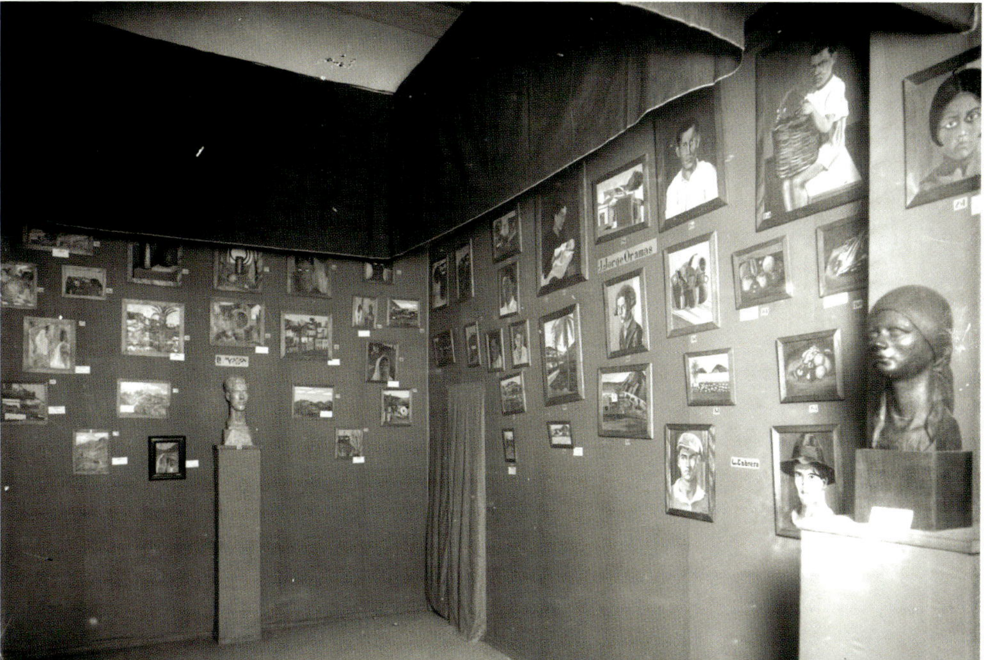

Arriba a la izquierda: fotografía de TEODORO MAISCH. Abuela en la tienda. Placa negativa a la gelatina bromuro. *ca.* 1935. Las Palmas de Gran Canaria. Archivo de fotografía histórica de Canarias. Cabildo de Gran Canaria. Fedac. Arriba a la derecha: pintura de CIRILO SUÁREZ. Mujer con mantilla. 1938 Óleo sobre tabla, 19x25 cm. Abajo: fotografía de TEODORO MAISCH. La exposición de la Escuela Luján Pérez. 1929-1930. Placa negativa a la gelatina bromuro. 1930. Las Palmas de Gran Canaria. Archivo del Museo Canario.

Del análisis de la producción fotográfica de Teodoro Maisch resulta evidente su participación en la creación de la iconografía de Gran Canaria durante su estancia entre nosotros entre 1920 y 1940. Sin embargo, el proceso de construcción de este imaginario empezó décadas antes de la llegada de Maisch a la isla.

Conforme se extendió la técnica fotográfica *printer out paper* sobre papeles albuminados, los fotógrafos fueron sacando también sus objetivos a las calles de las islas, al mismo tiempo que los diversos grupos de las colonias europeas y los primeros turistas que nos visitaban realizaban, de la mano de la oligarquía insular, excursiones al interior de la isla. El objetivo fotográfico comenzaba a registrar múltiples imágenes de los pagos del interior de Gran Canaria. Así, hacia el cambio de siglo, ya con papeles a la gelatina y procedimiento de copia *developing out paper*, los principales rincones del territorio insular habían sido fotografiados.

La mirada del otro, en este caso, se fijaba tanto en lo exótico de los cultivos tropicales que engordaban el negocio de la exportación frutera, como en el exotismo de paisajes y paisanajes diferentes al europeo. Su captura fotográfica ponía las bases para la posterior reproducción fotomecánica que nutrió el negocio de la postal usada como reclamo turístico. Paisaje y paisanaje canario, debidamente embellecido y «editado», comenzaban a satisfacer las necesidades del mercado.

Esa mirada del otro de los primeros turistas que nos visitaban a fines del s. XIX e inicios del s. XX nos equiparaba, bajo su óptica, con las poblaciones moras del noroeste de África. La imagen de los campesinos canarios se vendía en el Sta. Catalina Bazaar de Las Palmas de Gran Canaria como una parte más de las *'Canary and Moorish curiosities'*. A Teodoro Maisch le antecedieron otros fotógrafos europeos como Carl Norman o el propio Friedrich Kurk Herrman, quienes, junto a otros canarios como Luis Ojeda Pérez o Miguel Brito produjeron desde fines del s. XIX una gran cantidad de registros fotográficos enfocados a satisfacer esa mirada, ávida de exotismo, y coadyuvaron, junto a intelectuales y artistas isleños, a la construcción ideológica de la 'identidad canaria'. Fue ese el contexto en que se inventó una 'tradición canaria' capaz de dar soporte ideológico al sistema político isleño, para cohesionar a las poblaciones tras sus clases dirigentes.[43]

Valga de ejemplo de este proceso la confluencia, alrededor de la Escuela Luján Pérez a finales de los años 20, de fotógrafos como Teodoro Maisch y pintores como Jesús Arencibia, Cirilo Suárez o Juan Ismael, además de otros artistas como Plácido Fleitas o Eduardo Gregorio. La obra artística de Néstor Martín-Fernández de la Torre sintetiza extraordinariamente esta construcción ideológica del 'exotismo canario', como marchamo identitario que uniera a la población insular en torno a los sectores dominantes de la sociedad. Una construcción cultural

43 HOBSBAWM, Eric. *Opus cit.*

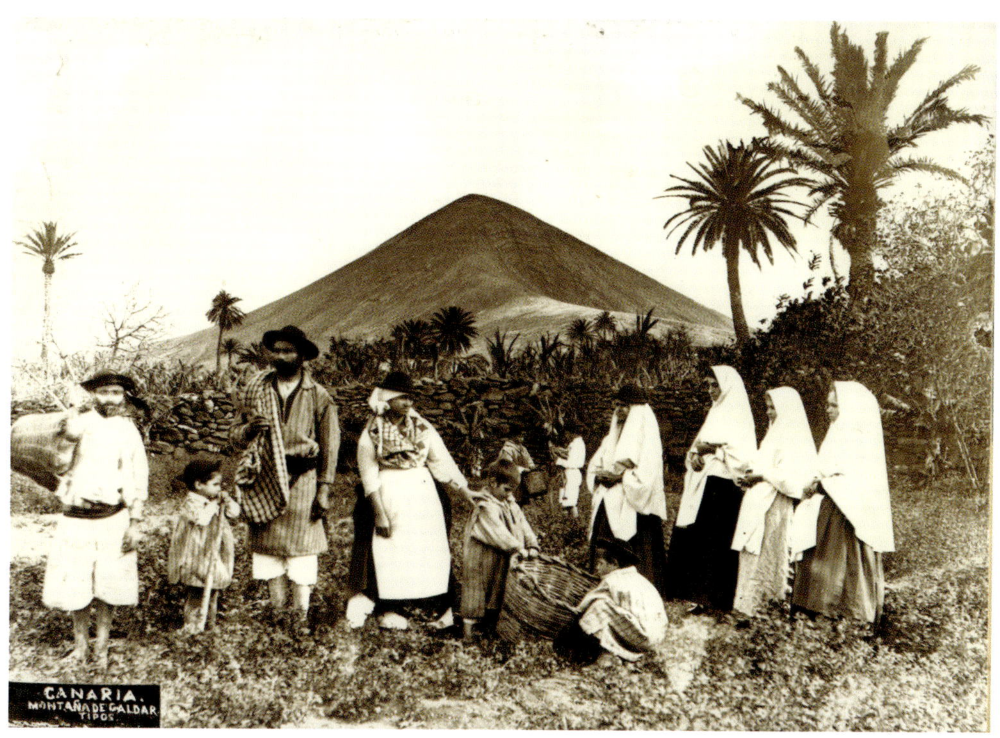

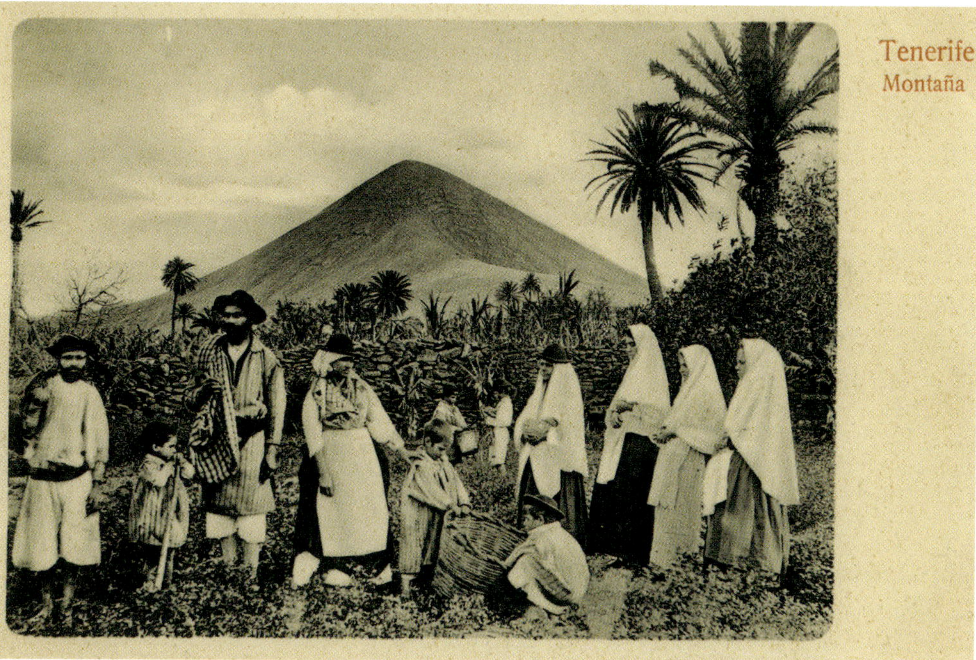

LUIS OJEDA PÉREZ. Arriba: Cho Bartolo, el de la degollada. Gáldar, 1885. Albúmina, Gáldar. 1885. Abajo: postal turística promocionando Tenerife, *circa* 1900. Desde finales del s. XIX era frecuente que los fotógrafos editaran sus fotografías en formato postal y las publicitaran como de otros lugares para aprovechar los cartones postales ya titulados de que disponían. En este caso imágenes de Gran Canaria publicitando a Tenerife. Archivo de fotografía histórica de Canarias. Cabildo de Gran Canaria. Fedac.

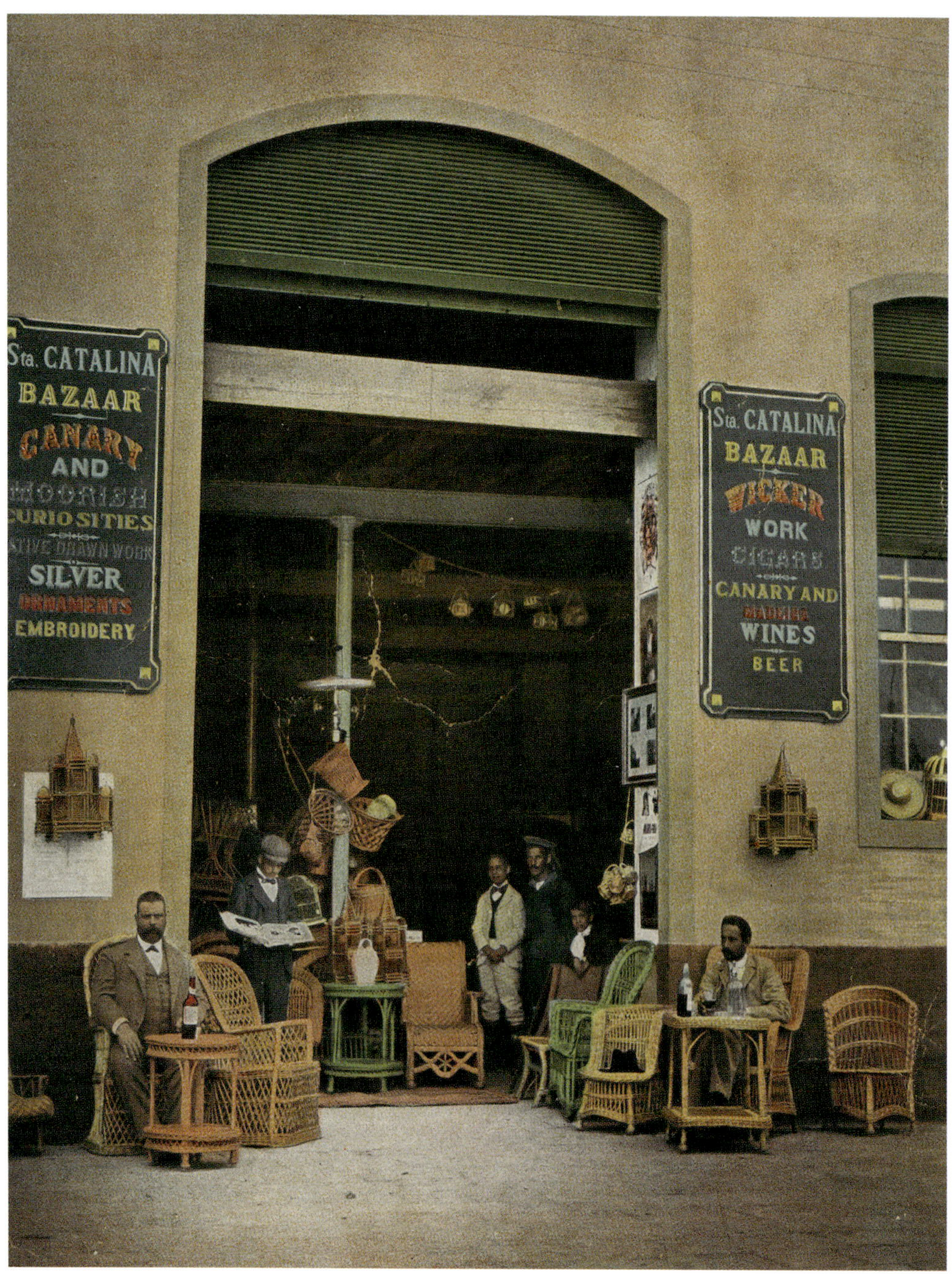

DESCONOCIDO. Sta. Catalina Bazaar. *Canary and Moorish curiosities*. Estaba situado en un lateral del edifico Miller. Además de curiosidades canarias y moras ofrecía servicio de comidas y bebidas. En ese momento, Santa Catalina era el epicentro de la vida comercial en Gran Canaria y allí se podían encontrar todo tipo de servicios, desde los económicos, dispensados por la oficina del Puerto Franco, situada en la cercanía de la Miller, a los espirituales que ofrecía, justo al lado, el almacén del sacerdote británico. Además los viajeros y negociantes en tránsito podían disfrutar de las amplias y ventiladas habitaciones del Hotel Rayo. Tarjeta Postal. *ca*. 1900. Las Palmas de Gran Canaria. Archivo de fotografía histórica de Canarias. Cabildo de Gran Canaria. Fedac.

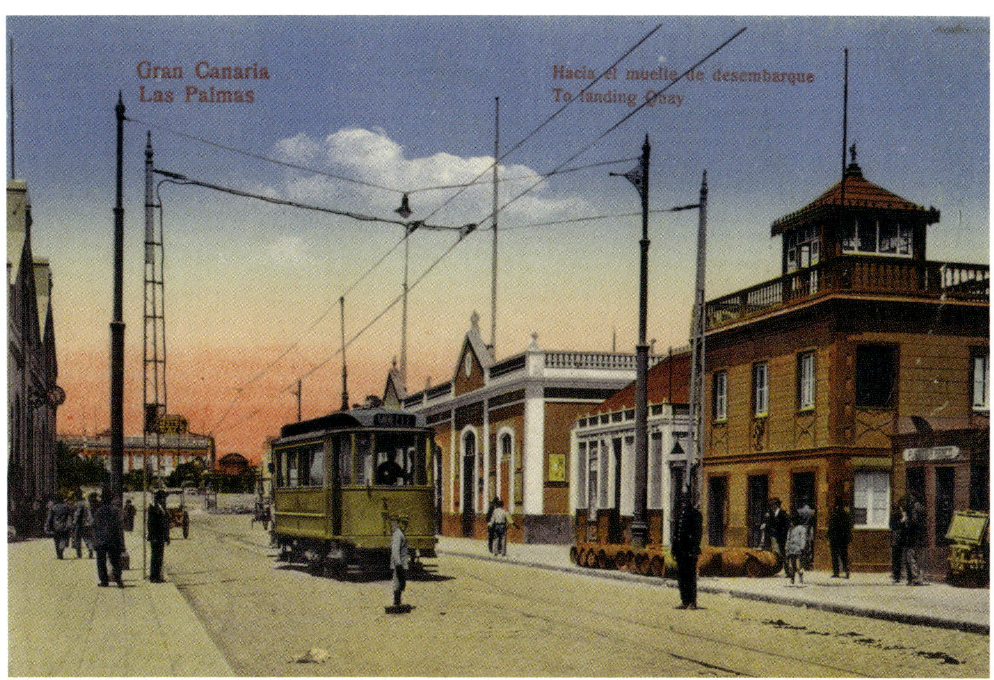

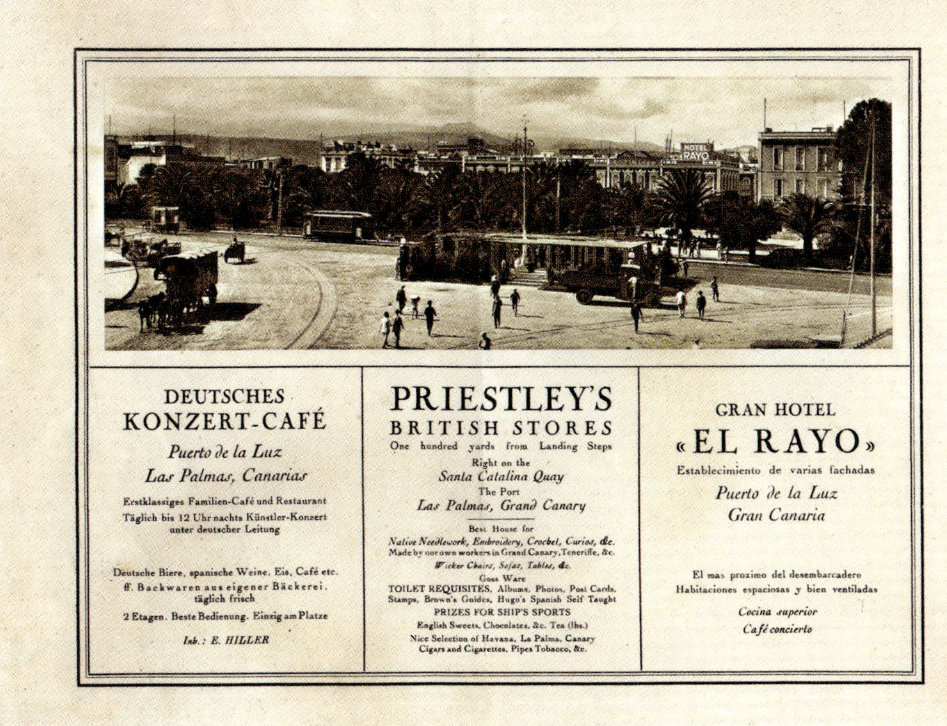

Imagen superior de FRIEDRICH KURT HERRMANN. Tranvía del Puerto entrando al muelle de Santa Catalina. Tarjeta Postal. *ca.* 1913. Imagen inferior: publicidad del "*Priestley's British Stores*" (La tienda del sacerdote británico) y del Hotel Rayo. Tarjeta Postal. *ca.* 1905. Las Palmas de Gran Canaria. Archivo de fotografía histórica de Canarias. Cabildo de Gran Canaria. Fedac.

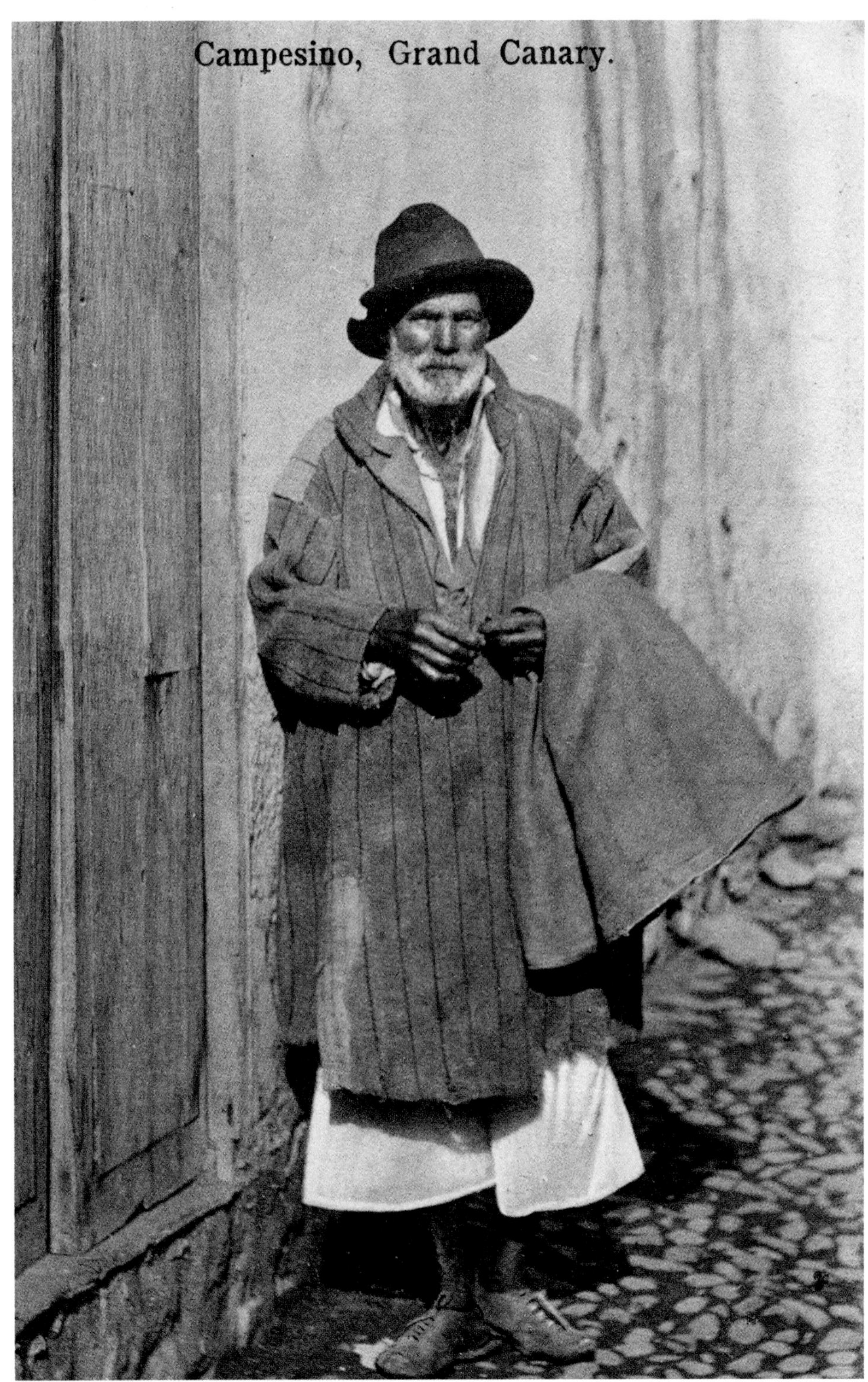

LUIS OJEDA PÉREZ. Campesino grancanario. Albúmina. ca. *1895*. Gran Canaria. Archivo de fotografía histórica de Canarias. Cabildo de Gran Canaria. Fedac.

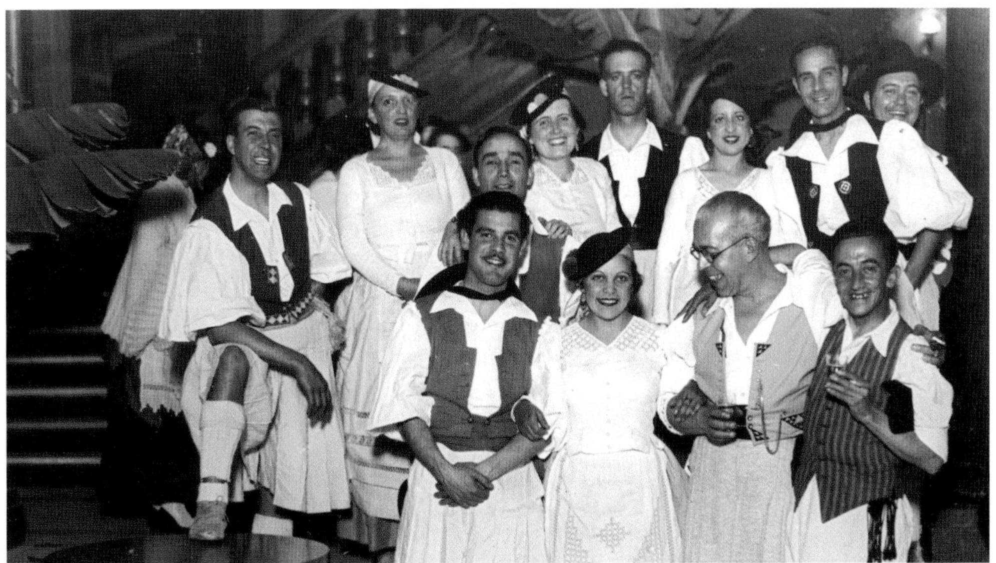

DESCONOCIDO. Néstor Martín Fernández de la Torre en la presentación de su traje. Gelatina bromuro. 1934. Las Palmas de Gran Canaria. Archivo de fotografía histórica de Canarias. Cabildo de Gran Canaria. Fedac.

que además podía ser usada como reclamo publicitario para atraer a los turistas: *«...el turista pide siempre lo que para él es exótico... espera encontrar un motivo que le satisfaga, y la realidad debe responder a este deseo».*[44]

A mediados de la década 1930, Néstor Martín Fernández de Torre, mediante la intervención de un amigo común, Federico García Lorca, invitó a visitar la isla a Encarnación López, la 'Argentinita', famosa cantante hispano-argentina que había puesto voz a su *Cancionero Popular Español.* A la 'Argentinita' no le gustó en absoluto la música folclórica canaria que escuchó en un espectáculo al que la llevaron y se negó a incorporar a sus actuaciones alguna canción canaria. Maguado[45] por esta reacción Néstor Álamo improvisó la composición de *Sombras del Nublo*, para ofrecer a la cantante hispano-argentina una

44. MARTÍN FERNÁNDEZ DE LA TORRE, Néstor (1936): *Habla Néstor*. Tras la presentación de su traje típico en 1934 Néstor recibió diversas críticas porque dicho traje no se parecía a la vestimenta popular de los grancanarios. Se defenderá en una conferencia, publicada póstumamente en 1939 con prólogo de Domingo Doreste, "Fray Lesco". La conferencia se dictó el 18 de abril de 1936 cuando la Junta Provincial del Turismo de Las Palmas se reunió, en sesión extraordinaria, para solamente escuchar a Néstor sobre su tema entonces predilecto, a saber: las orientaciones de lo que pudiéramos llamar política turística en Gran Canaria. Fue aquella amigable conferencia como una síntesis, mejor pensada, de sus frecuentes charlas anteriores. Fue su charla máxima y capital. Se ha tratado de recopilarla en este folleto, que editó la propia Junta. Memoria Digital de Canarias. Universidad de Las Palmas de Gran Canaria. Disponible en https://mdc.ulpgc.es/u?/MDC,85701. Consulta de 9 de febrero de 2020.

45. Magua es una palabra canaria, incorporada a nuestro léxico desde la palabra portuguesa Mágoa —mancha—. En su sentido metafórico significa pena, lástima o añoranza; unos sentimientos parecidos a los de la saudade portuguesa. Academia Canaria de la Lengua. Diccionario canario. Disponible en https://bit.ly/2W1xAul. Consulta de 8 de marzo de 2020.

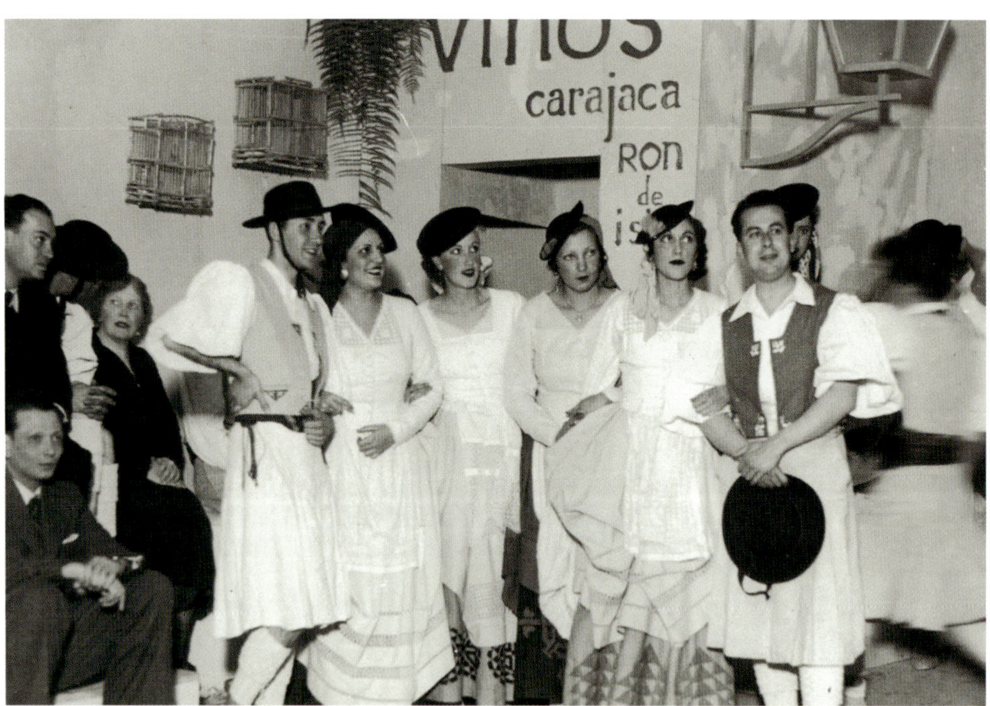

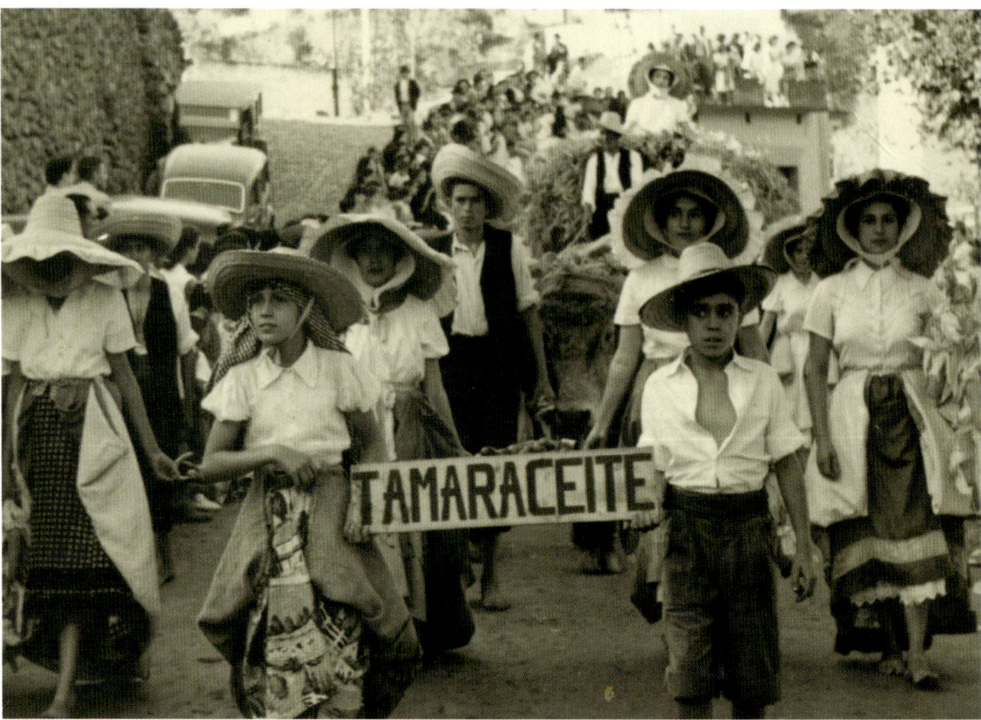

DESCONOCIDO. ARRIBA: Los jóvenes Rodríguez Doreste y Néstor Álamo en la presentación del traje de Néstor Martín Fernández de la Torre. Gelatina bromuro. 1934. Abajo: Vecinos de Tamaraceite en la romería del Pino ataviados con vestidos diseñados por Jesús Arencibia. Gelatina bromuro. 1952. Las Palmas de Gran Canaria. Archivo de fotografía histórica de Canarias. Cabildo de Gran Canaria. Fedac

canción que diera la talla y no se sintiera defraudada por lo oído en aquel espectáculo.[46]

La demostración del traje típico de Néstor Martín en 1934 en el teatro Pérez Galdós y la encendida defensa del mismo que hizo su autor, así como la composición de *Sombra del Nublo* por Néstor Álamo en 1936, y su presentación en sociedad, interpretada por Josefina de la Torre, en 1937 en el mismo teatro durante la Fiesta Pascual de Gran Canaria que proyectó Néstor Martín antes de su fallecimiento,[47] marcaron dos hitos en la construcción ideológica y cultural de esa 'identidad canaria', fundamentada en la necesidad de que la realidad satisficiera la avidez del turista por consumir el 'exotismo canario'. Y es así como una iconografía construida para alegrar la vista de los primeros turistas ha sido convertida en marca de nuestra identidad. Y de aquella canción de 1936, compuesta para alegrar el oído de quien nos visitó, hemos hecho el himno de Gran Canaria y se nos ponen los pelos como escarpias cuando la oímos o la entonamos.

Tras la Guerra de España y la 2ª Guerra Mundial, aquella construcción ideológica y cultural de la 'identidad canaria', que venía creciendo a lo largo de los primeros 30 años del s. XX, fue implementada y desarrollada por la política cultural del Cabildo de Gran Canaria, bajo la presidencia de Matías Vega Guerra (de 1945 a 1960). Una política cultural orquestada precisamente por Néstor Álamo y que tuvo en la red de museos insulares; la creación e institucionalización de la romería del Pino; y el fomento del folclore canario, entre otros, sus principales logros. Esa estrategia, con sus fiestas y romerías, con el impulso al folclore y sus trajes típicos, avanzó significativamente en la invención de la 'tradición canaria', al tiempo que sentó las bases institucionales de nuestra 'identidad'. Desde el punto de vista del consumo interno, dotó a la sociedad grancanaria de una imaginería identitaria que cohesionó a la población tras la bandera de 'lo nuestro'. Desde el punto de vista del consumo exterior, esa misma iconografía exótica se empleó como reclamo turístico.

Pero esa ya es otra historia. La que podrá ser contada con las fotografías que muestran como aquella Gran Canaria con la que comenzamos este libro, con sus escasos 80.000 habitantes, ha multiplicado por 10 su población hasta las más de 800.000 personas que la habitamos hoy. Y en particular su capital, Las Palmas de Gran Canaria, que, de una pequeña ciudad de 17.000 habitantes se ha convertido en una atractiva metrópolis atlántica en la que convivimos cerca de 400.000 vecinos de más de 152 nacionalidades del mundo.[48]

---

46. ABRANTE LUIS, Manuel (2006): "Néstor Álamo. Centenario", en la revista *Bienmesabe* de 26.02.2006. Consulta de 9 de febrero de 2019.
47. BETANCOR, Antonio (2012): "Algunos apuntes sobre Sombra del Nublo", en la revista *Bienmesabe*. De 21.11.12. Disponible en https://bit.ly/3aFCJvQ. Consulta de 9 de febrero de 2019.
48. ISTAC. Gobierno de Canarias. Disponible en https://bit.ly/3cIvTaQ. Consulta de 9 de febrero de 2020.

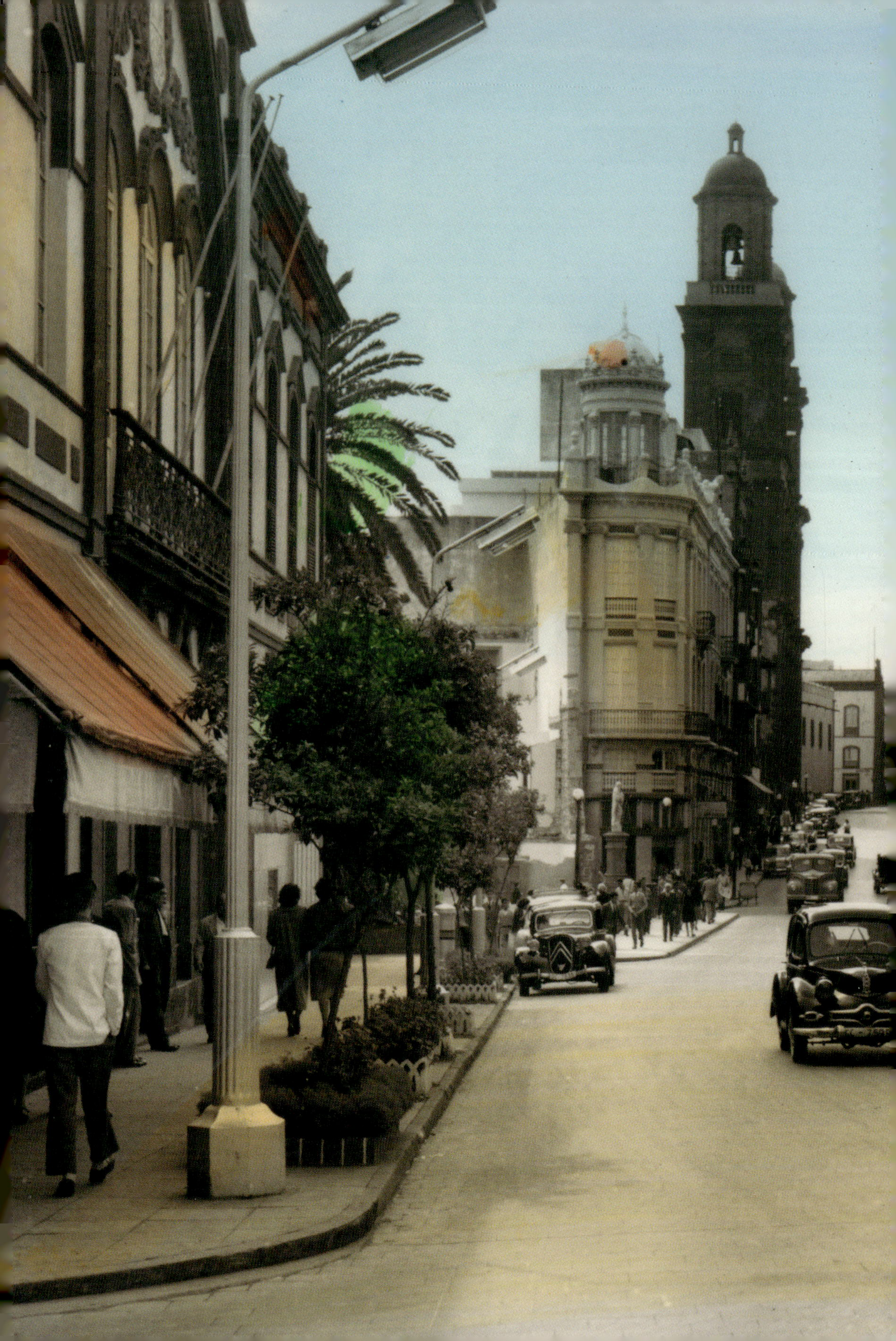

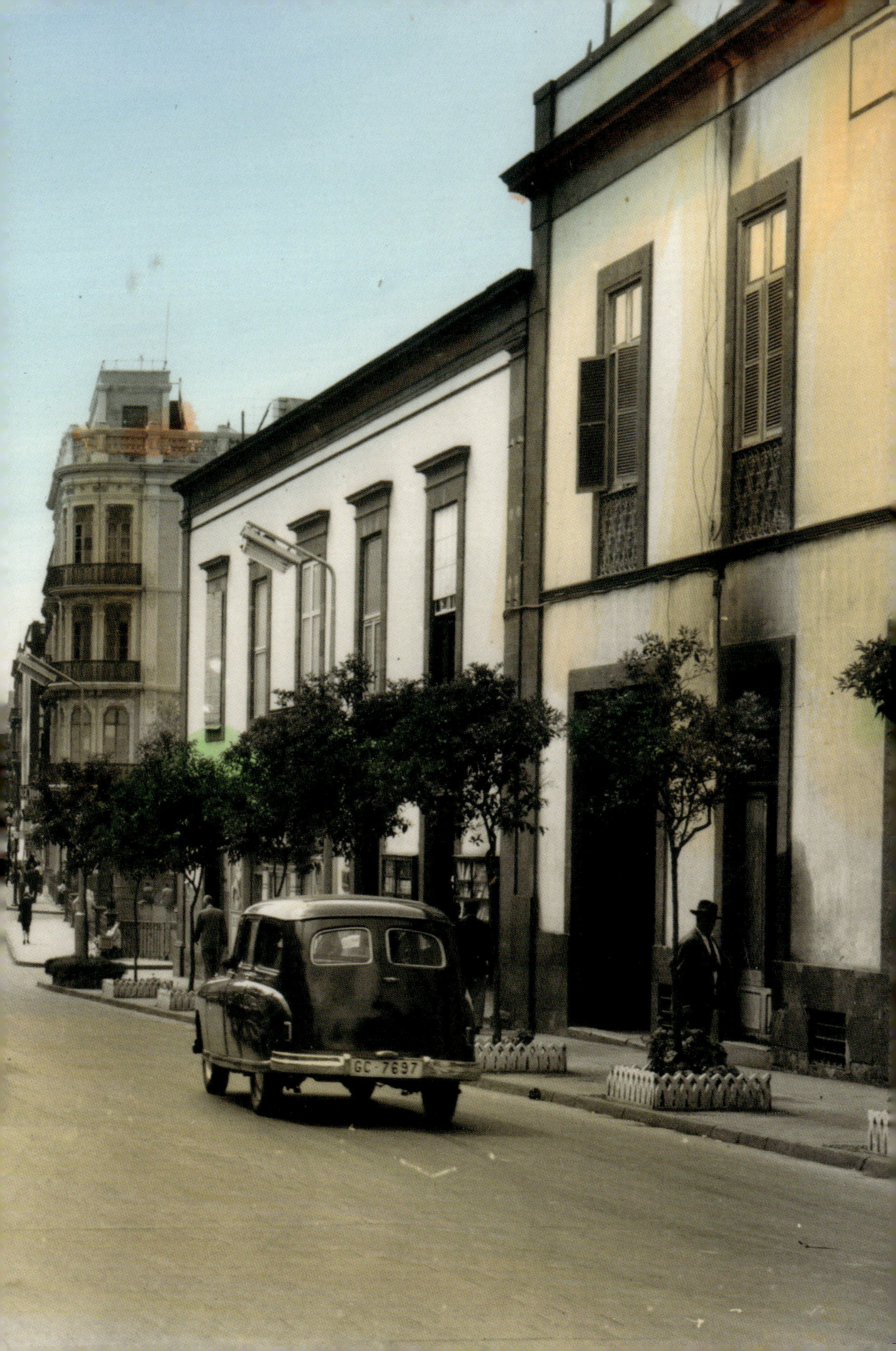
GC-7697

◂ PÁGINA ANTERIOR

DESCONOCIDO. Calle Obispo Codina. Tarjeta postal. Las Palmas de Gran Canaria. *ca.* 1945. Archivo de fotografía histórica de Canarias. Cabildo de Gran Canaria. Fedac.

AGRADECIMIENTOS

Al Cabildo de Gran Canaria por mantener abiertos a la sociedad los fondos y colecciones de su Archivo de fotografía histórica de Canarias. A la Fedac por contribuir a la difusión del patrimonio fotográfico histórico del Archipiélago, implementando la web www.fotosantiguascanarias.org, así como el portal cooperativo de su Archivo, donde todas las instituciones de la isla pueden presentar sus fondos y colecciones fotográficas.

A los museos insulares de la Casa de Colón, Benito Pérez Galdós, León y Castillo, Tomás Morales, Antonio Padrón y Parque Arqueológico Cueva Pintada de Gáldar; a Gran Canaria Espacio Digital; al Museo Néstor Martín Fernández de la Torre; y a todos los ayuntamientos de la isla por compartir sus fondos y colecciones en el mencionado portal web de la Fedac.

Al Archivo Municipal de Arucas, en particular a Antonio Jiménez, quien nos facilitó el acceso a su colección fotográfica de la Guerra Civil; al Archivo Municipal de Guía y a su archivero Sergio Aguiar, quien nos suministró información relevante acerca de Néstor Álamo; a William Miller, quien, desde Londres, nos abrió las puertas del Archivo de la Casa Miller, revelándonos diversos aspectos esenciales de la historia reciente de Gran Canaria; a Víctor Macías, de la Biblioteca de la ULPGC; a Miguel Ángel Martín, del Centro de Datos del Cabildo Lanzarote, por sus consejos y sugerentes puntos de vista; a Germán Santana Pérez, director del Departamento de CC.HH. de la ULPGC, por su amable prólogo y por compartir su red de contactos en los archipiélagos atlánticos y en el África occidental; a Javier Pueyo, de la Casa de Colón, que nos dio acceso al Catálogo de la exposición *Cita a ciegas con la Escuela Luján Pérez*; a Juan Sanabria Medina por sus contribuciones a la historia del Puerto y La Isleta y por compartir su colección fotográfica.

A mis editores, Mario Ferrer y Rubén Acosta, por su paciencia y por las tapas de burgaos y lapas que nos tomamos en cierto bodegón de Arrecife mientras planeábamos la edición de este libro y que estarán de acuerdo conmigo en que nos supo a poco.

Y a todas las personas que contribuyen a conservar y poner en valor el patrimonio fotográfico histórico de Canarias.

Esta edición ha sido realizada bajo las recomendaciones incluidas en el *Manual de Ecoedición* editado por La Consejería de Medio Ambiente y Ordenación del Territorio de la Junta de Andalucía (2014), y amparado por el Ministerio para la Transición Ecológica.

This publication has been printed following the guidelines laid out in the Eco-Printing Manual published by the Andalusian Regional Government's Department of the Environment and Territory Planning (2014) which comes under the auspices of the Ministry for Ecological Transition.

PHOTOGRAPHY IN GRAN CANARIA:

1840 - 1940

"What conclusion are we to reach when we see how on the one hand photographs can be used with great effect to substitute parts of a literary work, whilst on the hand it's the written word that can help the reader reflect upon photographs?"

Heinz Luedecke. "Image and word" in *Der Arbeiter-Fotograf magazine* nº 9. Berlin. 1931.

This book is dedicated to all those people who have contributed, and continue to contribute, to the conservation and preservation of the Canary Islands' historical photographic heritage. And especially to my partner Alicia and my children Irina and Issam, whose lives are a source of inspiration for me and without whose patience, support and love I could not have written this book.

CONTENTS

FOREWORD

Memory is a personal vision of the past that depends on a wide variety of means to aid recollection. Light is one such mechanism and it is precisely those memory-inducing images that emerge thanks to silver salts and their sensitivity to light that Gabriel Betancor discusses in this book. The history of photographs, these silver-tinged souvenirs of the past, is especially significant in the Atlantic's Canary Islands. Not only did they witness the birth of the photographic phenomenon practically as it was invented, but it was also responsible for the very creation of the Canarian identity. Even though a similar history was unfolding on other islands in the Atlantic archipelago, the focus of this book is on the first 100 years of photography on Gran Canaria between 1840 and 1940.

This book demonstrates the author's love of photography and his admiration for the first 'writers of light', especially the Canarians. His is not the enthusiasm of an amateur, however, but that of an expert in his field, a historian with a steadfast methodological approach and possessed of something that is far more important and equally as difficult to find in books - passion. It is extraordinary how the combination of chemical elements can produce something as beautiful as a photograph with its inherent ability to capture the past, create identities and ultimately convey humankind's contribution to the world. Technology encapsulates humanity. Of course, his wisdom as a curator and manager of historical photographic heritage permeates the book as he has sought out and edited thousands of photographs that reveal the history and creation of the Atlantic identity and the Canarian identity in particular.

Gabriel Betancor is an authority in his field and has achieved recognition for his work as a historian and curator of photography. His expertise and experience is called upon at various national and international conferences and he is frequently quoted in publications about the history of photography. He is reluctantly becoming an international cultural figure and leading specialist in the archipelago.

The book contains a number of photographs from the 19th century and the first half of the 20th century. We might be forgiven for thinking that they reflect a bygone era, lost to the annals of time, but we would be wrong. The Canary Islands depicted in these images endure, not only in the photos themselves, but also, and especially, in our memories, because they bear witness to how the archipelago evolved during that time. After centuries dominated by the word, the 19th century ushered in the era of the image which was eventually within everyone's reach. But it was not a local phenomenon. As the author points out, "Photography became a worldwide phenomenon as part of the first wave of capitalist globalization. It was used as a weapon of modernity wielded by European colonization in the second half of the nineteenth century." In this sense it is suggested that although some aspects of our identity may be our own, to a greater extent it has probably been shaped by the external perceptions of us. As a good historian, the author does not anchor himself in the past but rather draws conclusions for the present, he debates our current concepts and the use of self-serving images of our history and argues that more often than not, the photographs that were reproduced were less about our identity and more about the image that they wanted to project to those on the outside looking in. As Betancor indicates this is not a piece of research that closes the chapter on the subject, but rather a catalyst for opening new avenues of research in the future.

This book is a visual treat with an extensive selection of photographs that are sure to leave a strong impression, depicting people and places that are long forgotten, yet still missed. A surprise awaits on every page as you come face to face with people across the social spectrum, from the bourgeoisie to country folk and city dwellers. You can also look into the eyes of spy photographers and witness images of political evolution, the state of the economy, etc. It just remains to say that I hope the reader will savour this work and come back and consult it time and time again.

Germán Santana Pérez
Doctor of Modern History.
Director of the Department of Historical Sciences at the ULPGC.

1. SILVER-TINGED MEMORIES

The drive to find a means of conserving and passing down memories from one generation to another has been a distinguishing feature of mankind since the dawn of humanity. Since the very origin of our species we have engraved rocks, painted cave walls, sculpted statues, and painted. It was about 6,000 years ago in the Middle East that we first learned how to write and 180 years ago in Europe that we found a way to 'write with light' when the Greek words *photos* and *graphos* were combined to describe the technical revolution that was *photography*.

It all started back in the 19th century when this new technique of using light to record an image was first revealed in August 1839 in Paris. At the beginning of October that same year, the phenomenon called photography arrived in the Canary Islands mid-voyage as it was being taken to America.[1] This serendipitous port-of-call was the first of many and illustrates how their strategic location as gateways to Africa and America, along with other Atlantic archipelagos, helped the Canaries enjoy such an incredibly rich and varied photographic heritage.

Photography 'writes' with light thanks to the sensitivity of silver salts which, when exposed to light waves, reflect back a real image. Ever since this means of capturing an image was first presented back in Paris in August 1839, to this very day, the trillions of images that have been produced and reproduced have completely transformed the way we perceive ourselves and our society and have helped build 'cultural identities' as vehicles of social cohesion.

As the United Nations' agency, UNESCO, points out in its report on the photographic and audiovisual heritage of humanity; it would be impossible to fully understand how the history of the nineteenth and twentieth centuries unfolded without photography, the moving image and the sound recordings that would soon follow. Consequently, one of UNESCO's objectives is to address the urgent need to preserve and safeguard this new type of audiovisual document, especially considering its fragility and the tremendous impact on humanity should our photographic and audiovisual heritage be lost.[2]

The act of taking a photograph involves configuring a series of chemical and photochemical procedures and processes that result in the production of an image. These processes can be broken down into individual steps that determine the outcome of each image. In the early days of photography, the entire process was carried out by the photographer alone, using materials such as copper, paper, glass, silver salts, mercury and little else to obtain the images.

Generally speaking, these early stages, between 1839 and 1855, were characterised by cameras that produced direct positives, such as the daguerreotype, ambrotype and ferrotype, which were all named after the surface, or plate, on which the image was developed such as silver plate, glass or metal - it was photography in its infancy.[3] The mid nineteenth century (1855-1900) ushered in a period dominated by wet and dry glass-plate collodion negatives and copies made with light sensitive albumen paper. By the late 1800s there was a thirty year period between 1880 and 1910 when the process of choice was gelatin glass negatives and darkened copies on industrially manufactured paper. Between 1910 and 1970 the process that reigned supreme was that of nitrocellulose negatives and other plastic-like coatings with chemically developed prints on gelatin paper - what we popularly think of as 'typical' black and white photography. It was not until 1970 that the process of full-colour chromogenic photography was developed. This was followed in 1981 by digital photography which has gradually replaced the popular use of chemical-analogical photography.

Photography became a worldwide phenomenon as part of the first wave of capitalist globalization. It was used as a weapon of modernity wielded by European colonization in the second half of the nineteenth century. It was another feather in Europe's cap of expansion and became the main means by which Westerners could see and comprehend the current geographical, economic, social and cultural situations of the colonial lands that were opening up to European investment. It also helped bolster the Eurocentric concept of its supposed superiority over the peoples of America, Africa and Asia, who were perceived as 'exotic' but somewhat backward compared to the modern ways of European capitalist society. European photographers such as Carl Norman, Chas Nanson, Medrington, Witcomb, Herrmann, Maisch, Relvas, Passaporte, etc. were some of those who jointly shaped this European-influenced image of the Atlantic islands.

Similarly, members of colonial society on the various Macaronesian archipelagos came to perceive photography as a means of presenting their islands' identities and traditions in a way that gave islanders a unifying sense of commonality. Like their European counterparts, local photographers such as Ojeda, Brito, Machado, Perestrello, Baena, Ponce, Alonso, etc. were some of the architects behind this islands' iconographical construct. Even though they depicted different advances in island society, their images conformed to the European perception of the Atlantic archipelago. In this way, photographers, from Europe (Portugal, Spain, England, Norway, Germany) as well as from the Canaries, the Azores, Madeira and Cape Verde all helped shape the identity of these archipelagos by creating an iconography that both underpinned the 'island identity and tradition' and served as a lure for European investments at a time that marked the first great wave of capitalist globalisation. This same identity continues to fulfil its purpose today, not only as a marketing tool that attracts millions of tourists, but also as a rallying flag that brings the population together under the unifying banner of 'this is us and this is ours' led by the local ruling classes.

In this respect, it should be understood that 'traditions' are not just a set of cultural practices that are 'discovered' by scrutinizing the documentary legacy of the past. On the contrary, 'traditions' are a set of cultural practices that are invented and reinvented, generation after generation, via a complex debate between contradictory social interests. The nature of traditions as cultural and ideological constructs of the society they represent means that by placing them under the microscope we can better understand their historical context and the societies that created them. The various 'Atlantic islands' traditions' are the product of an insular and exotic tropical variant of the 'African tradition' invented by Europeans during the second half of the nineteenth century.[4]

The phenomenon called 'photography' arrived on the coasts of Gran Canaria in the early 1840s and since then, the politics, economy, society and culture of the island have been preserved in these silver-tinged memories.

This book is not intended to be a definitive study, but rather a means of suggesting possible new avenues of social and historical research into the last 180 years of Gran Canaria and photography on the island in accordance with the research methodology and curation of photographic and audiovisual heritage recommended by the Audiovisual Laboratory of Social Research at Mexico's Mora Institute. In this way it is the photographs themselves that provide the focus of analysis[5] whilst also putting into practice various epistemological and methodological considerations regarding the link between memory and history when it comes to a 21st century[6] approach to studying history.

This book invites you to go on a photographic journey through 100 years of life on Gran Canaria between 1840 and 1940. These images have been selected from more than 50,000 photographs of Gran Canaria from this period after studying a number of collections, including those at Fedac - the Historical Photography Archive of the Canary Islands held by the Cabildo in Gran Canaria; the Canary Museum's Photo Archive; the Arucas City Council Municipal Archive; the ABC Photo Library; the Centre of Documentation of Historical Memory Archive; the Miller Family Archive and Juan Medina Sanabria's personal collection.

2. PHOTOGRAPHY IN THE TIME OF CHOLERA

The first techniques for obtaining photographic images were direct camera positives, so called because the final image was obtained within the camera itself. These were unique objects that were not reproducible and would usually be kept within a protective compact case known as a daguerreotype package.

As pointed out in the previous chapter, photography arrived in Gran Canaria in the first half of the 1840s, although links to Canarian photographers, more specifically from the island of Gran Canaria, can only be traced as far back as the end of that decade. The advent of photography brought with it the fashion for taking portraits of members of the island's aristocracy, a clientele linked to traders, producers and/or those connected to the Colonial State-controlled running of the island's political, military and cultural life.

British trader and resident of the Triana district, James Wood was one such client. He had settled on the island shortly before the mid-1800s and would invariably make the most of business trips to the major European cities to have a daguerreotype portrait of himself taken. His studio of choice was the famous Vaillat photographic studio at the Palais Roral, 43 in Paris. He was not the only well-to-do aficionado of the daguerreotype portrait, though as there are known to be a number of private collections containing portraits of the island's aristocratic elite that have yet to be made public.

Life for most Gran Canarians in the 1840s was, by contrast, characterised by hardship, poverty and famine. The famines that struck in 1843 and 1847 were exacerbated by yet another famine in 1851 brought about by the cholera morbus epidemic, which by 4th June had killed nearly 6,000 of the island's inhabitants. On May 24th of that year, a young laundress, María de la Luz Guzmán, died in the San José district of the capital. Three days later, her colleague perished with the same symptoms. It turned out that in the middle of that month they had both been hired to wash clothes, mattresses and blankets from a ship that had just arrived in Gran Canaria from Havana. Unbeknown to them, the ship had docked carrying the deadly cholera disease. On 5th June, the local Las Palmas Health Board officially decreed a cholera epidemic and in that three month period up until 18th September, when the last case of cholera occurred, almost 10% of the island's population had lost their lives. Demographic data of the time reveals the severity of the crisis; the population of 80,000 inhabitants in 1842 had dropped dramatically to 68,000 by 1857, when the crisis had still not been overcome. Meanwhile, in the capital alone the number of inhabitants plummeted from 17,000 to 14,000 in the same period, with residents grouped in half a dozen neighbourhoods around Vegueta and Triana, mainly the Riscos de San José, San Juan, San Francisco, San Nicolás and San Antonio.[7]

In 1843 and 1847 the city of Las Palmas was the scene of several revolts and riots as prices for basic foodstuffs like potatoes, corn, barley and wheat, soared. Trouble raised its ugly head once more in the July and August of 1851 in the shape of protests against the export of potatoes; this came at a time when the island was just beginning to turn the corner on the cholera epidemic. On 21st July and 2nd August of that same year, there was a popular uprising as potato exports translated into higher prices on the local market. Hundreds of residents rose up against the capital's city council, which had given the go-ahead to export during a special plenary session on 14th May backed by the Royal Economic Society and the local 'powers that be' of Gran Canarian society. In attendance at this plenary was a certain Luis Inglott[8], there on behalf of the Board of Trade.

It was in these circumstances and social context that photography arrived on the island. To get a more precise idea of the times, it is worth remembering that having a daguerreotype photograph taken, depending on the size and materials used, would have cost up to 1,000 reales.[9] Compare this to the price of 70 kilos of potatoes, which could be bought for 20 reales and the average prices of barley, rye, wheat and chickpeas that varied between 24, 34, 47 and 70 reales.

Nevertheless, the photographic craze gained ground on the island and at the first Exhibition of Arts and Industry in Gran Canaria, organised by the Literary Cabinet in 1848, the young Diego Pérez and Luis Inglott presented seven daguerreotypes they had produced themselves.[10] The self-same young Inglott, 29 years old, who only two years later was to be found sitting in the Las Palmas town hall representing the Board of Trade. To date, documentary evidence points to Inglott and Pérez being the first photographers on Gran Canaria.

These young merchants from Las Palmas took several daguerreotypes of various members of wealthy families in the well-to-do Santa Brígida area on 3rd March 1848.

Luis Inglott was a descendant of Anglo-Maltese merchants who had settled in Gran

Canaria at the beginning of the 19th century. His grandfather, Cayetano Inglott, was born in Malta and married Micaela Durán y Martín Saavedra in Las Palmas. Their son, Cayetano Inglott Durán would grow up to become mayor of Las Palmas between 1835 and 1837. He was married to British-born Maria Sofia Allen Ware who gave birth to their son, Luis Inglott in 1820. As time went by, Luis Inglott would prove to be a very active member of Las Palmas society; as a representative of the Board of Trade, as we have already seen, and as a founding member of the Literary Cabinet of Las Palmas. In the autumn of 1880 he was busy running his business from his premises in Malteses Street until his death in 1885.[11]

Luis Inglott's involvement with photography is assumed to have been more as an amateur than a professional since no other photographs that have been credited to his name and neither did he open his own photographic studio. He was known, on the other hand, to have had a shop in Maltese street, where, among other modern merchandise from Europe, he sold cameras and photographic chemicals readily teaching his clientele how to use them.

Ongoing attempts were being made to develop a photographic process with far lower production costs as the daguerreotype direct camera positives were extremely costly and could not be reproduced, making it nigh-on impossible for photographers to recoup any money back from their investment. Success came in the 1850s with the development of the ambrotype process which obtained images by using direct camera positives. This process remained popular until 1865 when its use started to decline. Although the ambrotype was also kept sealed in protective daguerreotype-style cases they differed in that the image was produced by a wet collodion process that coated the glass support with a thin layer of cotton and nitric and sulfuric acid dissolved in ether which was then exposed to a silver nitrate solution. Ambrotypes were simply underexposed negative collodion plates that appeared positive when placed against a dark background.

Ambrotype photographs taken in Gran Canaria were probably the work of Spanish and other itinerant European photographers who advertised themselves in the local press as being 'en-route to America', or by other photographers like Manuel Sapera, who established a temporary photographic studio in La Laguna in 1857 and was also known to have worked in Gran Canaria.[12]

Following in the footsteps of the daguerreotype and the ambrotype, came the ferrotype, a new direct camera positive process developed in France in 1856. Although its popularity started to dwindle in 1915, the ferrotype remained in commercial use until 1920. It was a variant of the wet collodion process, but instead of using glass, the collodion emulsion was coated on tin plate supports enamelled in black on both sides. The images obtained tended to be quite flat with predominantly greyish tones and little contrast, to remedy this they would be varnished which gave them protection as well as a certain sheen. These ferrotype images, also called 'tintypes', were mounted and presented in a daguerreotype-style protective case and would often be mistaken for ambrotypes, but latterly they were generally presented in a less extravagant, cut-out paper mounts in a visiting card format, sometimes inserted into modernist-style albums. The daguerreotype packages could hold images obtained by all three processes in one case. The consistency of the tin plate support as well as its affordable price made it a universally popular photographic process and, unlike the daguerreotype and ambrotype, the ferrotype's commercial use lasted well into the early 20th century. Ferrotypes were to be the last in line of direct camera positives and from the mid-1850s on they were replaced by glass plate negatives and albumen paper copies.

The only Canarian exponent of the ferrotype we know of was Ángel Vidal Bonilla, a young Lanzarotean who settled in Gran Canaria and set up as a photographer in the early 1870s, specialising manly in ferrotype carte-de-visite style portraits. His photographic career was cut short, however, when in 1876 he was accused of murdering three people, including his wife, and was sentenced to 40 years in prison.

In short, photography arrived in Gran Canaria virtually at the same time as cholera, and encountered an island that was devastated demographically, socially and economically. In its infancy, photography on the island was solely accessible to the local aristocracy who were the only people capable of affording daguerreotype, ambrotype and/or ferrotype portraits.

It is hard to make mention of photographic studios, as such, during this period, since none had yet been established on the island. Nor does it seem that any scenic landscape views of the island were ever taken and if they were, none have been preserved.

Nevertheless, everything was about to change. In fact, while Angel Vidal Bonilla was busy developing the last ferrotypes made on the island in 1870, change was already underway.

3. ALBUMEN ARRIVES IN GRAN CANARIA

In 1849 French photo publisher Louis Désiré Blanquard came up with a new system of photographic printing that would make direct camera positives a thing of the past. It meant an end to the inherent drawbacks of salted paper copying which created images by direct contact between the negative and the paper often resulting in limited definition due to the fibrous pulp used in the paper itself. Blanquard's process consisted of coating sheets of paper with a layer of salted egg white, beaten to stiff peaks, which gave the paper a glossy surface. This layer was then sensitized with a silver nitrate solution, but as the silver salts did not impregnate the paper fibres, the resulting image had a far higher definition than that of salted paper copies. This ushered in the era of albumen paper prints. They were quick to be adopted by the world of photography and from 1855 they became the most universally used printed paper copies from collodion negatives. This albumen photographic process prevailed for more than 30 years until 1895 when it started to go into gradual decline, but manufacture of albumen paper continued until the first third of the 20th century.

The albumen process was quick to catch on in Gran Canaria and albumen print portraits have been found that date back to the 1860s. Prior to taking the photographs, the photographer would initially prepare the paper with albumen by whipping egg whites into stiff peaks, adding salt, and allowing them to ferment. The paper would be coated with the egg-white mixture and then sensitized with silver nitrate. The complicated and painstaking nature of the entire process, combined with a rapid increase in demand gave rise to an era of industrially produced albumen paper that came onto the market in 1854. Production was concentrated in Dresden, Germany and reached huge proportions; in 1888 alone, one single factory cracked open more than 6 million eggs in order to use the egg whites to prepare albumen paper - there's no telling just how many cakes or *queques*[13] could have been made with the yolks!

Photographic copies on albumen paper were obtained by direct contact between the albumen paper and the negative. The print was made directly by exposing it to daylight while the negative and paper were in contact, this exposure could last up to an hour or longer and by taking the printing frame into the darkroom, the photographer could control how the print developed without separating the negative from the albumen paper. This procedure dramatically cut production costs and made it far easier for photographers to recoup their investment as they were able to reproduce as many copies of one shot as desired. There was a subsequent boom in the photographic industry and from 1860s onwards dozens of studios cropped up in the capital city, Las Palmas, firstly in the Triana district and then around the port. Alberto Boissier y Romero, Luis González del Mármol in partnership with Santos María Pego, Luis Ojeda Pérez and José Alonso are just some of the names that ran these first studios. Photographers from overseas also set up their own studios. Jordao Da Luz Perestrello from Madeira opened up in the Hotel Rayo in Santa Catalina Park and British photographers Charles Nanson, Ensell, and Charles E. Medrington installed studios in the receptions of the Metropol and Santa Catalina hotels. A number of itinerant photographers were also around at that time as they would use the island as a port-of-call to acclimatise before journeying on to America. Alejandro Witcom was one such photographer and another was Carl Norman, commissioned by British companies to compile photo reportages of the Atlantic archipelagos in order to show off their potential with a view to attracting investment of British capital in London.

How was it that the small city of Las Palmas in Gran Canaria with barely 15,000 inhabitants, encircled by ancient defensive walls, became home to these photographic studios in the 1850s?

The Free Ports Decree of 1852 deregulated trade between the Archipelago and the major European (mainly the United Kingdom), American, African and Asian ports, just at the time when capitalism was making its first inroads across the Atlantic. Gran Canaria, and in particular Las Palmas, became the gateway port through which the trade routes linking the United Kingdom with its colonial territories and interests in Asia, Africa and America could pass. A variety of British companies established themselves on the island with business activities linked to the La Luz Port (charcoal, shipping etc.) and exports of potatoes, bananas and tomatoes. These investments of British capital promoted the development of colonial capitalism in the Canary Islands aided by the island's aristocracy. The result was a burgeoning economy which contributed to the demographic growth of Gran Canaria, in particular its capital.

From the 16th century the Atlantic was Europe's route to making discoveries and contact with other peoples in the world and during the 19th century it was the path used for plotting European capitalist and imperialist expansion towards America, Africa and Asia. The Atlantic islands played a fundamental role in this contact between peoples and societies on the different continents as their strategic location put them at the heart of exchanges of diverse products, merchandise, inventions and ideas. The Canaries have been the oceanic meeting points for people in transit for centuries, creating the cultural melting pot still thriving today. In the 19th century, Las Palmas was at the very epicentre of this process of transformation and cultural exchange.

The small city of Las Palmas began to expand beyond its ancient defensive walls in a process of urban growth that saw the distinct areas of Triana and La Luz Port merge together by the end of the century. Over the course of 50 years the capital's population tripled and the total population of Gran Canaria almost doubled. Gran Canaria and its capital had undergone an enormous transformation. Everything had changed and the city, including its government, economy, landscapes, streets and people of old, soon started to fade into the past. The exciting changes that were taking place in all facets of Gran Canarias's economic, political and cultural progress, as well as the changes in the landscapes in the second half of the nineteenth century were documented thanks to the variety of different photographic processes that emerged over the period.

The decade between 1860 and 1870 saw the rise in the fashion for cartes-de-visite, or calling cards, which were extremely popular among the island's aristocracy. They consisted of a portrait image on an albumen print measuring 6 x 9 cm, mounted onto stiff backing. These cards would be exchanged among family, friends and acquaintances in much the same way as the modern business card. On occasion, the island's aristocracy would commission these calling cards overseas during their frequent business to major European cities. Like this one of Count La Vega Grande, probably taken in 1862 at the Great Exhibition in London where L. Pierson, official photographer of HRH Emperor Napoleon III, was in attendance along with fellow photographer Louis Mayer.[14] In addition to those portraits taken in international studios, many other cartes-de-visite were taken in the island's emerging photographic studios, like that of Luis Ojeda Pérez, Alberto Boissier y Romero, José Gutiérrez and Santos María Pego and his partner in Gran Canaria, Luis Gonzaga del Mármol.

Santos María Pego (El Ferrol, 1832) was a Spanish civil servant assigned to the Canary Islands as custodian of the lighthouse equipment store, a position he had previously held in Cadiz. He had studied industrial engineering and entered the Ministry of Public Works as a technician at a very early age. He was also a student of the photographer Ken, in Paris. By 1862 he had already established a photographic studio in Cadiz in association with Simón Corrales and another with José Nal. Pego landed on Tenerife in 1863 with his wife and two children and introduced the fashion for cartes-de-visite to the islands. He had a studio in Santa Cruz de Tenerife with Manuel García Rodríguez; a second that he opened in 1864 in Las Palmas with Luis Gonzaga del Mármol and a third opened in 1865 opened in Santa Cruz de La Palma in conjunction with Aurelio Carmona López. That same year he obtained the title of official photographer to the

Royal House and specialised in selling photographs of the country's well-known figures and celebrities. He returned to mainland Spain and settled in Cordoba where he eventually gave up photography and turned his hand to working on various mining and public works projects, instead.[15]

Other well-known photographers of the time, such as Alberto Boissier y Romero, took up photography a little later in life and for him, like others, it was a second job carried out in parallel with other professions. His images were first printed in Las Palmas in 1870 in the form of cartes-de-visite and this continued for approximately six years. In the period between 1861 and 1880, the most widely used photographic process was wet collodion, whose negative glass plates were later printed as positives on paper. Needless to say Boissier y Romero's portraits featured members of the island's aristocracy and prominent figures, the only social class able to afford to have their photographs taken.

Portrait photographer José Gutiérrez had his own studio in the Plaza de San Bernardo square in Las Palmas from the end of the 19th century and during the first years of the next century. Coincidentally, there was another J. Gutiérrez portrait photographer who was established in Madrid at the same time and another José Gutiérrez in Santa Cruz de Tenerife who participated in exhibitions and was cited in the local press of the time. This José Gutiérrez also had a studio in Santa Cruz de Tenerife, in the Plaza de la Constitución square and his cards of Tenerife with his Gran Canaria address printed on were commonplace.

However, the most important photographer from Gran Canaria when it came to both cartes-de-visite, and albumen photography, was Luis Ojeda Pérez from the district of Arucas. He was based in his studio on San Francisco Street in Triana and earned his living as a photographer by obtaining a huge number of portrait commissions for calling cards from members of the island's oligarchy from the 1870s onwards. He also travelled around the island compiling several landscape reportages, as we will have the opportunity to see later on. In due course he was awarded the position of photographer to the Spanish Royal House. The introduction in 1911 of the photographic process that developed positive copies with gelatin-bromide (by direct contact and/or by chemical development) eventually overtook the commercial success of albumen prints. It was at this time that his assistant, Eleuterio López, took over the reins of the business. After the death of Ojeda, and in defiance of the control exerted by Eleuterio, Ojeda's daughters dug their heels in and decided to open their own studio in Triana Street called 'Ojeda's Daughters'.

After being framed-in by the aristocratic portraits fashionable in the 19th century, a breath of fresh air was quite literally introduced to the world of photography as albumen prints not only allowed multiple reproduction of portraits taken in studios, but they also enabled cameras to be taken out into the streets. So it was that in the 1860s and 70s, photography in Gran Canaria ventured outdoors.

The first format to become popular among the oligarchy for visualizing landscape photography was stereoscopy, a technique first presented by British scientist Sir Charles Wheatstone in 1840. It was capable of collecting three-dimensional visual information and/or creating the illusion of depth through stereo images in much the same way as human eyesight is capable of creating a three dimensional image by processing slightly different information received from the persepective of each eye.

The biological explanation for this optical illusion is; "*given that each of our eyes is located in different positions, each retina picks up a slightly different image of the reality before them. These small differences are processed in the brain to calculate the distance at which objects are located by means of the parallax technique. The calculation of distances places the objects that we see in three-dimensional space, giving us a sensation of depth or volume. So if we take or create two images from a slightly different angle and show them to each eye separately, the brain will be able to calculate the distance and therefore recreate the sensation of three-dimensional image.*"[16]

Albumen stereographs mounted on a 9 x 17cm card to reinforce them, came to Gran Canaria in the 1860s via photographers like Alberto Boissier y Romero and other travelling photographers whose identities still remain unknown. These stereographs reveal urban landscapes in the and around the districts of Vegueta and Los Riscos in Las Palmas, the large estates and mansions of the island's aristocracy in Santa Brígida and Telde and images of iconic places on the island such as the Basilica del Pino de Teror which we saw at the introduction to this section; as well as photographs of cochineal fields which were important export crops at the time.

These first stereo images of Gran Canaria's countryside livened up the evenings for the island's aristocracy, who would avidly gaze at them through modern stereoscopic viewers recently brought to the island by the merchants of Triana Street. Leisure aside, these stereo images would soon be put to commercial use as they began to circulate internationally in compilations showing various cities around the world as a means of attracting tourism and encouraging visitors to Gran Canaria. This stereo image below is one such example. It was taken near the turn of the century and published by the Keystone View Company which had its headquarters in Meadville, Pennsylvania, and branches in New York, Chicago and London.

The emergence of albumen copies in the Canary Islands coincided with a period of capitalist development brought about by British investment, fruit exports, urban growth of the city of Las Palmas, the boom in the port's commerce and the construction of several hotels. This technique consolidated the presence of photographic studios on various islands in the archipelago including La Palma, Tenerife and Gran Canaria. Particularly prominent photographers on Gran Canaria included Luis Gonzaga del Mármol, Santos María Pego, Alberto Boissier y Romero and Luis Ojeda Pérez. At the same time, Gran Canaria's development started to attract the attention of various European photographers towards the end of the 19th century, especially Carl Norman, Chas Nanson, Ensell, Charles Medrington and Joao Da Luz Perestrello, etc.

To sum up this period, it was one that saw the photographic studios go from strength to strength, an influx of European photographers attracted by foreign investment in the Canary Islands, and a time when landscape photography and political, social photo reportage were gaining traction. It was against this backdrop that photography started to extend beyond the capital and explore nearby areas, such as Santa Brígida, home to the wealthy sectors of society and vacational residence for the first tourists. Photographs of La Atalaya captured the imagination of foreign visitors looking for something 'exotic' and unavailable elsewhere in Europe. The camera lens then turned to the agricultural regions and banana plantations, whose exports were contributing to the development of capitalism and it was not long before the plains of Telde, Gáldar and Arucas became iconic images of rural Gran Canaria. Such was the influence of photography beyond the city walls that between the end of the 19th century and the beginning of the 20th, Abelardo Auyanet opened his photographic studio in Arucas, as well as in other prominent places on the island such as Teror and the Basilica del Pino.

The increase in trade between the United Kingdom and the Canary Islands highlighted the inadequacy of the Canary Islands' ports to meet the needs of British expansion across the Atlantic. Paradoxically, while one of the main docks in London was called Canary Wharf, there was no port that could match it on the archipelago itself. Gran Canaria's old San Telmo dock was unable to cope with the demands being placed upon it and on 26th February 1883, the Grand Canary Engineering Co. (subsidiary of the British Grand Canary Coaling Co.) began building La Luz Port. Construction of the new port marked a turning point in the development of Gran Canaria and in particular the capital city. Population growth, a boom in agricultural trade and exports, the settlement of English and German shipping companies all meant that nothing would ever be the same again. The last two decades of the 19th century brought with them sweeping changes in the economic, political, social and cultural landscapes of the island and its capital.

Everything changed very quickly: the economy, transport, urban development, landscape, culture and fashions. Not only was photography there to document the ever-changing aristocracy and its businesses and how they adopted the habits of the British community established on Gran Canaria; but these new photo chroniclers ventured out into the streets and captured a new side of Gran Canaria emerging through the lens. Take this image from 1896, for example, of the boys on the beach venturing to crane their necks round the wall and sneak a peek at the garden party being held in the British Club. Similarly a little earlier, in 1893, Carl Norman ventured out of the studio and into the countryside to take photographs, like this one, of a family of poor daily wage workers from Hoya de Pineda. He would include them in his photo report for British businesses and shipping companies as an effective way of illustrating how easy it was to find cheap labour in that part of Gran Canaria. This was something that entrepreneurs such as Mr. Leacock set great store by when he decided to make the move from Madeira at the end of the 19th century.[17]

The island of Gran Canaria and especially Las Palmas capital underwent a complete transformation in the last two decades of the 19th century. The capital had extended beyond its walls and, 'out of the city gates', stretching over the sands and through the Ciudad Jardín, hotel district to join up with La Luz Port in the environs of Santa Catalina park. The impact and depth of this transformation was poetically summed up in 1919 by Tomás Morales in *Rosas de Hércules*, particularly in his verses 'La Ciudad Comercial, la Calle Triana', dedicated to his friend Domingo Doreste.[18]

"Triana Street, behold the exuberant
vision of its continental splendour:
wide, modern, rich with merchants,
the beating heart of the capital's centre...

The shopping street with wares on offer
calculating timely profits paid,
where speculation and luck do prosper
and fortunes are made and unmade.

Where the urban din resonates
Driven by industrious ardour,
where limitless sterling circulates
and speaking English is de rigeur.

The archipelago's golden rays
dapple the foreign language signboards
and the canvas awnings convey
friendly shade upon the sidewalks.

Along them stroll pedestrians galore
In a medley of garb and garments
Hence for them the balconies procured
flying consular flags of governments.

Everything here is foreign: zealous
in their pursuit of shrewd business,
the Indian shops are fabulous,
a special nod goes to the Bank of British…

Foreign is the traffic in circulation,
the fleet, workshops and financing,
the Miss alights at the tram station,
revealing her tight white stocking...

All is frantic, all is alive;
drunk with power she enters the fray
an impassioned bacchante our city dives
head first into wanton commercial foray

And the soul, itself meek and discreet,
Balks with sorrow at such speed...
and dreams of Vegueta district,
full of Spanish-colonial charm, indeed...

Grand Canary... People now understand;
that under its blue national skies,
John Bull, in bazaar clothes, expands
his unofficial means to colonize..."

It was during this period that the image of the 'typical Canary Islands' began to take shape with the help of an extensive collection of images of Gran Canaria. It was an iconography born out of the idealized yet already tenuous image of the old city and its 'Hispanic colonial charm' that had languished somewhat under the momentum of 'unofficial colonization'.

The quality of the photographic images meant that during the following decades many were reproduced using new photomechanical processes, providing a plentiful pool of material for the increasingly popular postcard business. The combination of chemically developed gelatin prints and the postcard gave way to a new era in the history of photography on the island in the first decades of the 20th century.

Albumen bequeathed us what is, in effect, the first photo album of 19th century Gran Canaria, with pages dedicated primarily to the aristocratic classes, the island's political, military, religious and intellectual figures, but also to the faces of the day labourers and workers who were the ones tasked with bearing the brunt of the accelerated social transformation that the Canary Islands, and Gran Canaria in particular, underwent at the turn of the century. In addition to these portraits, albumen also left us images of natural and rural landscapes that bear witness to the progress of urban growth, roads, construction of its port, cathedral, churches and festivals etc. From the perspective of the island's heritage, an enormous debt of gratitude is owed to the albumen print technique for its technical quality and for providing the first extensive series of photographic images of Gran Canaria.

4. SOCIALIZATION OF PHOTOGRAPHY

The dry plate process, so called as it used a dry plate coated with a gelatin emulsion of silver bromide, was introduced in the 1870s by British doctor and photographer R.L. Maddox and developed by Charles E. Bennett. Its use became so widespread that by 1882 it had totally superseded the wet collodion process. Together with the arrival of sensitized silver bromide photographic paper at the end of the century the foundations had been laid for the 20th century's world of black and white photography which prevailed until the advent of digital photography.[19]

In 1888, the American Eastman Kodak Company launched the Kodak 100 Vista camera containing a roll of film with 100 exposures and paper negatives. With this camera, Kodak coined the advertising slogan "*You press the button, we do the rest*". It later launched the celluloid reel which had a protective sleeve that allowed it to be loaded and unloaded in daylight.[20] At the same time, industrial development in the late 19th century was quick to devise a number of different processes with which to reproduce photographic images, including; phototypes, photoengravings, woodburytypes, chromolithography and photochromie, all of which provided the basis for the production and sale of the postcard format which served the dual purpose of communicating by mail and disseminating photographic images of all corners of the earth to a mass audience.

The use of photographs became widely adopted thanks to these technical developments as well as the need for states and companies to use photographic images to control their citizens and employees via identity cards, police records, student cards, professional cards, family books, trade union membership ID etc.

In this way, the development of gelatin bromide copies, together with mechanical print reproductions were instrumental in the socialization of photographs in that they were ushered into mainstream use and eventually became accessible to all social sectors and walks of life.

The mass appeal of photography in Gran Canaria was the result of a number of factors; a wave of entrepreneurial photographers opening their own studios, a boom in amateur photographers and the influx of other European photographers on the island. Added to these was the popularity of postcard portraits, the modernisation and development of photomechanical processes and subsequent growth of picture postcards of views and furthermore, the rise in political and social photo journalism. By the first decades of the 20th century no municipality was without its set of photographs to depict the region's progress and the changing fortunes of its locals. The island greeted the photographic phenomenon with open arms and not even the lone hilltop shepherd could escape the lens.

From the turn of the century until the 1930s photographic projects of all kinds were flourishing across the island. Professionals were setting up studios and / or undertaking commissions during their stay on the island; amateur photography was taking off; the first photographic studios opened outside the capital (in Arucas, Telde and Teror) and street photographers were working in the field with their portable darkrooms, following local festivals and markets all over the island and introducing islanders to the fashion for having their photo portraits taken. Postcard publishers also joined started to flourish and contributed to the burgeoning world of photography on the island. Photographers working on the island during this period included; Enrique Ponce, Julián Hernández Gil, Ascanio, Eleuterio López, Abelardo Auyanet, Augusto Valmitjana, the Suárez Robaina brothers, Tomás Gómez Bosch, the daughters of Ojeda, Juan Bonnet, Galsuínda Pérez Verdú, Editorial Rodríguez Bross Press, Lorenzo y Franchy Press, Estudio Moderno, Cristian Jörgensen, Foto Socorro Puerto, Baena and Antonio Vega Pérez.

The powerful German influence also came to have a significant impact on photography on the island in the first third of the century, particularly with the arrival of Friedrich Kurt Herrmann in 1911 and Teodoro Maisch in 1920. It was so powerful, in fact, that it surpassed that of British photographers like Medrington, Nanson and Ensell, who remained installed in the receptions of the capital's biggest hotels. It was not long before the English Bazaar had to make room for the Deutscher Bazar on Triana Street, and the Elder and Miller shipping companies would soon have to get used to sharing Santa Catalina wharf with the Woermann Company. It was a localised reflection of the battle being fought by the two empires for economic, political and social influence in the Archipelago. The island's remarkable photographic heritage is all the richer for this socialization of photography which has bequeathed us images of virtually all aspects of our history and given us an insight into the economics, politics, culture, society, landscapes, sports and parties of our past.

The island had undergone a clear transformation, particularly in the capital, Las Palmas. Indeed, the first third of the 20th century was an especially turbulent time in the whole of the Archipelago, but no more so that on Gran Canaria.

After the Spanish empire had lost Cuba and the Philippines, the last of its colonies in America and Asia, the century began with the Portuguese and Spanish crowns visiting their Atlantic territories, the Azores in 1902 and the Canary Islands in 1906, in effect, marking their territories against the expansionist desires of other European and American powers. To help them stake their claim, various V.I.Ps made strategic visits to the Canaries, including government ministers Covián in 1905, Galoponte in 1927, the royal princesses in 1910 followed by Primo de Rivera, the president himself, in 1928. Despite having preached a policy of economic self-sufficiency for the Canaries, he was said to have been angered at having been welcomed with a bevy of British flags and banners in English. The president of the Las Palmas Chamber of Commerce, Antonio Cuyás, clarified; "*It's of no surprise, Your Excellence, these islands have been built by British pounds sterling upon pounds sterling. If it weren't for British investment, these islands would still be a group of seven goat pens.*"[21]

The early years of the twentieth century saw heightened tension between different factions of the Canarian bourgeoisie as they continued their inter-island rivalry as to where the seat of power should be based. This so-called 'island dispute' (pleito insular) led to the implementation of the Cabildo Act of 1912 and the provincial division of 1927. Set against this backdrop, meanwhile, were Spanish capitalist forces trying to contain the dominant British presence in the Canary Islands by fostering alliances with like-minded capitalist friends in Central Europe. It was the competition between the different European capitalist powers that led to the First and Second World Wars. The Canary Islands were a peculiar context for this confrontation. It was a time when the worsening of the socio-economic crises throughout Spain spurred Spanish capitalism to support the coup d'état of 1936 against the Second Republic. This marked the beginning of the Spanish Civil War and culminated in Spain's fascist dictatorship.

Analysis of museum archives and photographic collections of this period reveals a new subject matter emerging through the lens; workers. From the turn of the century workers became a common theme, to the extent that it became a trend. In particular, photographs featuring tenant farmers, hired hands, working men and women who either laboured on the farms that produced and exported tomatoes and bananas or worked in tobacco factories and other industrial warehouses linked to the fruit export business. Subjects also included workers in La Luz Port, builders on construction sites and especially those working on the cargo ships that docked in the capital's port – the camera was capturing the birth of the Canarian working class.

At first, there were relatively few members of the working class and they accounted for barely 30% of Gran Canaria's working population, but they would have an enormous impact on the political and social life of the time. Before long, it was mainly workers based at the docks and facilities of the main shipping agents that operated out of La Luz Port, who realised that their interests were directly incompatible with those of the various factions of the island's bourgeoisie and their British, German and Spanish business partners. In 1901, the guilds of port shippers, masons, blacksmiths and silversmiths, tobacco makers, sailors and coastline workers, mechanics, bakers, labourers and even bricklayers of Tenoya formed the Gran Canaria Workers' Guild Association. That same year the first strike against the shipping agents took place and the first May 1st workers' march was held on the island.[22]

The island's labour movement took a number of different forms until modern trade unions were formed. They began to articulate their own political speeches; first through the Franchy Roca Federal Republican Party, then via the Socialist Party and finally, in the 1930s, through the mouthpiece of the Canary Islands Communist Party in La Palma, the Espartaco[23] newspaper which spoke up for the Federation of Workers of La Palma.

The island's status as a free port, which dated back to 1852, contributed to the development of an agro-export economy with predominantly speculative agricultural exports and a growing dependent commercial sector. Between 1905 and 1930 the export of bananas and tomatoes rose by 524% and 830%, reaching 226,298 and 105,772 tons respectively. The problem came in the 1930s when the price of raw materials collapsed as a result of the global crisis that ensued after the Wall Street Crash of 1929. The price of bananas in European markets fell from 0.50 pesetas per kilo in 1929 to 0.276 pesetas per kilo in 1935. This had an immediate socio-economic impact on the island and the number of labour strikes increased by nearly 80% between 1930 and 1936.[24]

In 1933, in the midst of the political, social and economic crisis that was sweeping through the archipelago, Guillermo Ascanio[25] summarised the position of the Canary Islands' labour movement in a series of articles published in the daily newspaper Espartaco: "*This is the real picture of the situation in the Canary Islands where our entire economy is in the hands of a few capitalists, most of them are foreign cartels, like Fyffes, who've turned us into a semi-colony, exploiting our land and peaceful nature whilst protected by officials sent from Madrid to govern us* (...) *That is why all Canarian workers, whether they be anarchists, communists or socialists, must join together to wake up to what's happening and direct their struggle decisively against the bourgeoisie and the organs of the Spanish State*," which demands "*the Canary Islands' right to self-determination until the constitution of an independent state*".[26] This was the pinnacle of the Canarian workers movement's awareness of the nature and politics of the society in which it was evolving.

5. PHOTO-ESPIONAGE

The history of Gran Canaria that emerges from its photographic evidence is one of turbulent times. Whilst the fascist dictatorship was getting stronger and extending its influence over all aspects of island life, a hard battle was being fought on the island between German and British spies who would feed regular reports back to Berlin and London. These spies had long been established on the island and were normally connected in some way to German and British businesses based in Gran Canaria. Even though they were a known presence since World War I, they became increasingly noticeable by World War II, especially on the German side as a result of the triumph of fascism during the Spanish Civil war in 1939 - a war which had actually started in 1936 in the Canary Islands. In the case of both British and German spies it was common for them to make use of photography to accompany their reports.

German interests were represented by photographers such as Friedrich Kurt Herrmann - head of the National Socialist party on the island in 1937 and very well connected with the island's bourgeoisie - and Adolf Zitt. Born in Germany in 1885 Friedrich Kurt Herrmann and his family emigrated to Gran Canaria in 1910. In 1911 he opened his photographic studio in Triana Street called 'Fotografía Alemana-Las Palmas'. He undertook various photographic commissions and his career lasted right up to just a few years before his death in 1966. His work included portraits and photo stories of the island's upper classes, iconic landscapes of Gran Canaria, street scenes in the commercial and port areas of Las Palmas and political and social reporting in general. He would frequently travel to Germany where, in addition to reporting back on Nazi progress in Gran Canaria, he would acquire photographic material from Agfa.[27] From 1936, Herrmann became increasingly active both politically and socially, taking part in events honouring the Führer and compiling photo reportages on the activities of the Deutsche Schule (German School) in Las Palmas. In 1937 he participated in the first fraternal meeting between the youth militia wings of the Traditionalist Spanish Falange and the fascist JONS, (also known as 'Flechas' and as of 1940 renamed the Youth Front) and Germany's Hitler Youth led by Walter Helger, a teacher at the Deutsche Schule. The event was held in July in the Woermann Linie building as a farewell to members of the Hitler Youth who were moving to Germany for the summer camps. Months later, in another act of fraternal union between the Falangists and the Hitler Youth, Herrmann himself addressed the meeting, referring to the course of the war in Spain saying; "*Comrades, and I use the word 'comrades' in the full knowledge of the scope of that word. In my homeland it is customary for comrades to communicate whilst shaking hands which symbolises a commitment to suffer life's pains and sorrows together, but also to share in each other's joys.*"[28]

Adolf Zitt, on the other hand, was a member of the German high command's military intelligence service, the Abwehr. He was a neighbour of Manolo Abreu, the head of the local Facist movement and landlord of the Bar Alemán German Bar in Lentiscal.3 The Gran Canaria Island Council rented him the restaurant at the look-out point of Pico de Bandama in 1943 and while his guests were busy drinking and eating on the terrace, he would be using his secret radio installed in the basement to send messages to the German

U-boat[29] fleet that was sailing the waters of the Atlantic, giving them coordinates of where to refuel in the area of La Luz Port and/or where to attack the allied ships that were taking supplies to the United Kingdom. Another spy was Edmond Niemann, known as 'Pedro García', who would give Berlin detailed accounts of what steps Franco was taking in Gran Canaria in the run-up to the 1936 coup. From 1941 he was also responsible for overseeing supply operations for the Third Reich's armada (the *Etappedienst*[30]) on the island under the direction of honorary German consul and businessman, Walter Sauermann. Other businessmen who had not long been settled on the island included Walter Jablonowsky, who opened 'Electro Moderno' in Triana at the beginning of the 1930s and was closely linked to the most prominent elements of the island's bourgeoisie (i.e the Sintes family,) and representatives of the German capital in Gran Canaria (Walter Vogel, head of the *Woermann* or Leo Court of the Deutsche Lufthansa in Las Palmas), who used to send photo reports back to Berlin that were supposedly of family excursions around the island.[31] Many of these names later appeared on a list of Nazi collaborators with Spanish interests published by the U.S. State Department in July 1941,[32] blocking them from doing business.

British interests, meanwhile, were represented by those linked to Miller & Co. in particular Gerald Miller, his son Basil and his assistant Ian Kendall Park, among others. It was 1941 and the Canary Islands were in the sights of both England and Germany, two opposing European powers fighting each other in World War II. German interests in the Canary Islands, which had been strengthened since the triumph of fascism in 1936, clashed head-on with British interests, not only economically, politically and socially, but also in terms of their military objectives. The Chiefs of Staff of the German and British armies devised various plans that included taking control of the islands and safeguarding navigation routes in the Atlantic. The Germans planned 'Operation Felix', later changed to 'Operation Seeräuberd', which turned the La luz Port into a supply station for U-boat crews and blocked Allied shipping in the Atlantic.[33] The British, in turn, launched 'Operation Warden', in 1941, to disable fuel and food supplies to Nazi submarines and 'Operation Pilgrim', to take control of the island of Gran Canaria in 1942. After the Spanish army requisitioned their tugboat 'España II' in July 1936 to transport Franco from Las Palmas to Gando airport in Telde, the Millers played an important role in British espionage against Nazi activities in Gran Canaria. Particularly active was the young Basil Miller, born on the island in 1920, who was pivotal in compiling the photo reports that helped the British secret service prepare for 'Operation Pilgrim'. In 1941 he escaped from the island disguised as a deckhand on the Swedish merchant ship 'Scania' bound for London. Once there, he entered the Royal Naval College in Greenwich for military training and then joined the NID (Naval Intelligence Division) where he played a key role in advising Admiral Mountbatten and John Godfrey's (Director of Naval Intelligence) personal assistant on the final preparations for Operations 'Warden' and 'Pilgrim'.[34]

The Spanish authorities' response to this historic situation was twofold; they fortified the coasts under the direction of German agents, and established the Canary Islands Economic Command which placed the economy, politics, society and culture of the islands under the direct control of the Spanish army between 1941 and 1945.

6. TEODORO MAISCH AND THE CANARIAN IDENTITY

German photographers have had a presence in the Canary Islands since the end of the 19th century,[35] notably since 1894 when Maximilian Lohr set up his studio in Santa Cruz, Tenerife. Lohr continued his work well into the first decades of the 20th century specialising mainly in children's portraits, which earnt him a reputation as one of the most prominent photographers of the time. Along with other photographers, Lohr joined the trend for creating and selling landscape postcards called 'views' which showed the world different aspects of typical Canarian life and vistas of the Canary Islands' landscapes. His studio, 'Fotografía Alemana-Tenerife' always kept up to date with the latest developments in the world of photography and despite a fire a year after it opened, it was able to stay in business until the 1920s when he went on to import photographic equipment and typewriters.

The German presence in Gran Canaria took various forms; there was the German Bazaar which opened in 1888 selling these vistas of the islands in postcard format, like those we saw in previous chapters; there was also Friedrich Kurt Herrmann, who had his own shop in Las Palmas from 1911 to 1940 and whose exploits we saw earlier. Other German photographers, including Adolf Jessen, undertook occasional commissions of urban scenes in Las Palmas for the German Bazaar in Triana Street. This group of German photographers had little in common other than their nationality as they differed greatly in their choice of photographic technique and subject matter. Their diverse range of style when it came to capturing images of Gran Canaria was never more evident than with Teodoro Maisch, who arrived on the island in the 1920s.

Born in the German city of Karlsruhe on 19th March 1885, Maisch settled in Gran Canaria in 1920 at the age of 35. He set up home at number 30, Alonso Alvarado Street, and shortly afterwards opened his photographic studio in Leon y Castillo Street. His work was to revolutionise photography on the island, not only in terms of his perspective on its landscape and his contribution the creation of the island's iconography, but also, and above all, because his perspective was one that focused the lens on the world of work, choosing to capture farm workers, peasants and day labourers.

Maisch moved to Gran Canaria after the failure of the Spartacist uprising in January 1919. His grounding in photography was influenced by the political and social environment of pre-revolutionary Germany. He was particularly drawn to the workers' photography movement or 'bottom up photography' which emerged out of Germany in 1917 and came into its own with the publication of Arbeiter Illustrierte Zeitung and Der Arbeiter-Fotograf[36] magazines in the 1920s.[37] Maisch enjoyed a busy social life, associating with the island's intellectual and cultural figures and forging ties with the Canarian Museum and the Luján Pérez School, for whom he undertook a number of photographic commissions. He also befriended artists such as Jesús Arencibia, the painter from Tamaraceite, and the young artist Juan Ismael whom he took under his wing as soon as he arrived in Gran Canaria in 1927; providing him with lodgings in his own home[38] and hiring him as an assistant in his photographic studio. Maisch's photographs were published in various island magazines such as *Hespérides*, *Canarias Turista*, and *Isla* as well as national publications such as Foto, published in Barcelona.[39] No doubt swayed by Maisch, Juan Ismael followed in his footsteps and became a member of the Andamana Masonic Lodge in 1929. Teodoro Maisch adopted the symbolic name of Lafere and in December 1931 was appointed 3rd degree Master of Ceremonies. Two years later, when the Añaza Lodge in Santa Cruz de Tenerife paid a visit to Gran Canaria, Maisch gave them an album of photographs as a souvenir of the excursions they had enjoyed together on the island. It was in early 1940 when Maisch was reported to the Court for the Repression of Freemasonry and Communism, accused of being a Freemason. When hauled in for questioning on May 30th that same year he recanted his membership of the lodge and did so without giving away of his fellow masons' names. Nonetheless, the High Court in Madrid did not believe the sincerity of his retraction and in 1945 insisted that he be arrested by the Las Palmas police. There was nobody to arrest, however, as the strain of the fascist interrogation had taken its toll on his health and Teodoro Maisch died 14 days after his court appearance in 1940.[40] A close study of Maisch's photographs clearly shows how he played a significant role in creating the iconography of Gran Canaria during his twenty years on the island between 1920 and 1940. Even so, the process of constructing this iconography had begun decades before his arrival on the island.

As the popularity of albumen printing paper spread, photographers began to take their cameras out onto the streets. This coincided with the arrival of visitors from the European colonies who, together with the first tourists, would be taken on excursions to the interior of the island with the help of the island's aristocracy. In this way, the lens began to capture multiple images of interior regions of Gran Canaria. By the turn of the century, which heralded gelatin silver papers and developing out paper copies, practically all corners of Gran Canaria had already been photographed.

The view of the island from the outside looking in focused equally on the exotic tropical crops that swelled the coffers of the fruit export business as on the exotic landscapes and images of country life that differed so greatly from those in Europe. These images fuelled the postcard business which reproduced them to promote tourism. The duly embellished and 'edited' version of the Canarian countryside and countryfolk began to satisfy the needs of the market. This view of Gran Canaria from the outside looking in that was presented to the first tourists at the end of the 19th century and the beginning of the 20th century put the islanders on a par with the Moorish peoples of Northwest Africa. Pictures of Canarian country folk were sold in the Sta. Catalina Bazaar in Las Palmas consigned to the basket of 'Canary and Moorish curiosities'.

Teodoro Maisch was preceded by other European photographers such as Carl Norman or Friedrich Kurk Herrman himself, who, at the end of the 19th century together with other homegrown photographers like Luis Ojeda Pérez and Miguel Brito produced a large number of photographs which were consciously styled to perpetuate the islands' exotic image. Along with other island artists and the intellectual elite, they were instrumental in the process of shaping the 'Canarian identity'. Similarly, 'Canarian tradition' was contrived to be brought in line, ideologically speaking, with the island's political system, uniting islanders behind the ruling classes.[41]

The convergence of artists around the Luján Pérez School of Art at the end of the 1920s was a catalyst for this process as it brought together photographers like Teodoro Maisch and painters such as Jesús Arencibia, Cirilo Suárez and Juan Ismael, as well as artists Plácido Fleitas and Eduardo Gregorio. The works of artist Néstor Martín-Fernández de la Torre provide the perfect example of this ideological construct of 'Canarian exoticism' the stamp of identity that united the island's population around the dominant sectors of society. It was a cultural construct that could also be used to attract tourists: "*...the tourist always asks for what he considers exotic... he hopes to find a something that satisfies him, and reality must fulfil this desire*".[42]

In the mid-1930s, Néstor Martín Fernández de Torre enlisted the help of mutual friend, Federico García Lorca to invite the famous Argentinian singer Encarnación López to visit the island. López, or 'La Argentinita' (little Argentinian) as she was affectionately known, was the voice behind the collection of popular Spanish songs called the 'Cancionero Popular Español'. During her visit she was invited to attend a concert of Canarian folk music which she reportedly disliked so much that she refused to incorporate any Canarian songs into her own shows. Néstor Álamo was so mortified by her reaction that he improvised Sombras del Nublo writing it on the spot in the hope that it would win over the Argentinian singer and change her poor opinion of the show.[43]

Two defining moments in the cultural and ideological construct of the 'Canarian identity' include the occasion in 1934 when Néstor Martín presented his typical Canarian costumes at the Pérez Galdós theatre (and his passionate defence of them). Then there was Sombra del Nublo composed by Néstor Álamo in 1936 which was presented in public in 1937, performed by Josefina de la Torre at the same theatre during Gran Canaria's Holy Week festivities organised by Néstor Martín before his death.[44] It was a 'Canarian identity', based on the need to satisfy the tourist's desire for 'Canarian exoticism'. And this is how an iconography originally designed to be visually appealing to the first tourists has become our trademark identity. Equally, Álamo's song, originally composed in 1936 to be pleasing to our special visitor's ear, has become the Gran Canaria's anthem, giving us goose bumps every time we hear or sing it.

After the Spanish Civil War and the Second World War, the ideological and cultural 'Canarian identity' which had been carefully shaped throughout the first 30 years of the 20th century was duly adopted and developed by the cultural policies of the Gran Canaria's Island Council (Cabildo) under the mandate of Matías Vega Guerra (from 1945 to 1960). Together with Néstor Álamo's carefully orchestrated input, their policies succeeded in consolidating the island's identity and counted among their achievements a network of island museums, establishing the Romería del Pino pilgrimage and making it a firm fixture in the festival calendar and promoting Canarian folklore. Local government support of these festivities and pilgrimages and the promotion of folklore and its typical costumes, gave impetus to the 'Canarian tradition', while at the same time laying the foundations of our 'identity'. From the point of view of the islanders themselves, it provided Gran Canarian society with an identity that united the population under the banner of 'this is our culture' whilst for the outsider looking in, the self-same exotic identity was used as a marketing ploy to attract tourism.

But that is a whole other side to island life and one that could be told through photographs like those we have shared at the beginning of this book. Photographs which reveal how Gran Canaria's population of 80,000 inhabitants 140 years ago has grown ten times larger and now stands at 800,000. Nowhere has this growth been more visible than in its capital, Las Palmas, which has gone from a small city with 17,000 inhabitants to the attractive Atlantic metropolis it is today shared by nearly 400,000 people representing 152 different nationalities from all corners of the globe.[45]

As the two municipalities furthest away from Arrecife geographically speaking, and with certain economic benefits of being linked to the island's traditional economy, Haría and Teguise managed to maintain their own part-time photographers, but in most other towns and villages locals would have to make their way to the studios in Arrecife or conversely the photographers themselves would travel from the capital to visit other municipalities.

FOOTNOTES

1. TEIXIDOR CADENAS, Carlos (1988) "La fotografía en Canarias y Madeira. La época del daguerrotipo, el colodión y la albúmina" 1839-1900, Centro de la Cultura Popular Canaria, Tenerife.
2. Edmonson, Ray: "Philosophy and the beginnings of audiovisual archives". UNESCO. Paris, 2004
3. FUENTES DE CÍA, Ángel y ROBLEDANO ARILLO, Jesús (1999): "La identificación y conservación de los materiales fotográficos", in the Manual of photographic documentation published by Síntesis Press, Madrid.
4. Hobsbawn, Eric .J. & Ranger, Terence. (eds) 1983 "The Invention of Tradition". Crítica, Barcelona
5. ROCA, Lourdes, GREEN, Andrew & MORALES LEAL, Felipe (2014): "Tejedores de imágenes: propuestas metodológicas de investigación y gestión del patrimonio fotográfico y audiovisual" Audiovisual Laboratory for Social Research, Mora Institute, México.
6. IZQUIERDO MARTÍN, Jesús (2008): "La memoria del historiador y los olvidos de la historia", en SÁNCHEZ LEÓN, Pablo e IZQUIERDO MARTÍN, Jesús: "El fin de los historiadores. Pensar históricamente en el siglo XXI." S XXI Press, Madrid.
7. DORESTE ROMERO, Juan E. (1851): Memorias del cólera, Printed by Mariano Collina. Canarian Museum Archive. DIAZ MORA, Gabriel (1998): "El cólera en Canarias, 1851, su tratamiento en la prensa", in the Revista Latina de comunicación social, La Laguna University, Tenerife. Canaries' Digital Archive. Las Palmas University, Gran Canaria. https://bit.ly/3cAKeGt. consulted on 16th January 2020. ISTAC. Gobierno de Canarias: available via: https://bit.ly/2TwcUZF.
8. MILLARES CANTERO, Agustín (2004): "Luchas por las papas y el pan. Los disturbios populares de Las Palmas en 1851 y 1856" in the Anuario de Estudios Atlánticos, nº 50 published by the Cabildo of Gran Canaria, Las Palmas de Gran Canaria. MILLARES CANTERO, Agustín (2008): "Motines insulares", Idea Press, Las Palmas, Gran Canaria.
9. MILLARES CANTERO, Agustín: Op. cit.
10. TEIXIDOR CADENAS, Carlos: Op. cit.
11. BRITO GONZÁLEZ, Alexis (2010): "La inmigración europea bajo examen: un siglo de matriculaciones en la ciudad de Las Palmas, 1765- 1854" in the 19th Conference on Canarian-American History at the Cabildo of Gran Canaria, Las Palmas, Gran Canaria. Canarian Geneology available online at https:// bit.ly/2TNG6u3. "Tarde de sangre y corcheas" published in the La Provincia newspaper on 14.02.2010. Available at https://bit.ly/38tG2F6.
12. TEIXIDOR CADENAS, Carlos: Op. cit.
13. Queque is a 'spanglified' version of 'cake' used in the Canaries, specifically a sponge cake of various shapes and sizes made with flour, eggs, butter, sugar, raisins and almonds and baked in the oven. It appears in the Canarian Academy of Language's Canarian dictionary available online at https://bit.ly/2vzdBrT.
14. National Portrait Gallery. Available at https://bit.ly/2PWowD6.
15. Real Sociedad Económica de amigos del País de Tenerife. Available at http://memorias.rseapt. es/.
16. Wikipedia. Available at en https://bit.ly/2vOuwa6
17. GONZÁLEZ SOSA, Pedro (2017): "Cuándo y por qué llegó Mister Leacock a Guía de Gran Canaria", published in La Provincia newspaper on 15.11.2017. Available at https://bit.ly/2U1eIJl.
18. MORALES CASTELLANO, Tomás (1919): 'Las rosas de Hércules II' Cátedra Press 2011. Las Palmas, Gran Canaria.
19. FUENTES DE CÍA, Ángel & ROBLEDANO ARILLO, Jesús: *Opus.cit.*

20. Wikipedia. Available at https://bit.ly/38zhYke.

21. RUBIO ROSALES, Jaime (2019): "El cabreo de Primo de Rivera en Canarias" article in the ABC newspaper published on 25.08.19. Available at https://bit.ly/332OxWo.

22. SUÁREZ BOSA, Miguel (1990): "El movimiento obrero en las Canarias orientales. (1930-1936)", ('The Workers' Movement in the Western Canaries' in Cuadernos canarios de ciencias sociales, CIES, La Caja de Canarias, Las Palmas de Gran Canaria.

23. "Espartaco" was the weekly journal and organ for the La Palma Workers' Federation (*Federación de Trabajadores de La Palma*) published between 1931 and 1936. Its founder was school teacher, José Miguel Pérez, who emigrated to Cuba and cofounded the Cuban Communist Party and was elected Secretary General. The Machado dictatorship expelled him from the country and upon his return to the Canaries he founded the La Palma Workers' Federation in 1929 and the Canarian Communist Party. He was its first Secretary General in La Palma and collaborated together with Guillermo Ascanio from La Gomera.

24. SUÁREZ BOSA, Miguel: (1995): Economía, sociedad y relaciones laborales en Canarias, Universidad de Las Palmas de Gran Canaria, Las Palmas de Gran Canaria.

25. Guillermo Ascanio was born on the island of La Gomera and trained as an industrial engineer in Germany. Upoon his return to the Canaries he headed the Canarian Communist Party together with José Miguel Pérez. He defended the Republic in the Spanish Civil War and was the commander of the Canarian Batallion, Fifth Regiment. He defended Madrid right up to his last when he was killed by firing squad in 1941.

26. ASCANIO TOGORES, Guillermo (1933): "La crisis económica y el proletariado canario", en Espartaco, La Palma, 1933. Hemeroteca del Museo Canario.

27. Manuel Aznar, Luis: *Archivo fotográfico de Friedrich Kurt Hermann en Fotografía en Canarias, Historia 1.* Instituto de Estudios Hispánicos de Canarias y Filmoteca Canaria. ('Friedrich Kurt Hermann's Photographic Archive' in 'Photography in the Canaries, History 1', Canarian Hispanic Institute and Canarian Film Library in Santa Cruz de Tenerife. 1989

28. Almeida Aguiar, Antonio: *El adoctrinamiento nacionalsocialista de la juventud en los Deustchen Schulen. El caso de las Islas Canarias en La historia de la educación entre Europa y América.*

('The Nationalist-Socialist indoctrination of youth in the German schools. The case of the Canary Islands' in 'The History of Education in Europe and America' Dykinson Press, Madrid.

29. German submarines.

30. The name for the secret Third Reich's naval supply system.

31. ALMEIDA AGUIAR, Antonio: *Opus. cit.* "El espía alemán que ayudó a Franco" ('The German spy who helped Franco') article available at https://www.abc.es/espana/canarias/abci-espia-aleman-ayudo-franco-canarias-201812270030_noticia.html and article in La Provincia newspaper, entitled "Espías alemanes en el Monte" (German spies in el Monte) 08.07.18 available at https://bit.ly/39zndl3.

32. The Proclaimed List of Certain Blocked Nationals. U.S State Department July 1941. Google Books. Available at https://bit.ly/3cGAxWT.

33. "La 'operación Seeräuberde' de Hitler en Canarias" ("Hitler's Operation Seeräuberde in the Canaries") published in ABC on 03.04.19. Available via www.abc.es.

34. MILLER, William (2020): Forward Journal of Miller History, Nº 80, January, Miller Family Archive, London.

35. VEGA DE LA ROSA, Carmelo (2002): "Derroteros de la fotografía en Canarias (1839-2000)" published by Caja de ahorros de Canarias. Santa Cruz de Tenerife.

36. Illustrated magazine about workers and workers' photography.

37. Various authors: (2011): El movimiento de la fotografía obrera (1926-1939), Reina Sofía Museo Nacional Centro de Arte, Madrid.

38. Various authors: Informazioa bilduz. Documentándonos sobre Juan Ismael, Arte Garaikideko Euskal ZentroMuseoa, Centro Museo Vasco de Arte Contemporáneo, Vitoria-Gasteiz. Available at http:/www. artium. eus/es/

CARREÑO CORBELLA, Pilar (2014): "Juan Ismael en tiempos de vanguardia", published by Institute of Canarian Studies (Instituto de Estudios Canarios) Tenerife.

39. VEGA DE LA ROSA, Carmelo: *Opus. cit.*

40. Historical Document Archive, Salamanca, Spain (Centro Documental de la Memoria Histórica.) EXP2347, B_C622, EXP11702.

41. HOBSBAWM, Eric. *Opus. cit.*

42.MARTÍN FERNÁNDEZ DE LA TORRE: "Néstor (1936) Habla Néstor"

Néstor received criticised after presenting his typical costume in 1934 because it was not faithful to the traditional dress of the Gran Canarian people. He defended himself in a talk published posthumously in 1939 with a prologue by Domingo Doreste known as 'Fray Lesco'. His speech took place on 18th April 1936 when the Provincial Tourism Board of Las Palmas convened a special meeting with the sole purpose of listening to Nestor so he could give voice to his favourite subject; namely the leanings of what we might call tourism policy in Gran Canaria. This friendly session was a more thought-out version of his frequent previous talks and it turned out to be his greatest and most important talk. It was reproduced in this brochure, published by the Tourist Board itself. Digital Memory of the Canary Islands. ULPGC.

43. ABRANTE LUIS, Manuel (2006): "Néstor Álamo. Centenario", in "Bienmesabe" magazine published on 26.02.2006.

44. BETANCOR, Antonio (2012): "Algunos apuntes sobre Sombra del Nublo", in "Bienmesabe" magazine published on 21.11.12. Available at https://bit.ly/3aFCJvQ.

45. ISTAC. Gobierno de Canarias. Available at https://bit.ly/3cIvTaQ

ACKNOWLEDGEMENTS

I would like to thank the Gran Canaria Cabildo for maintaining the contents of its Historical Photography Archive of the Canary Islands open to all. To Fedac for its contribution to publicizing the archipelago's historical photographic heritage and for creating the website www.fotosantiguascanarias.org as well as the cooperative portal of its Archive, where all the island's institutions can upload their photographic collections. I'd also like to extend my gratitude to the island's museums including Casa de Colón, Benito Pérez Galdós, León and Castillo, Tomás Morales, Antonio Padrón and Cueva Pintada de Gáldar Archaeological Park. Thanks also go to Gran Canaria Digital Space; the Néstor Martín Fernández de la Torre Museum and to all the island's municipalities for sharing their collections on the aforementioned Fedac website; to the Municipal Archive of Arucas and in particular Antonio Jiménez, who provided us with access to his photographic collection of the Civil War; to the Guía Municpal Archive and its archivist Sergio Aguiar who provided relevant information about Néstor Álamo; to William Miller, who kindly gave us access to the Miller Archive in London which revealed various essential insights into Gran Canaria's recent history; to Víctor Macías, from the ULPGC Library; to Miguel Ángel Martín, from Lanzarote Cabildo's Data Centre for his advice and thought-provoking points of view; to Germán Santana Pérez, director of the History Department at the University of Las Palmas for his kind foreword and for sharing his network of contacts in the Atlantic archipelagos and in West Africa; to Javier Pueyo, from the Casa de Colón, who gave us access to the catalogue for the 'Cita a Ciegas' exhibition at the Luján Pérez School of art; to Juan Sanabria Medina for his contributions to the history of the Port and La Isleta and for sharing his photographic collection. I would like to thank my editors, Mario Ferrer and Rubén Acosta, for their patience and for the tapas of sea snails and limpets we shared and couldn't get enough of in that Arrecife bar while we were planning the publication of this book. And many thanks to all the people who help preserve and highlight the importance of the Canary Islands' historical photographic heritage.

PATROCINAN / WITH THE SUPPORT OF:

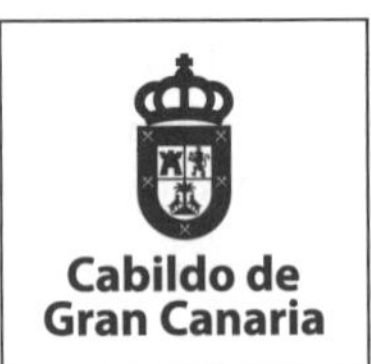

Gobierno de Canarias

Consejería de Turismo,
Cultura y Deportes

Dirección General de
Patrimonio Cultural